中华传记

张大可 ◎ 著

三国十二帝

华中科技大学出版社

中国·武汉

图书在版编目（CIP）数据

三国十二帝/张大可著. —武汉：华中科技大学出版社，2019.1
ISBN 978-7-5680-4696-1

Ⅰ.①三… Ⅱ.①张… Ⅲ.①中国历史-三国时代-通俗读物
Ⅳ.①K236.09

中国版本图书馆 CIP 数据核字（2018）第 242847 号

三国十二帝　　　　　　　　　　　　　　　　　　　　　　张大可　著
SānGuó ShíErDì

策划编辑：吴素莲
责任编辑：吴素莲
封面设计：金刚创意
责任校对：李　琴
责任监印：朱　玢
出版发行：华中科技大学出版社（中国·武汉）　　电话：(027) 81321913
　　　　　武汉市东湖新技术开发区华工科技园　　邮编：430223
印　　刷：湖北新华印务有限公司
开　　本：710mm×1000mm　1/16
印　　张：17.25
字　　数：281 千字
版　　次：2019 年 1 月第 1 版第 1 次印刷
定　　价：42.00 元

本书若有印装质量问题，请向出版社营销中心调换
全国免费服务热线：400-6670-118　竭诚为您服务
版权所有　侵权必究

自序

　　三国鼎立是一个特殊的历史时代。三国时期的政治，风云变幻，气象万千；三国时期的军事，金戈铁马，气势壮阔；三国时期的经济，变革重大，承先启后；三国时期的外交，纵横捭阖，奇峰迭出；三国时期的人物，英雄辈出，业绩昭著。特别是三国人物，三国故事，自宋元以来由于平话、戏剧、小说的传播，可以说是家喻户晓，常为人们所津津乐道。"三个臭皮匠，凑个诸葛亮"、"说曹操，曹操到"，已成为人们生活中常用的熟语，可见三国故事影响之深。由于三国鼎立，"人谋"规划起了至关重要的作用。因此，三国时期人物的复杂关系，他们的智慧谋略，给人们留下了很多的历史经验与教训，从中可以学到很多东西，受到很多启发。这就是三国故事历久不衰，人们津津乐道的原因。改革开放后发展市场经济，有人把三国谋略用于市场竞争，引入管理思维，获得成功，更增添了三国故事的活力。

　　人们熟知三国历史，大多来自《三国演义》。《三国演义》是一部演史小说，演史情节多有虚构，但它又不同于时下的一些戏说电视剧，任情所为。《三国演义》对历史的演说还是比较严肃的，它的虚构多为夸张，或张冠李戴，移甲作乙；或遥情想象，补充细节，很有分寸。如何看待《三国演义》中的虚构，以及本书正说历史的关系，提出以下看法，以供参考。

　　《三国演义》，原名《三国志演义》，为了顺口，流传中去了一个"志"字。《三国演义》是一部成功的演史小说。演史小说，目的是普及历史，要人们记住历史，敬畏历史，给人以借鉴，宣扬某种精神。演史小说的前身，多是宋元平话。宋代积贫积弱，外患严重，统治者醉生梦死。有识之士，以平话戏曲宣传历史知识，唤醒民众，居安思危。只有真实的历史，才能有借鉴的实际意义。但为了人物形象的生动完整，往往有细节的虚构，并集中在几个人物身上，以突出作者所要宣扬的精神。诸葛亮是智慧的化身，关羽是忠义的化身，曹操是权奸的化身，这几个人物虚构较多。清代史学家章学诚说《三国演义》七实三虚，现在有人做了文本对照的计量分析，有63%言之有据。《三国演义》半文半白，许多段落在《三国志》中可以找到。诸葛亮等几个人物的细节虚构，占了《三国演义》虚构的一多半。如果进一步做分层次的计量分析，那《三国演义》就不是七实三虚，而是八实二虚，即80%以上的描写有史实根据。可以说细节虚，主线实；枝叶虚，主干实。因此，我们要极力避免两种偏向。一是研究《三国演义》，不能不重视历史，要研究历史，对照历史。如果不懂历史，又不肯下功夫，往往以"虚构"二字涵盖一切，可以说带有这种偏向的研究，就是在"虚构"中研究，所做的艺术分析，也自然是"虚构"的分析，使读者不得要领。反过来，另一种偏向，研究历史，正说历史。也不能不研究《三国演义》的艺术虚构，否则会把《三国演义》看成戏说历史。正说三国历史，就要处处批《三国演义》，同样是一个大错误。

此外，对于《三国演义》中历史人物情节的虚构，还需要做进一步分析。以诸葛亮为例，他的出场是刘备三请诸葛亮。《三国志》记载只有"凡三往，乃见"五个字，而《三国演义》竟用重笔描写，在第三十七回和三十八回两个回目中，从年底到来年的阳春三月，"凡三往"，洋洋洒洒五六千字，许多情节都为虚构。特别是刘备最后见诸葛亮，不仅"斋戒三日，熏沐更衣"而往，而且到了草堂，见诸葛亮仰卧于草堂几席之上，于是"拱立阶下，半响，先生未醒"，刘备立等达数小时之久。这一细节描写，既表现了刘备礼贤之诚，又烘托了诸葛亮的不凡，真是一箭双雕，生动地再现了君臣相遇，鱼水情深的场景。实际生活似乎不大可能如此，但这一改天换地的君臣相遇，如此这般才能见其不同凡响，使人深信不疑。由于"凡三往，乃见"这一大前提史实是真实的，其中的细节描写不过是遥情想象，这等虚构，不是子虚，而恰恰是补充了史实，因此，它不是虚构，而是艺术真实，补充了被史料省略了的实际上理应发生的事实，只是略显夸张而已。再如诸葛亮舌战群儒，也是遥情想象。诸葛亮过江谈判，说服孙权抗曹，帮助刘备夺荆州，孙、刘双边平等同盟，这是何等大事，何等艰难的谈判！舌战群儒，既刻画了诸葛亮，同时也是补充了在实际谈判中讨价还价的历史真实。再如诸葛亮七擒七纵孟获的故事，大前提真实，细节虚构，这些地方就不能以文字的计量统计来判定真实。其他如神借东风、三气周瑜、抢占彝陵、智算华容道等为小说家的增饰，用以烘托诸葛亮的多智，这些地方是枝叶虚，主干实。《三国演义》第九十二回写赵云七十岁，能连斩五将的战斗场面，纯属子虚，但在总体结构上，仍属枝叶，不是主干。这等虚构，只是热闹，也给赵云一个回光返照。这一回写的是诸葛亮第一次北伐，先胜后败，而赵云是全军而返。这里写赵云还是为了衬托诸葛亮的神机妙算，夸张先前的实有胜利用以冲淡失败的阴影。这些地方的虚构，是完全的小说情节，但罗贯中仍然要捕捉一些史影。

小说家创作，因文生事，即按情节发展编造故事；历史学家创作，以文运事，即用文学之笔写实有之事，二者完全是两回事。但在操作中却有交叉，以及难点、盲点，掌握分寸就是大手笔。罗贯中创作《三国演义》，兼有史笔与文笔之长，章学诚七实三虚的直感，可为定评。罗贯中以讲史为主，以警世为用，所以读《三国演义》，不带几分历史眼光，以戏说观之，则不得要领。同理，正说三国，如果以《三国演义》为靶子，以戏说眼光看演义，同样犯错误。

我爱好三国史，做过一些研究，写了几本书，有《三国史研究》、《三国史》、《三国人物新传》等。《三国史研究》1988年在甘肃人民出版社初版，2003年在华文出版社再版。这是一本论文集，评述了三国时期的一些重大史事与人物，在学术界产生了一定的影响。

本书的写作是华文出版社杜海泓同志提出的课题，建议我按照"正说历史帝王故事"的通俗形式，说一说三国十二帝，我非常高兴地接受了这个建议。因为三国历史、三国人物太有意思，许许多多层面、形形色色的人生故事，非常接近我们的现实生活。因为那是一个人们拼争的时代，许多人生哲理，与今天快节奏的生活所呈现的人生似曾相识，所以昨天的人生，可以为今天的人生提供借鉴和启迪。善读历史，就能感悟人生。我希望人们从三国人物中读出你的精彩人生。我的笔力有限，可能表达得不那么完美，读书也是一种创作，我的讲述权作抛砖引玉，诱发出读者你自己的创作吧！

基于上述构想，所以本书三国十二帝，着重不是三国演进的历史过程，而是三国鼎立是如何形成的，曹、孙、刘三家何以在群雄角逐中脱颖而出，由弱变强，取得胜利。因此，作为三国人物，当以三方创业之主为中心内容。曹操虽然只是做了周文王，他没有直接篡汉建立魏国，曹操称魏武帝是曹丕篡汉后追尊的，但曹操才是魏国的真正奠基人，所以本书把魏武帝曹操列入十二帝，此乃仿效西汉司马迁在《史记》中为项羽、吕太后立本纪之例，重实录，这才是历史的真实。讲三国鼎立，舍去曹操，那是不可想象的。

三国鼎立的形成，是一部金戈铁马、异彩纷呈的历史活剧。曹操、刘备、孙权三位创业之主，以及三方的谋臣武将，个个超群绝伦，他们在暴风骤雨般的激烈斗争中展示人生抱负，不失时机地建功立名，创造了一个时代。曹操、刘备、孙权都有实现一统天下的壮志，但又全都是失败的英雄，三分归一成就了司马氏。话说三国，到了结局不免是一曲挽歌。《三国演义》电视剧主题歌说得妙极了，正可以借来作为本文的结束语。歌曰：

滚滚长江东逝水，浪花淘尽英雄。是非成败转头空，青山依旧在，几度夕阳红。白发渔樵江渚上，惯看秋月春风。一壶浊酒喜相逢，古今多少事，都付笑谈中。

本书2006年在华文出版社出版，引起社会的关注。台湾知本家文化事业有限公司刘灿荣社长引进本书在宝岛出版，笔者欣然表示同意，这也是海峡两岸文化交流的一种形式。希望本书也能得到台湾大众的喜欢和批评。本书地图为南京三江学院许盘清提供，人物画像为桂林工学院艺术设计系青年教师刘坚提供。本书纪年采用双重法，纪年用公元，用阿拉伯数字，月份仍依历史记载用汉字大写，表示中国农历纪年的月份，特此说明。历史已翻过十八年，现今华中科技大学出版社亢博剑社长建议重版此书，由编辑吴素莲细读审阅，提高了本书质量。借本书出版之际，表示衷心感谢！

作　者

2018年4月

第一章　三国鼎立形成的历史原因

001 >> 多因素的历史原因

002 >> 汉末人才三分

004 >> 三大战役改变历史走向

005 >> 五次荆州争夺，形成三分地理均势

008 >> 葛鲁外交显神威

011 >> 三国鼎立之谜

第二章　曹刘孙三家集团的兴起

013 >> 东汉末年的军阀大混战

025 >> 曹操崛起于乱世

034 >> 刘备转战北方

048 >> 孙氏兴起江东

第三章　魏武帝曹操

056 >> 挟天子以令诸侯

060 >> 修耕植以蓄军资

062 >> 南征张绣东平徐淮

067 >> 官渡之战大破袁绍

076 >> 横扫河北远征乌桓

082 >> 西并关陇统一北方

086 >> 曹操的智囊团

093 >> 曹操的功过是非

099 >> 曹操个人小档案

第四章　魏文帝曹丕

100 >> 争位太子

103 >> 受禅建魏

106 >> 兵临大江

109 >> 擅长文学

110 >> 曹丕个人小档案

第五章　魏明帝曹叡

111 >> 母亲受谴险失太子位

113 >> 三国对峙各方战略

119 >> 吴魏争淮南

120 >> 魏明帝果断应变，西守东攻

123 >> 一代明主英年早逝

124 >> 曹叡个人小档案

第六章　曹魏三少帝

125 >> 齐王曹芳

128 >> 高贵乡公曹髦

132 >> 陈留王曹奂

134 >> 曹芳、曹髦、曹奂个人小档案

第七章　蜀先主刘备

135 >> 兵败长坂

140 >> 孙刘结盟

146 >> 东借荆州

152 >> 西取巴蜀

156 >> 南争江南

159 >> 北并汉中

163 >> 建立蜀汉

165 >> 夷陵败北

172 >> 白帝托孤

175 >> 刘备的历史贡献

179 >> 刘备个人小档案

第八章　蜀汉后主刘禅

180 >> 嗣位皇帝

182 >> 父事诸葛

182 >> 内修政理

185 >> 和吴北伐

189 >> 大权旁落

191 >> 乐不思蜀

192 >> 刘禅个人小档案

第九章　吴大帝孙权

193 >> 亲贤贵士

198 >> 扶植部曲

201 >> 镇抚山越

206 >> 赤壁败曹

214 >> 江淮抗曹

220 >> 袭夺荆州

224 >> 灵活外交

227 >> 定都建业

229 >> 晚年昏聩

231 >> 孙权的历史地位

235 >> 孙权个人小档案

第十章　孙吴三嗣主

236 >> 会稽王孙亮

240 >> 景帝孙休

242 >> 末帝孙皓

246 >> 孙亮、孙休、孙皓个人小档案

附录一　三国十二帝帝系表

附录二　三国大事年表

第一章　三国鼎立形成的历史原因

说起三国十二帝,首先要探寻的问题是,历史何以三分?因此本章开篇,先集中说一说三国鼎立形成的历史原因。

多因素的历史原因

汉末历史何以形成三分,这是一个复杂的问题,用一个简单的公式是不能够回答的。学术界所流行的经济均衡论导致了三分,即北方经济遭破坏、南方经济发展形成南北均衡而成为三分的立国基础的说法,只是历史的原因之一,而绝非必然的决定性因素。因为封建的自然经济以独立的小农经济为基础,无需均衡也可成割据态势。早在春秋战国之际,长江流域就有巴、蜀、楚、吴、越的割据。至汉末,割据长江上游和中游的刘璋、刘表,甲兵资实,不弱于孙吴,更不减于刘备,何以要待刘备来建立蜀汉而与曹、孙成鼎立之势呢?可见三分有着复杂的历史原因。

从中国封建社会两千年历史发展的轨迹看,王朝兴衰,军阀混战,群雄割据,南北对峙迭次出现,而三国鼎立却是历史上不可多得的一次历史存在,可见这一局面是历史上的一个特例。特例是历史发展中的变异,而导致变异的历史原因,就不是常规的必然性,这是简单明了的逻辑。

"合久必分,分久必合。"这是中国封建专制制度发展的必然规律。当然也可以将此看做是封建地主阶级经济发展的一种周期性运动。因为自给自足的封建经济,即使在统一的中央集权政治下,"在某种程度上仍旧保留着封建割据的状态",中央集权力量一旦削弱或解体,就要出现群雄割据的局面。而割据混战破坏生产力,给人民带来无穷无尽的灾难,所以它是不能持久的。天无二日，人无二王，人心思统一。所以秦、西汉、隋、元、明等封建王朝解体后，很快就走向了统一。但中国历史上有东晋与北方十六国之对峙，有南北朝之对峙，有北宋与辽之对峙，有南宋与金之对峙。这些现象都有比较复杂的原因，而不能单纯用"经济均衡"加以解释，更何况三国鼎立。

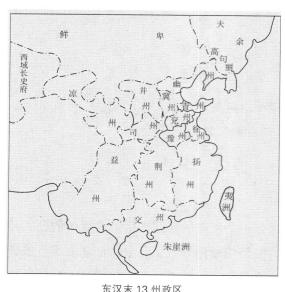

东汉末13州政区

三国鼎立有着多方面的历史原因，是经过极其复杂的历史演变才形成的。概略地说，在东汉末年军阀混战走向统一的过程中，出现了三分鼎立的局面，这是由于三分的人才均势、地理均势、政治均势等多种历史原因的交叉作用才形成的。在这些历史原因的形成中，"人谋"起了主导的作用。

汉末人才三分

三分的奠定，首先是军阀混战使汉末人才分散，形成了曹、孙、刘三个坚强的领导集团。

汉末军阀，像穷凶极恶的董卓，顽悍乐杀的公孙瓒，贪利恃宠的陶谦，倏彼倏此而横的吕布，狂愚而逞的袁术，雍容论道的刘表，昏庸懦弱的刘璋，都无戡乱之才，他们在群雄角逐中注定要被歼灭。而志大才疏的袁绍，文武兼备的曹操，弘毅宽厚的刘备，任才尚计的孙权，都有统一天下之志，任人有方，驭才有术。而后袁绍败亡，遂演成了三分之局。

东汉末军阀混战，为何人才三分，这有着复杂的历史原因，是一系列偶然事变的分合所形成的必然之势。在乱世之中，局势未明朗之时，际遇交合带有较大的偶然性。但是人往高处走，水往低处流，天下扰攘，君择臣，臣亦择君，又是必然之势。荀彧、郭嘉、董昭，初投袁绍，后归曹操。

鲁肃与刘晔友善，最初欲依巢湖郑宝，而后两人分道扬镳。诸葛瑾、诸葛亮，同胞兄弟，一个辅孙权，一个佐刘备。所以，东汉末年的人才形成三分而未若江河之归大海，有客观的原因，也有主观的原因。试分析如下。

客观原因 主要有两个方面。一是汉朝还没有完全失去其继续存在的合理性，刘姓皇帝仍是一面旗帜。两汉儒学昌盛，它所宣传的君权正统观念深入人心，士大夫多尚气节，袁绍在反对董卓废立时就说："汉朝统治天下四百年，恩泽深厚，赢得全天下人民的拥护。如今皇帝虽然年幼，但没有什么不良行为，董公想要废掉合法的嫡长子，换立一个庶出兄弟，恐怕满朝公卿是不会答应的。"二是东汉世家大族正处于上升时期，多名节之士。尤其是两次党锢之祸，士大夫反对宦官专政，赢得了天下人的归心。这两个客观因素，对曹操有得有失。他挟天子以令诸侯，在政治上占了优势，四方人才多归往之，这是得。但曹操出身于宦官集团的庶族，初起时不敌袁绍，不仅使得一部分北方士人流归了袁绍，如沮授、田丰、审配等；而且延迟了他统一北方的时日，眼看孙权坐大，刘备寄居荆州而不能及早消灭，这是失。关东军讨伐董卓，孙坚力战第一，义动天下，也赢得了一部分人才的归心。张昭、周瑜、程普、黄盖等倾心辅佐孙氏兄弟，这是孙吴之得，反之则是曹操之失。刘备以帝室之胄，"受左将军之命，躬膺天子之宠任，而又承密诏以首事，先主于是乎始得乘权而正告天下以兴师"（王夫之语，《读通鉴论》卷九），露布衣带诏讨曹，使曹操蒙受"托名汉相，其实汉贼"（周瑜语，见《周瑜传》）的恶名，刘备则以正统自居。诸葛亮辅刘备，不仅仅是报三顾之恩，而且也是扶持正统。这是刘备之得，亦是曹操之失。

主观原因 也有两个方面。一是曹操的对手刘备、孙权都是人中之杰，总揽英雄有很大的号召力。二是曹操品德不济，奸险诈伪，暴虐无比，使得一部分智士远离了他，像诸葛亮、庞统等人宁肯归隐待时，也决不北投曹操。陈宫、张邈之叛，就是鄙薄曹操的为人。曹操傲慢，把蜀中使者张松推给了刘备，这是最大之失。曹操不仁爱士民，多次屠城，滥杀无辜，并在征战中颁布了"围而后降者杀无赦"的军令，所以他始终未能获得"天命攸归"的舆论。曹操兵围汉献帝，失人臣礼，始终带着"汉贼"的帽子打天下。曹操的这些弱点为孙、刘所利用。因此，曹操不能像他的先辈汉高祖、汉光武那样囊括天下英雄，也就不能统一天下，只好做了个半壁河山的"周文王"而遗恨九泉。

三大战役改变历史走向

袁曹官渡之战、曹刘赤壁之战、吴蜀夷陵之战，是三国鼎立形成过程中的三大战役。三大战役的发生和胜败结局出人意料，特别是前两次大战，改变了历史统一的航向，仿佛有一种冥冥的力量在支配和引导历史步入三分之局。

官渡之战，奠定了北方的统一，消除了一个争天下的强手；赤壁之战曹操受挫，孙刘之势渐强，于是奠定了三分之势。本来这两次战役都有统一天下的可能。袁绍鹰扬河朔，雄视天下，设若官渡之战袁胜曹败，袁绍君临天下的可能性是很大的；曹操统一北方，"奉辞伐罪，旌麾南指，刘琮束手"（《吴主传》裴注《江表传》），若赤壁战胜，称孤道寡乃必然之势。但这两次战役都是强者败，弱者胜，出现了戏剧性的变化，从而改变了历史的天平，使偶然因素变成了必然之势。这里的"偶然"，是指曹操官渡告捷，孙刘赤壁战胜，带有"偶然性"；但已然胜利之后，使形势逆转，弱者成为强者，这就是"必然之势"。反过来说，叱咤风云的袁绍和曹操，不听谋臣劝谏，丧失了取胜之道，只是"偶然"的一着失计，造成了"失之毫厘，差之千里"的"必然"后果。

夷陵之战，终止了孙刘结盟东西夹击曹魏所取得的战略优势，结局蜀弱吴孤，但它确立了三分的地理均势，鼎立之局不可逆转。

兵家胜败，乃事理之常，为何三大战役，一战之得失改变了历史的航

赤壁大战图

向呢？首先是因为交战双方拼尽了全力大决战，可以说失败的一方输了老本，形势逆转无可挽回。其次是，三大战役的发生，总是强势的一方在错误的时间发动了一场错误的战争，交战双方均为人杰，一方错误则给对方带来机遇，于是"人谋"起了至关重要的作用。

五次荆州争夺，形成三分地理均势

何为地理均势 所谓地理均势，是指割据集团利用地理条件抗衡对方的一种策略。在生产力不发达的古代，使用的是戈矛甲盾作战，因此占有险固地利的一方在争雄角逐中明显地具有优势。中国的地理形势是西北高，东南低，东面、南面都濒临大海。所以王朝更替，割据

荆州城

争雄，一再演出北方战胜南方的历史现象。"周之王也，以丰镐伐殷；秦之帝，用雍州兴；汉之兴自蜀汉"（《史记·六国年表序》）。隋唐统一，兴于西北；明清战略，重在西北。南北朝对峙，五代十国战乱，两宋与辽金之对峙，总是北方战胜南方，其中地理形势是一大因素。这是因为，偏安东南的割据政权，被大海封闭，没有回旋余地；又处于低地，攻守不利。占有中原的北方政权，不仅占有居高临下的地理优势，而且也是传统文化的正统所在，政治上也占优势。再看区域形势，从南北看，横贯东西的长江把中国地理划分为南北两大区，南北对峙，南方政权总是依赖长江为天堑。从东西看，以华山、秦岭为界，劈成西北、西南两个闭锁地区，险固便，形势利，中原有事，这两个区域常为割据之境。在三国以前的西汉末年，就有隗嚣据陇，公孙述据蜀的先例。东汉末年的军阀混战，陇蜀也是最先成为割据之地。

荆州形势，兵家必争 荆州地理位置的重要性，还可以从三国以后南北对峙政权的攻守中得到证明。南北朝对峙，荆州之重，终六朝之世，系

举国之安危。南朝宋齐梁陈,荆襄镇将,资实甲兵,占全国之半。北宋覆亡,宋高宗南渡,由于荆襄固守,得以保守半壁河山一百余年。北方统一南方,总是用兵荆襄。南方政权,丢失荆襄,也就随之灭亡。所以顾祖禹总括说:"盖江陵之得失,南北之分合判焉,东西之强弱系焉,此有识者所必争也(《读史方舆纪要》卷七十八)。"所以,袁术据淮南,首先就是争荆州,孙坚为之丧身襄阳。曹操挟献帝都许昌以后,连年进攻荆州,因北方未平而未得手。诸葛亮的《隆中对》,劝刘备据荆益,就是着眼于三分的地理均势。诸葛亮说:"荆州北据汉沔,利尽南海,东连吴会,西通巴蜀,此用武之国。"鲁肃说:"夫荆楚与国邻接,水流顺北,外带江汉,内阻山陵,有金城之固,沃野万里,士民殷富,若据而有之,此帝王之资也。"(鲁肃语,见《三国志·鲁肃传》)荆州如此重要,其势为曹孙刘三家所必争。因为曹孙刘三方,谁占领荆州,谁就在实力上可以得到很大的增强。曹操占领荆州,逼降孙权以统一天下;孙权占领荆州,要全据长江与曹操抗衡;对于刘备来说,荆州是立身之地,借此而居以待天下之变。荆州成了曹孙刘三家逐鹿中原的冲要,它的归属将影响历史步伐的节奏。三方军事斗争从公元208年曹操南下起到公元222年夷陵之战画上句号为止,前后十五年,发生过五次大战役,即五次争荆州。三国时期的三大战役中的两大战役赤壁之战和夷陵之战皆在其中,使荆州三易其主,由此可见争夺荆州的激烈。

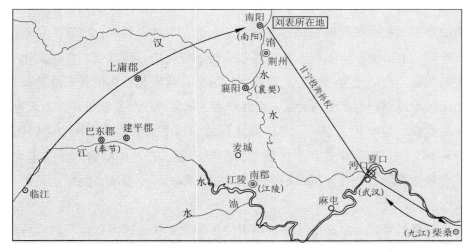

孙权灭黄祖

第一回合，曹操南下，兵不血刃下荆州 建安十二年（公元207年）十一月，诸葛亮发表隆中对策，替刘备制定的战略方针中，首要的目标就是夺取荆州，然后西进益州，东联孙吴，北拒曹操。刘备长期驻屯荆州，"总揽英雄，思贤若渴"，有诸葛亮、关羽、张飞、赵云等文武相助，加之近水楼台，最有利于夺取荆州。但以兴复汉室为己任的刘备，从有大恩于己的同姓手中夺地盘，名不正言不顺，最为天下之忌，刘备需要等待时机。但曹孙两方岂容枭雄刘备从容得荆州，他们都积极准备抢夺荆州。建安十三年（公元208年）春，孙权建柴桑行营，亲自统兵抢先发动荆州之战，一举歼灭江夏黄祖，打开了荆州的东大门。与此同时，曹操做了充分的备战，也于公元208年春在邺城造玄武湖训练水军。七月，他率三十万大军南下，是他征战以来最大的一次军事行动，志欲一举定江南。刘表也预感到荆州继袁氏灭亡之后次当受兵，二子又不睦，军中各有彼此。刘备从新野移驻樊城，伺机而动。刘表面临内忧外患而束手无策，忧愤成疾。曹军南下，声势浩大，刘表被吓死，其次子刘琮继任荆州牧，不战而降。曹操只用了三个月的时间，兵不血刃下荆州，在争夺荆州的第一个回合中，强势的曹操占了头筹。

第二回合，赤壁之战，曹孙刘三分荆州，拉开了鼎立的序幕 公元208年，赤壁之战是曹孙刘三方争夺荆州的第二个回合。此役孙刘结盟，挫败了曹操南下的势头，三家瓜分了荆州，初步形成三分鼎立之局。曹操占据南阳郡和江夏郡北部，以襄阳为重镇，阻止联军北上。孙权占据了南郡和江夏郡南部，全据长江形势，打通了西进益州的大道。刘备据有江南四郡：武陵、长沙、零陵、桂阳，有了立足之地。按照战前诸葛亮使吴所订双边协定，赤壁之战后荆州归刘成鼎足之形（事详《三国志·诸葛亮传》）。所以刘琦死后，孙权表荐刘备为荆州牧，并把自己的妹妹嫁给刘备，巩固联盟。刘备则表荐孙权为车骑将军，领徐州牧。孙刘双方互相推荐，达成了势力范围的默契。从荆州北上宛洛，是刘备发展的方向；从扬州北上徐州，是孙权发展的方向。当时长江上游有刘璋，汉中有张鲁，关中有马超、韩遂。这是三个互不统属，而又均无远略的割据集团。曹操占有大江以北的整个中原地区，兵强马壮，仍有力量时时卷土南下。与曹操争天下的刘备和孙权，处在长江中、下游，无论地利和人力，均不能单独与曹操相抗。为求生存与发展，孙刘联盟抗曹，唇齿相依，形势使然。

第三回合，孙刘两家争荆州江南三郡，联盟发生裂痕 公元214年，刘备得益州，势力壮大，荆州居吴国上流，孙权感到西强东弱，因而向刘提出索还荆州的要求。关羽坐镇南郡，兵力强盛，孙权不敢强求而仅讨江南三郡。刘备、关羽不允，孙权派吕蒙强夺江南三郡，刘备引兵东下。曹操趁势夺取汉中，益州震恐，成都一日数十惊。大敌当前，此次孙刘两家没有大动干戈，通过外交谈判达成协议：两家中分荆州，以湘水为界，南郡、武陵、零陵西属，江夏、长沙、桂阳东属。孙权退出了强夺的零陵郡，只得到长沙、桂阳两郡，心中实不平，联盟发生裂痕。

第四回合，孙权袭杀关羽，夺取荆州，联盟破裂 孙刘中分荆州，刘备认为自己已用长沙、桂阳郡换了孙权的南郡，问题已经解决，从而放松了警惕，到公元219年，刘备夺得了曹魏的汉中、上庸两地，关羽又威震荆襄，势力迅猛发展，再次打破了东西均势，孙权震恐而偷袭荆州。这时，曹魏采取了挑动吴蜀相仇的策略，拉拢孙权，创造了孙权放胆进攻的条件。孙权派吕蒙偷袭南郡，擒杀关羽，是荆州争夺的第四个回合。此役之后，孙刘联盟破裂，两家敌对，曹丕趁此称帝篡汉。

第五回合，夷陵之战，荆州归吴，三分地理均势形成 孙权破坏了联盟，心惊胆战。他为抵御刘备复仇，避免两线作战，向曹魏称臣。这就是发生夷陵之战的背景。夷陵之战，是荆州争夺的第五个回合。刘备失守荆州，也就丧失了隆中路线所规划的北伐条件，被困于四塞之地的益州，他绝不甘心。刘备认为，伐魏，力量不足，讨吴，自谓可胜，加之为关羽报仇，可以激扬士气。因此，夷陵之战不可避免。结果是一败涂地，战后蜀弱，吴孤，后来吴蜀虽然重新修好，也只能自存，曹魏强于吴蜀的形势不可逆转。诸葛亮的隆中路线，伴随夷陵之战的发生而中道夭折。

综上所述，荆州争夺的五个回合，有三个回合发生在联盟内部，而且一次比一次升级，最终以吴胜蜀败荆州归吴而结束。设若夷陵之战胜败易主，局势难以预料，若果还是三足鼎立，则荆州争夺仍不会结束，不达均势则不停止。

葛鲁外交显神威

葛鲁外交是三国外交的前奏，是指赤壁之战前夕诸葛亮和鲁肃两人根据当时形势不约而同提出的孙刘两家联合共拒曹操的构想，史称葛鲁之谋，即葛鲁外交。赤壁之战，正是由于有孙刘两家的联合，才挫败了曹操，拉开了三国鼎立的序幕。

赤壁之战前的统一形势 东汉末年，军阀混战，形成了群雄割据的局面。曹操在北方经过了十二年的征战，先后剪除了陶谦、吕布、袁术、袁绍等军阀集团，基本上统一了北方。建安十二年（公元207年），曹操北征乌桓凯旋，清除了南下的后顾之忧，全国统一的趋势日渐明朗。当时全国还有七大军事集团。北方四大集团：曹操雄踞中原，辽东有公孙康，关西有马腾、韩遂，汉中有张鲁。南方三大集团：长江上游益州有刘璋，中游荆州有刘表，下游江东有孙权。这六大军事集团中，曹操最强，已占有天下之半，"拥百万之众，挟天子以令诸侯"，其他任何一个集团都不足与之单独对抗，曹操具有统一全国的势头。

葛鲁外交的提出与实现 公元207年诸葛亮在"隆中对策"中替刘备规划三分天下的蓝图，提出东联孙权，北拒曹操，夺取荆益的战略方针。当时孙权正按鲁肃、周瑜、甘宁等人提出的全据长江，北抗曹操的战略方针积极备战西征。公元208年，孙权移行营于柴桑，发动了讨伐刘表的荆州之战，一举歼灭了江夏的黄祖。刘孙两家都要夺取荆州，发生战略矛盾，因此，诸葛亮规划的孙刘联盟，只是一厢情愿的构想，没有实现的条件。

公元208年七月，曹操大举南下，形势急转，鲁肃敏锐地看到刘表不足以抗衡曹操，他立即向孙权提出修正全据长江的战略方针，调整为联合荆州，共拒曹操的战略方针。鲁肃对孙权说："荆州内部矛盾重重，刘表的两个儿子刘琦、刘琮一向不和，军中诸将分成两派，各自拥护一方。刘备一世英雄，寄居荆州，若刘备能与荆州方面同心协力，上下一致，就应当支持他们，和我们结盟交好；如果不能，就应当相机行事，另想办法。"八月，曹操兵临荆州，刘表惊吓而死，形势危急，鲁肃主动要求以吊丧为名，出使荆州，慰问军中诸将，并劝说刘备，安抚刘表旧部，齐心协力，对付曹操。孙权完全采纳了鲁肃的建议，当即命他启程前往荆州。鲁肃昼夜兼程，等赶到南郡（治江陵，故城在今湖北江陵东北），形势又发生突变，刘琮投降曹操，刘备战败南逃。正在千钧一发之际，鲁肃临危不惧，毅然亲赴前线，在当阳（今属湖北）长坂坡遇见刘备，转达孙权旨意，劝说刘备与孙权联合。刘备处在败军之际，正待有人支持，自是欣然同意，于是率领残部向东退走，驻扎鄂城，靠拢孙权。孙权采纳鲁肃联荆抗曹的策略，至此出现了孙刘联合的条件。但孙权的战略修正是曹操大举南下逼出来的，诸葛亮奉命随鲁肃过江，在柴桑行营舌战群儒，驳倒投降派，在鲁肃的推动下，孙权让步，答应两家联合，打败曹操，荆州归刘。用诸葛亮的话说，就是两家联合抵抗曹操，曹操一定会战败，退回北方。这样一来，"则荆、吴之势强，鼎足之形成矣"。这就是赤壁之战拉开鼎立序幕的来历，孙刘两家在战前的双边谈判中就确定了。这完全是曹操急于东进发动赤壁之战带来的后果。也就是说，是曹操推动了孙刘结盟，发动赤壁之战是一个战略性的错误。

葛鲁外交显神威　　葛鲁外交实现了孙刘联盟，取得了赤壁之战的胜利。赤壁战后，孙刘互为犄角，呈现出一派勃勃生机。公元212年，孙权作濡须坞，公元214年又攻下皖城，筑起了巩固的江北边防，凭借长江之险。公元214年刘备得益州，有了立国根基。215年刘孙争荆州南三郡，蜀兵东下。曹操趁机进兵汉中，占了便宜。但是这一次曹操仍未掌握好火候，又失之于早，成全了两家和解。孙刘中分荆州，又协同作战，孙权围合肥，刘备取汉中，曹操东奔西突，疲于奔命，只好临江而叹，逾秦岭而生畏。公元219年，关羽北伐，威震荆襄，是孙刘联盟达于巅峰的表现。假如此时，孙权在东，全力向北，一支出合肥，一支取徐州，刘备在西，率益州之众出秦川，曹操是无法应付的。再假如吴蜀取得全线胜利，蜀得关中、襄阳，吴破合肥、徐州，或者这四个方向只取得一半的胜利，都将使中原震动，人心倒向，从而打破平衡，使曹魏陷于危局，三国的历史就要重写了。

吴蜀重结盟好成鼎足　　历史不能假设，葛鲁外交中途夭折，结果是孙权背谋，夺得荆州，演成鼎立之势。但小国自相残杀，大国渔利，吴蜀均不免灭亡。这一总体形势，决定了吴蜀联盟才能生存，所以金戈铁马之后，仍能握手言和。公元223年，邓芝使吴，吴蜀通好，葛鲁外交进入了三国外交阶段。公元229年，孙权称帝，吴蜀订立中分天下的盟约，三国鼎立的政治均势形成，三分对峙之局不可逆转。

三国鼎立之谜

三国鼎立之谜,就是人们经常提出的问题:是"时势造英雄",还是"英雄造时势"?综上各节所述,三国鼎立形成的历史原因是极其复杂的。就根本性的历史原因来说,东汉末年军阀混战所形成的三分人才均势和三分地理均势是两个最重要的因素。汉末战乱形成的"人才三分"是"时势造英雄";如何平乱世,"人谋"规划了三分之局,则是"英雄造时势"。二者相辅相成,互为因果,而总趋势,则是前者为因,后者为果。即三国鼎立是"人谋"所结之果。也就是说,"人谋"在三国鼎立形成中起了决定性的作用。

"人谋"规划三分的核心是谋求地理均势,同时又谋求政治均势,而地理均势是政治均势的前提条件。所以,三国形成时期曹、孙、刘三方的军事斗争和外交斗争都是围绕荆州的争夺而展开的,随着荆州归属的解决才形成了三分地理均势,而后出现了三分的政治均势。至此,三国鼎立的对峙,就成为了必然之势,也就是不以人的意志为转移了,曹孙刘三方都无力统一天下。陈寿撰《三国志》,只有纪传,而无表志,着重记载三国形成

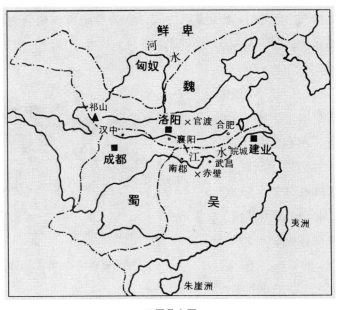

三国鼎立图

时期的人物,可以说是生动形象地体现了这一历史演变的主旋律,即"人谋"在形成三分过程中的决定性作用。一部《三国志》,共载了四百四十一人的传记,最耀眼的是谋略人物而不是军事人物。三国人物传记的分合排列以类别与时序相结合,重心突出的是政治谋略人物。如曹魏的五虎将张辽、乐进、于禁、张合、徐晃按类为一传,他们排在程昱、郭嘉等谋士传之后。蜀国的五虎将关羽、张飞、马超、黄忠、赵云为合传,列在诸葛亮传之后。吴国以张昭、顾雍、诸葛瑾、步骘等政治人物合传居前,程普等十二员虎将合传在后,文武双全的周瑜、鲁肃、吕蒙等人合传在二者之中。陈寿论人,重在人物器识的发挥,不时做比较。如将刘备与曹操相较,认为刘备"机权干略,不逮魏武,是以基宇亦狭"。又将蜀汉的庞统和法正与曹操谋臣比较,认为庞统可与荀彧为仲叔,法正与程昱、郭嘉相俦并。从陈寿所写《三国志》的重心和对人物传记的布局、品评来看,用意重在探索三国鼎立形成的历史原因和"人谋"的作用。三国人物的这一特点,给我们留下了宝贵的经验和财富。研究三国人物,可增长才智,吸取他们的教训,可避免犯错误,运用三国谋略,可增加事业的成功概率。三国人物,可歌可泣,三国历史,应当敬畏。

《三国志》(宋刻本)

明崇祯刻本《三国志》书影

第二章　曹刘孙三家集团的兴起

东汉末年的军阀大混战，在激烈的社会抗争中，英雄出世，演出了三国鼎立的历史活剧。三国鼎立的创业之主曹操、刘备、孙权，他们三人是三国时代最杰出的政治家、军事家，人们所熟知的英雄人物。三人相较，各有长短。曹操谋略最优而奸险诈伪；刘备弘毅宽厚而见事迟疑；孙权任才尚计而能屈能伸，都是人间英杰，成为创业之主而鼎峙三分。《三国志》作者陈寿，评曹操第一，称他为"非常之人，超世之杰"；认为刘备第二，"机权干略，不逮魏武"，有汉高祖的气度，是一个英雄；评孙权"有勾践之奇英，人之杰矣"，显然是第三位的人物。三国鼎立的地盘阔狭，可以称量三人的才能大小，应该是曹操第一，孙权第二，刘备第三。曹孙刘三个集团的兴起，与三人的才识、经历有至关重要的关系。知人论世，说三分，很大程度就是评说曹孙刘。

东汉末年的军阀大混战

三国鼎立是东汉末年军阀混战割据兼并的结果。公元190年关东起兵讨董卓，爆发了东汉末年的军阀大混战，群雄林立，东汉统治崩溃，实际上已名存实亡。

董卓乱政　董卓是东汉末穷凶极恶的大军阀。公元189年，他带兵入洛，专断朝政，擅废立，成为汉末军阀混战的导火线。

董卓字仲颖，陇西郡临洮县人。两汉时期的临洮县即今甘肃岷县，那时是一个防御羌人的边陲重镇，为陇西郡的南部都尉治。这一带山高水险，本是羌中之地。这里的人民，与羌人交接，骑马弯弓，养成了勇武剽悍的习性。董卓就是在这样的地理环境和社会习俗中成长起来的一个雄略人物。董卓又出身于一个武官家庭。他父亲董君雅是颍川纶氏县尉。县尉领一县之兵。董卓生来力大体壮，有一副好身躯，粗猛有谋，史称他"膂力过人，双带两鞬，左右驰射，为羌胡所畏"。他青年时游历羌中，尽与羌豪相结，精通羌人之事，被羌人视为豪侠好汉。董卓成为大军阀，他的基干队伍就是以羌人为主体的凉州兵。

董卓是在东汉对西羌的部族战争中培植起来的军阀。西羌扰边是东汉严重的边患，兵锋祸及的地区，为今甘肃、陕西、山西及四川北部等广大地区。干戈绵延的岁月，从安帝永初元年（公元107年）至灵帝建宁三年（公元170年），长达六十三年。董卓年少从军，他从一个行伍吏卒，升迁为中郎将、前将军，就是在羌汉战争中一步步升上来的。他二十多岁时为凉州兵马掾，击破羌胡，"斩获千计"。公元167年，董卓约三十五岁，为中郎将张奂司马，大破寇掠关中的东羌、先零羌，斩其酋豪，首虏万余人。公元184年，董卓为东中郎将，镇压山东黄巾军，兵败抵罪。公元185年又被起用为破虏将军，从张温西征韩遂，六路大军，五路败退，唯董卓一军不败，升为前将军，与皇甫嵩齐名。此时董卓已拥兵自重。公元189年，灵帝征董卓为少府，要他交出兵权，董卓抗命不就。灵帝又改拜董卓为并州刺史，调离关中。董卓仍不交兵权，带领凉州兵驻屯河东观变。何进召董卓，他闻命星夜上路，带兵入洛。

公元189年，灵帝死，汉少帝刘辩即位，何太后临朝，外戚何进为大将军。当时多数的朝官名士，包括袁绍、袁术在内，还想挽救将倾的东汉大厦，他们与何进联盟诛宦官。出身宦官的寒族地主豪强代表人物曹操也加入了谋诛宦官的行列。宦官集团，极端孤立，何进不费吹灰之力就杀了蹇硕，夺得了对禁军的指挥权。但是代表皇权的何太后反对诛除宦官，何进召四方猛将豪杰入京，以兵谏胁迫太后。当时曹操、陈琳等人主张何进专命诛宦官，先斩后奏，何进也确实拥有这样的实力。何进没有听从，他

董卓像

有两个考虑。一是投鼠忌器,为了维护皇权的神圣,何进不愿专命诛宦官。二是专制制度,矫命独断乃欺君之罪,何进不愿犯宫阙之怒。所以召诸侯入京强行请旨诛宦官。殊不知用强力胁迫太后,实际上就是蔑视皇权,等于"倒持干戈,授人以柄",恰恰足以煽起董卓穷凶极恶的觊觎野心。结果宦官先发制人,杀了何进,袁绍、袁术合力消灭了宦官,却没有力量阻止董卓入京。东汉宦官政治就像人的癌症晚期一样,伴随着宦官的诛灭,东汉政权也就瓦解了。董卓入洛,步骑不过三千人。在当时京师官兵甚盛。司隶校尉袁绍拥有禁军的指挥权;其时曹操任典军校尉;后将军袁术控制了大将军何进的部曲;济北相鲍信又募来一支山东兵;执金吾丁原有骁将吕布。这些力量合起来十倍于董卓而有余。由于董卓三十余年的行伍生涯,具有身经百战的经验,当时的东汉朝廷里,没有一个将军是他的对手。董卓觉察自己势单力弱,但他十分狡诈地运用权谋虚张声势。他过四五天就将部众在夜里暗地拉出军营,天明"乃大陈旌鼓而还,以为西兵复至,洛中无知者"。董卓这一手竟然镇住了一时人杰袁绍、袁术、曹操等人,他们纷纷逃出京师,禁军及何进的部曲统归于董卓。董卓又离间丁原部曲,使吕布杀丁原而并其众,收吕布为义子。于是董卓势力大盛。

董卓入洛所办的第一件事就是废帝更立,控制皇权。董卓废少帝刘辩为弘农王,随后又杀弘农王及何太后,拔掉了朝官和名士所凭借的旗帜。董卓立灵帝少子陈留王刘协为帝,这就是汉献帝。汉献帝时年九岁,被董

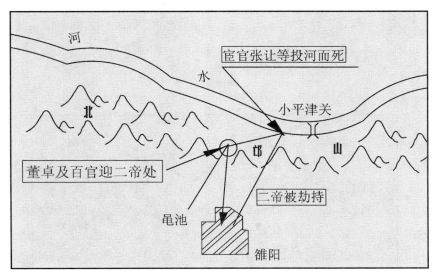

董卓入洛

卓玩弄于股掌之中。董卓挟天子以令诸侯，自称太师，迁相国，封郿侯，带剑上殿，位在百官之上，俨然是一个摄政王。

董卓废帝擅立，大权在握，野心日益暴露。他不思治国，一心谋划篡逆，放纵部下以结党羽。东汉二百余年承平，京师贵戚宅第相望，金帛财产家家殷积。董卓驱使士兵剽掳、淫掠妇女，谓之"搜牢"。何太后合葬在灵帝文陵，董卓趁机掠取陵中随葬珍宝，又"奸乱公主，妻略宫人"，"以严刑胁众，睚眦之隙必报，人不自保"，国家法纪全被践踏。

公元190年，关东起兵，董卓退出洛阳，胁迫汉献帝西迁长安，更加暴露了他的凶残性。他发掘了诸帝陵寝及公卿墓冢，搜其珍宝。董卓还把

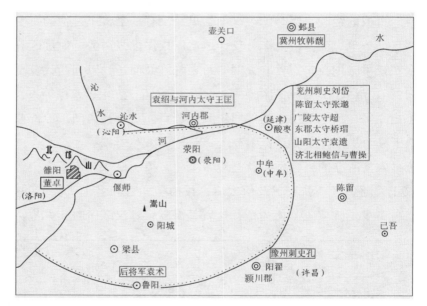

十二路诸侯讨董卓

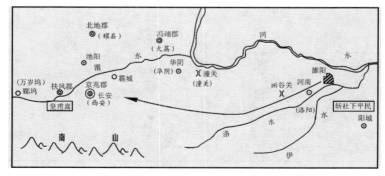

董卓胁献帝西迁长安

洛阳及其附近二百里内居民，几百万口驱赶入关中，将房屋烧光，鸡犬杀尽。被驱赶的人民，沿途缺粮，更遭到军队的践踏和抢掠，死亡无算，积尸满路。史称"旧京空虚，数百里中无烟火"。东汉二百余年来政治、经济、文化中心的巍峨帝京，成了一片瓦砾场，接着董卓又把关中弄得残破

汉魏洛阳城城墙遗址

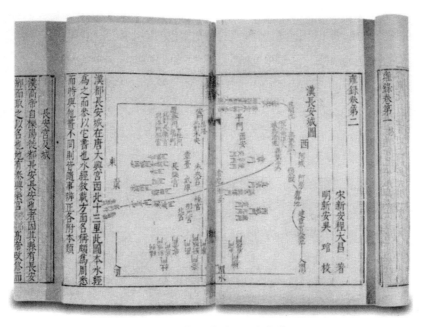

宋人程大昌《雍录》中的汉长安城图

不堪。他大肆搜刮，敲剥黎民，筑坞于郿县，高厚七丈，与长安城等，号曰"万岁坞"，积贮了三十年的军粮，珍藏黄金二三万斤，银八九万斤，绵绮珠玉杂物奇玩，积如丘山。董卓得意洋洋自称："事成，雄踞天下；不成，守此足以毕老。"由此，足以看出董卓把个人的荣辱，完全建立在千百万人的尸骨上。

董卓为了满足他无止境的贪欲，还锥破了秦时所铸的铜人、钟虡，又毁坏了汉时的五铢钱，更铸小钱，致使物价腾贵，谷一斛至数十万。老百姓又蒙受了一层灾难。

汉献帝初平三年（公元192年）四月，司徒王允用计收买吕布诛杀了董卓。当时汉献帝染病痊愈，宴会群臣于未央殿。吕布怀揣诛卓诏书前往迎请董卓。吕布同乡骑都尉李肃率亲兵十余人化装为卫士守在掖门。董卓入宫，李肃等奋起杀董卓。董卓呼叫吕布保驾。吕布宣读诏书，刺死董卓。长安百姓奔走相告，仕女出卖衣装首饰，沽酒相庆，"士卒皆称万岁，百姓歌舞于道"。一代穷凶极恶的祸国大盗，终于被钉在历史的耻辱柱上而遗臭万年。

中原十年大混战　东汉末年的军阀混战，从公元190年至公元199年（汉献帝初平元年至建安五年），是十年大混战时期，争战异常激烈，黄河两岸，淮河之北，整个中原大地化为战场，城邑村落变成废墟。

关东诸侯起兵讨伐董卓，推袁绍为盟主。关东军十倍于董卓，并从北、东、南三面包围洛阳，本可一战擒贼。当时曹操、孙坚都奋勇争先杀敌，尚有兴汉之志。袁氏兄弟袁绍、袁术，假讨董卓之名，行割据之实，各路诸侯也坐观形势，扩充势力，董卓从容撤出洛阳，浩劫两京。汉献帝西迁，中原无主，各路诸侯立即展开了火并。首先，刘岱杀桥瑁，夺了东郡。袁绍用计，引诱幽州公孙瓒南下攻击冀州，迫使韩馥让出冀州，袁绍自领冀州牧。作为盟主的袁绍，抢夺别人的地盘，关东军联盟不复存在，中原大地军阀混战就这样形成了。

《后汉书》立传的有九大军阀：董卓、刘虞、公孙瓒、陶谦、袁绍、刘表、刘焉、袁术、吕布。这九大军阀按各自所代表的阶级倾向划分：士族地主集团有五：袁绍、袁术、刘表、刘焉、刘虞；寒族地主集团有四：董卓、公孙瓒、吕布、陶谦。《三国志》立传的军阀较多，除上述九人外，又增加了十二个军阀人物，立专传的有七人：臧洪、张杨、公孙度、张燕、

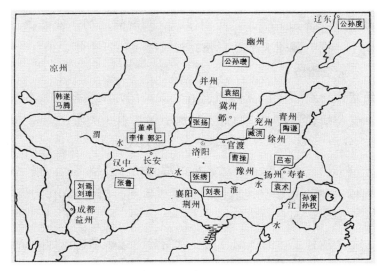

东汉末军阀割据形势图

张绣、张鲁、刘繇;立附传的有五人:李傕、郭汜附董卓传;袁谭、袁尚附袁绍传;张邈附吕布传。此外,未立传的军阀代表人物有韩遂、马腾、张超等,裴松之注做了补充。《三国志》及裴注所增加的十五个军阀人物,除刘繇为士族,张燕、张鲁为农民首领外,其余十二人全属寒族地主集团。上述共二十四个军阀代表人物,是就全国范围来说的。其中割据周边州郡的有七人:韩遂、马腾、刘焉、张鲁、刘繇、公孙度、刘虞。韩遂、马腾据雍凉,公元214年为曹操所灭。刘焉据益州,两传至刘璋,公元214年为刘备所并。张鲁据汉中,公元214年为曹操所并。刘虞据幽州,公元193年被公孙瓒兼并。刘繇据扬州,公元195年为袁术所遣孙策讨灭。公孙度据辽东,三传至公孙渊,公元238年为曹魏所遣大将司马懿讨灭。这些周边军阀,没有力量参与中原逐鹿,只是趁乱割据地盘,为一方土皇帝。董卓死后,逐鹿中原的主要有下列九大集团。依由北往南的地域态势,分叙如下。

公孙瓒集团 公孙瓒字伯珪,辽西令支人。本是家世二千石的士

公孙赞像

族子弟,由于庶出受到世俗冷遇,只得为郡小吏。后公孙瓒从戎,与塞外乌桓力战,积功为奋武将军,封蓟侯。军阀混战之初,公孙瓒手握强兵,从幽州南下,据有冀州大部及青州,与袁绍抗衡近十年,公元199年(建安四年)春为袁绍所灭。

袁绍集团　袁绍凭借袁氏四世五公的高门,结交豪杰,本人杀宦官,反董卓,又位居司隶校尉之显职,被四方英雄目为人杰。公元190年,以渤海太守身份起兵讨董卓,声望冠中原,被推为盟主,驻兵河内。公元191年四月,董卓西去,关东军解体,大混战开始。袁绍不战而得冀州,一时兵力最强盛。冀州从事沮授建议袁绍东攻青州,西击黑山,北并公孙瓒,和抚戎狄,据青冀幽并四州之地南向以争天下。公元199年,袁绍并灭公孙瓒后,完全达到了他的预期目的。袁绍势力达于鼎盛,他的骄恣及野心也达于顶点,成为天下第一军阀。

袁术画像

袁术集团　袁术是袁绍的同父异母兄弟,因嫡出而蔑视袁绍,兄弟二人不和。袁术反董卓而出奔荆州鲁阳,时为后将军。袁术志大才疏,本无所作为。长沙太守孙坚领兵北上讨董卓,杀荆州刺史王叡和南阳太守张咨,因借袁术名望而拥为军主,袁术才得以据有南阳。公元192年初,袁术使孙坚攻刘表,孙坚战殁。袁术在南阳遭到曹操、刘表夹击不能立足。公元193年,袁术转兵东向杀扬州刺史陈温据有淮南。袁术统治暴戾,穷奢极侈,大肆搜刮,弄得民穷财尽,军人乏粮。公元197年,袁术称帝于寿春,众叛亲离,又遭吕布、曹操攻击,由是破败。公元199年春,袁术穷迫欲北上青州依袁谭,曹操遣刘备及将军朱灵在徐州截击,术不得过,还走寿春,六月病死,部曲星散。

吕布集团　吕布原为并州刺史丁原部将。公元189年,何进召丁原入洛阳谋诛宦官。董卓入洛阳后,离间吕布杀丁原,吕布投董卓。公元192年,司徒王允联结吕布杀董卓。凉州将李傕、郭汜率董卓残部攻入长安,吕布南出武关投袁术。袁术恶其反复无常，拒而不受。吕布又北投张杨、袁绍。吕布助袁绍攻破黑山军张燕，恃功求索，要求扩大领兵。袁绍畏忌，遣刺客杀吕布，没有成功。吕布走河内依张杨。公元194年春，陈留太守张邈与陈宫等谋策，迎吕布入主兖州，与曹操相争。公元195年农历闰六月，吕布兵败投徐州刘备。次年夏，吕布趁刘备与袁术交兵之际，偷袭刘备根据地下邳（今江苏邳县南），自称徐州牧。吕布与袁术合谋夺取徐州后，两人又反目互相攻战。吕布反复无常，为天下所忌，公元198年末被曹操擒杀。

张杨集团 张杨也是丁原部将，与吕布同僚，驻屯河内。河内北依太行山，南濒黄河，西控虎牢关，是中原的战略要地。张杨初依袁绍，袁绍得冀州，使张杨守河内。张杨后投董卓，董卓败亡复依袁绍。公元198年，张杨声援吕布，曹操借机把手伸向河内，收买张杨部将杨丑杀张杨，以河内附曹操。张杨另一部将眭固杀杨丑，仍以河内附袁绍。公元199年春，袁绍在幽州与公孙瓒进行主力决战，曹操挥兵进河内，杀了眭固，袁曹公开破裂，从而成为官渡之战的导火线。

吕布画像

张杨画像

臧洪集团 臧洪字子源，广陵射阳人，为广陵太守张超功曹。公元190年，臧洪说张超起兵讨董卓，张超依从其计，与其兄陈留太守张邈引兵会于酸枣。关东诸侯设坛盟誓，共推臧洪为司仪。臧洪于是升坛操盘歃血为盟，慷慨陈词，激扬士众，声名远播。袁绍招致臧洪，使洪抚领青州，与公孙瓒所署青州刺史田楷连战两年，为袁绍夺得了青州。袁绍使其子袁谭领青州,徙臧洪为东郡太守。公元196年,曹操击败吕布夺回兖州,围张超于陈留。臧洪从袁绍请兵救张超,袁绍不许。曹操于是破杀张超。张超兄张邈南走寿春求救于袁术,半道为其兵所杀。臧洪怒袁绍不救张超,以东郡叛绍。袁绍兴兵攻围年余,破杀臧洪。

陶谦集团 陶谦字恭祖,丹扬人,为诸生,举茂才,历官卢令、幽州刺史,征拜议郎。黄巾起义,朝廷以陶谦为徐州牧。关东兵起,曹操父曹嵩避难琅琊。公元192年,曹操据有兖州,迎曹嵩赴兖。曹嵩曾为汉太尉,贪赃财物至巨,有辎重百余辆。陶谦遣都尉张闿将骑士二百护送,张闿等贪财物,杀曹嵩取其财,逃奔淮南。这是《三国志·武帝纪》裴松之注引《吴书》的记载。关于曹嵩之死,有几种说法。裴注又引《世语》记载,说陶谦密遣将杀曹嵩。《后汉书·陶谦传》记载,曹嵩为陶谦别将所杀,陶谦实不知情。曹操迁怒于陶谦,在公元193年至公元194年全力征讨。曹军攻破彭城、傅阳、取虑、睢陵、夏丘五城,皆屠之。史载,曹操"凡杀男女数万人,鸡犬无余,泗水为之不流"。董卓乱两京时,中原及关中士民多流移徐州,至此遭曹兵蹂躏,大多被杀。徐土残破,陶谦忧死,遗命让州牧于刘备。

臧洪画像

陶谦画像

张绣集团 张绣,武威人,董卓部将张济之族侄。公元196年,张济引众出关入荆州攻刘表,在穰城中流矢死。张绣领其众归附刘表,驻屯穰城,抗拒曹操。曹操连年攻张绣不能下。官渡之战前夕,张绣从贾诩计,领众归附曹操。官渡之战,张绣力战有功,后从曹操破袁谭于南皮,征乌桓于柳城，功勋卓著。但洧水之战，曹丕以张绣杀其兄曹昂数辱张绣，张绣自杀。

刘表集团 刘表字景升，山阳高平（在今山东金乡县西）人，汉末名士八俊之一。公元190年，荆州刺史王叡被孙坚所杀，刘表代王叡为荆州刺史。因袁术在南阳阻断刘表上任，刘表从间道单马入宜城，采纳荆州名士蒯越等人的建议，诱杀宗贼渠魁五十余人，抚用附从的地方势力，"南据江陵，北守襄阳"，据有荆州，与袁术相抗。公元192年，刘表与曹操合兵逐走袁术，刘表任镇南将军、荆州牧。公元198年，刘表击败遥应曹操的长沙太守张羡，使自己的辖地"南接五岭，北据汉川，地方数千里，带甲十余万"，成了南方最大的割据者。但刘表无戡乱之才，他只想"保江汉间，观天下之变"，不介入逐鹿中原之争。官渡之战，他坐山观虎斗，应袁绍之援而不出兵相救，使得曹操从容不迫地统一了北方。

张绣画像

刘表画像

中原十年大混战后的态势 上述九大军阀，加上董卓，逐鹿中原的共有十大军阀。曹操、刘备、孙权三家，是魏蜀吴三国的创业之主，非等闲军阀，在下一章做专题评述。孙氏在江东发展，未参与中原逐鹿。曹操、刘备争逐中原。刘备在北方根基不厚，又无良辅，两次得徐州，两次失徐州，公元200年南依刘表，退出了中原之争。董卓败亡后，争逐中原的主要是五大集团：河北的袁绍、公孙瓒，河南的曹操、吕布，淮南的袁术。张杨、臧洪、陶谦、张绣、刘表，以及张燕、张邈、张超等人，他们并无纵横天下之志，只是在军阀混战的洪流中被动卷入了逐鹿中原之争。公孙瓒、吕布、袁术、刘表等都曾风云一时，鼎盛时都有很大的力量，手下有众多谋臣武将，但他们都无远略，在争雄中，必然为强者所灭。公孙瓒顽悍乐杀；袁术狂愚而逞；刘表雍容论道；吕布倏此倏彼，见利忘义，为人所忌。他们的失败是注定的。曹操和袁绍是立于群雄之上的两个铁腕人物，他们都有纵横天下之志，都想取代汉室，各有一套图谋远略的规划。袁绍取河北，曹操图河南，两人同床异梦而又紧密携手，共图发展。在中原十年大混战中，两人背靠背，一个向北，一个向南，不受夹击，因此各自取得了节节的胜利。公元191年末，公孙瓒南下，其势凶猛，曹操助袁绍击退公孙瓒。公元192年，袁术从南阳北进，袁绍助曹操赶袁术出南阳。在袁绍与曹操两人携手共进中，曹操依赖袁绍的扶植而发展，袁绍则结援曹操而无后顾之忧。如果说其他军阀都是单一参与中原逐鹿，而袁绍与曹操两位枭雄则是并肩战斗，按人际关系一加一大于二的计算公式，袁曹结盟自然是所向无敌。到了公元200年，北方除关陇和辽东两个边隅地区外，八州之地为袁曹两大军事集团所分割。袁绍兼河北青、冀、并、幽四州，曹操兼河南司、豫、兖、徐四州。两大集团旗鼓相当，军事上袁强曹弱，政治上曹操"挟天子以令诸侯"，优于袁绍。天无二日，人无二主，袁曹争雄必然地要爆发。这就是官渡之战。

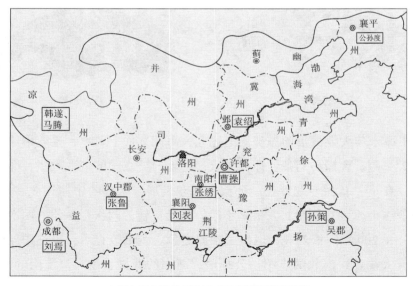

中原十年大混战后公元199年军阀割据态势

曹操崛起于乱世

曹操公元155年生，死于公元220年，年六十六岁。他二十岁时被举为孝廉，初仕郎官，登上政治舞台，欲立功封侯，此其本志。

公元190年，曹操三十五岁，陈留起兵讨董卓，在风云突变的汉末乱世中，纵横驰骋三十年。他"挟天子以令诸侯"，统一了北方，是奠定三国鼎立的第一人物。乱世造就了曹操，培养了他的野心。时人评为"治世之能臣，乱世之奸雄"。

曹操本志 曹操字孟德，一名吉利，小字阿瞒，沛国谯县人。汉谯县，即今安徽北部的亳州市。

曹操出身于宦官集团的大官僚大地主豪强大族。他的祖父曹腾是历事安帝、顺帝、冲帝、质帝、桓帝五朝的大宦官，位至中常侍，被桓帝封为费亭侯。曹操父亲曹嵩是曹腾的养子，出自夏侯氏。《曹瞒传》和《世语》都说是夏侯惇的叔父，即曹操与夏侯惇是叔伯兄弟。所以曹氏、夏侯氏两族非常亲密，两姓子弟成为曹操起家的骨干。

曹操画像

曹腾是大宦官，恩荫曹嵩仕途一帆风顺，历官司隶校尉、大司农等职。灵帝卖官，曹嵩花了一亿钱买得太尉高官，可见家产之殷富。曹氏家族在汉末做京官和地方官的不只曹嵩一人。曹腾弟曹褒官至颍川太守，褒子曹炽官至侍中、长水校尉。曹炽是曹仁之父。曹腾侄儿曹鼎官至尚书令，另一堂侄官至吴郡太守。这些人都是家财万贯，僮仆上百人。曹鼎侄儿曹洪家财甚至超过曹操，所豢养的家兵达千余人之多。曹氏家族在政治上和经济上都是显赫的大豪强，给曹操的仕途带来顺风顺水，但宦官出身仍属寒门，被官僚士大夫看不起。公元200年官渡之战时，袁绍发布的讨操檄文就称曹嵩为"乞丐携养"，诋毁曹操为"赘阉遗丑"。因此曹操不免也有自卑感，这对于曹操所走道路，以及执政都产生了复杂而微妙的影响。

曹操小时候就很机灵，爱好飞鹰走狗，放荡不羁，不受礼俗约束。他的叔父看不惯曹操，就在曹嵩面前告曹操的状。曹操知道后，想了一个办法来报复叔父，以杜绝后患。有一天，他远远看见叔父走来，便故意把嘴歪到一边，做出难过的模样，装着中风。叔父信以为真，赶忙去找曹嵩，着实让曹嵩吃了一惊。曹嵩见了曹操，却见他安然无恙。曹嵩问："叔父说你中风了，这么快就好了？"曹操恨恨地回答："叔父不喜欢我，尽瞎说。"从此，曹嵩再也不听曹操叔父的话了，由此可见曹操的狡诈和权谋。

公元175年，曹操二十岁时，被举为孝廉又被推举为郎，因受父祖荫庇，历任洛阳北部尉、顿丘令、议郎。曹操在洛阳北部尉任上，造"五色棒"悬于四门，有犯禁者，不避豪右，皆棒杀之。曹操曾棒杀夜行的灵帝宠臣小黄门蹇硕的叔父，京师肃然。公元184年，曹操为骑都尉，率军镇压颍川黄巾，以功升任济南相。济南国辖十余县，长吏依附宦官和贵戚，贪赃枉法；民俗迷信，淫祀多达六百余祠，历任长吏都不能禁绝。曹操上任，罢掉了八个县的赃吏，又禁断淫祀，拆毁祠屋，奸宄逃窜，一郡清平。由于触犯权贵，被征还为东郡太守。东郡为京师近郡，乃权贵横行之地。曹操恐致家祸，称疾归乡里。公元188年，灵帝建西园八校尉，曹操又被起用为典军校尉。西园军统帅是上军校尉宦官蹇硕，副统帅是中军校尉袁绍。曹操结纳袁绍，两人结为盟兄弟，谋诛宦官。

公元189年，大将军何进与袁绍谋诛宦官，曹操参决机要。曹操出身于宦官集团却走着反宦官的道路，由此表现出了他的不凡。曹操要在政治上崭露头角，必须厕身于世族名士行列。所以他矫情饰志，力争赢得世族地主集团的支持。梁国桥玄、南阳何颙都十分器重他。桥玄官至太尉，称曹操为"命世之才"，并以妻子相托。

公元210年末，曹操曾发布

汉桓帝十常侍乱政（《帝鉴图说》插图）

"明志令",称他青年时期希望天下太平,做一个清官,或归隐于故里,秋夏读书,冬春射猎。后做典军校尉,想为国家讨贼立功,西征韩遂,死后立一墓碑,刻上"汉故征西将军曹侯之墓",这就是他的本志。从曹操步入仕途的所作所为来看,这是符合实情的。曹操想以个人的努力来立功封侯,洗刷"赘阉遗丑"的污名,成为一个汉家忠臣。由于董卓构难,形势导致曹操走上了另一条道路,这就是逐鹿中原,与敌竞争,称孤道寡,建立曹氏基业。

曹氏、夏侯氏的豪强资本,加之曹操个人的筹策善计,曹氏集团很快在北方乱世中崛起。

陈留起兵 董卓入京,拉拢曹操,任命他做骁骑校尉。曹操拒绝合作,逃出洛阳,到陈留(今河南开封东)去募兵反董卓。曹操出了虎牢关,路过成皋村,到故友吕伯奢家借宿,伯奢不在家,伯奢的五个儿子盛情款待。曹操听见食器声,误认为是谋害他,于是手起剑落杀了吕伯奢全家八口。事后发现唐突,既后悔又悲伤,然后心一横说:"宁我负人,毋人负我。"由此可见曹操的奸雄本色,这两句话,谁听了都会不寒而栗。

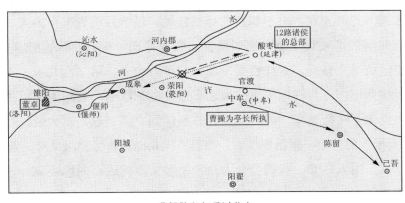

曹操陈留起兵讨董卓

陈留郡太守张邈是曹操的密友,陈留人卫兹也出财相助。曹操募得五千兵员,正式建立了自己的武装。当时曹操还可以多招募一些兵员,但他害怕树大招风,成为祸根,就自我限制。公元189年末,曹操在己吾正式起兵,第一个竖起反董卓的大旗。公元190年初,关东兵起,曹操带领这支队伍到酸枣与诸侯相会,被张邈任命为代理奋武将军。曹操在前往酸枣途中,路过中牟县,该县主簿任峻率自己的宗族、宾客及家兵数百人前来投附。曹操非常高兴，任命他为骑都尉，还把自己的堂妹嫁给了他。济北相鲍信与其弟鲍韬也自愿投效曹操。鲍信对曹操说："你的谋略盖世，找不出第二个人，能统率大众拨乱反正的，也只有你一个人。"曹操听了非常高兴，把鲍氏兄弟视为知己。

公元190年春，董卓为了逃避关东军的锋芒，毒死废帝刘辩，大杀袁氏宗亲，然后挟持汉献帝迁都长安。而关东诸侯各怀异志，又畏惧董卓之兵，没有人倡议出击。曹操对诸将说："我们发动义兵诛除暴乱，各路大军已经会合，诸君还疑虑什么？如果董卓依仗王室，据守洛阳，东向以争天下，尽管他十分残暴，仍可以为害无穷。现在他焚烧宫室，劫迁天子，弄得举国震惊，人心惶惶，天怒人怨。这正是消灭他的最好时机，可以一战而安定天下，切不可失去这个机会。"关东诸将不听，曹操率先行动，独力追击，在荥阳汴水岸边与董卓将徐荣交锋，激烈异常，表现了曹操的奋勇。由于寡不敌众，曹操全军覆没，自己也受了箭伤。曹操的大义精神被四处传扬，他虽然打了败仗，名声却响亮起来。

曹操回到酸枣，只见诸将每日饮宴作乐，不图进取，十分气愤，就决定回扬州募兵。扬州刺史陈温、丹阳太守周昕给他很大支持。曹操募得四千多人，开赴龙亢，由于新兵的哗变叛逃，最后只剩下五百多人。恰在此时，曹洪带了家兵千余人来到龙亢。宗族曹邵、侄儿曹休也赶来投效。周昕也陆续送来新兵。这样曹操重新拉起了万余人，第二次北上，不去酸枣，直接到河内，与驻屯那里的关东军盟主袁绍联络。袁绍为了扩张自己的势力，他不西征董卓，却同冀州牧韩馥谋划立幽州牧刘虞为帝，并刻了"虞为天子"的玉印一颗给曹操看，拉拢曹操相助。曹操坚决反对，说："董卓的罪行，国人尽知。我们会合大众，举起义旗，远近闻风响应，这就是正义产生的号召力量。现在皇帝幼小，被奸臣董卓把持，我们不去救驾，反而废除，这是不义的，将使天下不安。诸君北面，我自西向。"

"北面"语含双关。古时皇帝南面而坐，群臣面北朝见。幽州牧刘虞在北方。意思是，你们诸位愿意的就去向刘虞称臣。曹操西向，指西讨董卓，迎回献帝。此时的曹操尚有扶危济困之心，身心表率要挽救汉室将倾的大厦。当然曹操也进一步捞取了政治资本。

袁绍不死心，派人劝说曹操归附自己。来人对曹操说："现在袁公势力正盛，兵力最强，两个儿子成人，天下英雄，有谁是他的对手？"曹操用沉默表示回答，心里十分厌恶，并产生了消灭袁绍的想法。

袁绍又亲自召见曹操，提出一个问题，说："如果我们讨伐董卓不能成功，那么用什么办法来发展势力呢？"曹操反问袁绍："你的具体打算是什么？"袁绍回答说："我南面依托黄河，北面占据燕、代，联络乌桓，然后南向以争天下，这样做可以成功了吧？"曹操接着说："如果单靠山川的险要，占据一块地盘来图发展，是很不够的。我要任用有才能的人打天下，用合乎时宜的办法来引导他们，这样大业一定能成功。"表现了曹操依靠"人谋"智力取天下的主张，显然胜袁绍一等。

东征陶谦 董卓西迁，东方诸侯开始了混战。河北、山东的黄巾也趁势而起。曹操力量单薄，无力与各路诸侯相争，于是把矛头指向黄巾军。公元191年，曹操进兵东郡，打败白绕率领的黑山黄巾军，壮大了自己的力量。袁绍推荐让曹操为东郡太守，曹操第一次有了自己的地盘。公元192年，曹操又击溃魏郡、内黄等地以于毒和眭固为首的两支黑山农民军，接着又进兵兖州，大破青州黄巾军，"受降三十余万，男女百余万口"，并"收其精锐，号为青州兵"。此时，曹操声势大振，自领兖州牧，成为北方的大军阀，与冀州的袁绍、徐州的陶谦在中原鼎足而立。

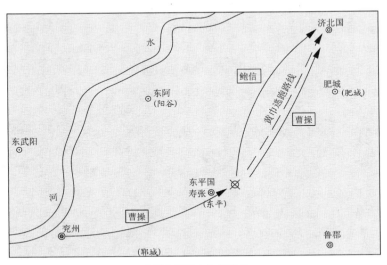

曹操收编黄巾为青州兵

曹操的基本军事力量是招纳强宗豪右的地主武装。他所倚重的亲兵将领如曹洪、曹仁、夏侯惇、许褚都是谯县一带与曹家有宗族、亲戚、同乡关系的大豪强。曹操依靠这些宗亲部曲和豪强家兵，在镇压黄巾的过程中不断壮大自己。

曹操在兖州立足未久，在192年冬便遭到袁术的进攻。

袁术字公路，司空袁逢的嫡子，官至河南尹、虎贲中郎将。董卓进京，任命他为后将军，他离京至南阳。恰好长沙太守孙坚北上反董卓，杀南阳太守张咨，拥立袁术为主，成为关东军讨董卓的南翼。袁绍是袁术的哥哥，因是庶出，袁术看不起他。当袁术据南阳之时，袁绍占有河北青、冀两州。孙坚西讨董卓，袁绍派兵夺了孙坚的豫州，袁术十分生气，袁绍谋立刘虞为帝，袁术反对。这样兄弟反目，成为仇敌。袁术北结公孙瓒攻打袁绍，而袁绍南连刘表攻击袁术。兖州在南阳和冀州之间，袁绍支持曹操挡住袁术的北进。因此192年冬，二袁与公孙瓒、刘表、曹操、陶谦等军阀形成了大混战的局面。

公孙瓒南下攻冀州袁绍，并任命严纲为冀州刺史，田楷为青州刺史，单经为兖州刺史，派刘备守高唐，单经驻平原，陶谦驻守发干，共同威逼袁绍。袁术进攻兖州，派孙坚攻打驻守襄阳的刘表。

首先，袁绍在公元192年底击败了公孙瓒的主力，迫使他逃回幽州。接着公元193年春，曹操在封丘等地大败袁术，乘胜穷追猛打，迫使袁术退出南阳，向东南跑到淮南。孙坚在襄阳战死，残部追随袁术也到了淮南。

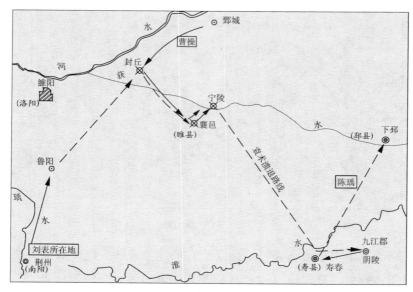

袁术走寿春

袁绍派臧洪与袁谭在青州拒敌田楷，征战两年才把田楷驱逐出境。

曹操打败袁术，解除南面的威胁后，便向东面发展，攻击徐州牧陶谦。徐州北面与青州连接，从东面和东北面对兖州形成半包围的态势，而且居高临下。公孙瓒势力进入青州，所以陶谦与之联合，与曹操为敌。曹操打败袁术，很自然地要向东进攻扩展势力，因而固守兖州。

曹操与陶谦还有一桩不共戴天的个人恩怨。公元193年夏，曹操派人到琅琊迎接避难徐州的父亲曹嵩，由于曹嵩家财丰盈，车载二百余辆，在途中被见财起意的陶谦部将杀死，曹操迁怒于陶谦。这一年秋天，曹操兴师问罪，第一次东征陶谦，一鼓作气连下徐州十多座城池，进抵彭城。陶谦领兵前来交战，被曹操的复仇之师打得大败，有上万士兵战死。曹操疯狂杀戮，屠灭了几座县城，总计杀死男女数十万人。当初洛阳、长安一带遭董卓之乱逃到徐州避难的中原人民，这一次又在劫难逃，被曹操屠杀。陶谦退保郯城（今山东郯城），青州刺史田楷派刘备等人率兵来救，曹操军队缺粮，暂时退兵。

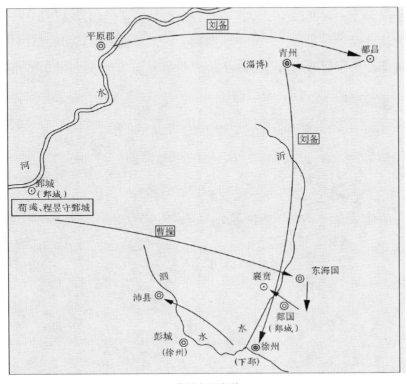

曹操东征陶谦

这次曹操东征,袁绍派大将朱灵率兵相助,力战有功。战斗结束,诸将北还,朱灵留了下来,曹操挖了袁绍的墙脚。

公元194年春,曹操第二次东征徐州,志在必得,来势凶猛,连下五城,一直扫荡到琅琊、东海两郡。陶谦和刘备在郯城阻击,被曹操打败,陶谦打算南逃丹阳。曹军所到之处,仍然大肆杀戮,不少平民百姓无辜被害。曹操的残忍好杀,可以说是他政治上的失策,因而立即得到报应,兖州后院起火,他不得不退兵,功败垂成,十分可惜。

争夺兖州 曹操第二次东征陶谦,正当节节推进之时,兖州境内发生了反对曹操的叛乱。这场叛乱是陈留太守张邈勾结吕布发动的。

张邈字孟卓,东平寿张人,本是曹操的密友。曹操陈留起兵,实际上是张邈的部将。曹操任兖州牧以后,地位在张邈之上,反而成了张邈的上级,张邈内心很不是滋味。曹操的部下陈宫,字公台,东郡人,足智多谋。曹操到东郡后,陈宫追随曹操。曹操任兖州牧,前九江太守陈留名士边让在背后讥刺曹操。曹操借机杀边让,并大杀名士,这正是曹操出身"赘阉遗丑"仇视名门这一自卑心理的潜意识反应。这一事件引起极大震动。陈宫好交结名士,对此极为反感,他既替自己的前途担忧,又为边让打抱不平。他趁曹操带兵东征,后方空虚的机会,策动张邈与其弟张超谋叛,并劝说张邈迎请寄居河内的吕布来主持兖州政务。吕布是一员虎将,张邈在

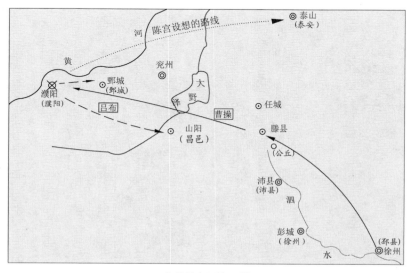

曹操救兖州战吕布

陈留统治十多年，有深厚的潜在势力。因此他们一起事，便立即得到不少郡县的响应，几天之内，兖州成了吕布的天下。只有荀彧留守的兖州治所鄄城（今山东鄄城）、程昱留守的东郡范县和东阿县还在曹操手里。荀彧将夏侯惇从濮阳调来加强鄄城防守。濮阳是东郡治所，夏侯惇离开后被吕布攻占了。

曹操回救兖州，攻击吕布，展开了兖州争夺战。农历五月，曹操进兵濮阳，两军相持三个月。八月曹操在濮阳大姓田氏的协助下，攻入东门，但巷战不利，败退出城。曹操被冲散，遭到吕布骑兵的截击。但吕布兵丁不认识曹操，就问："曹操在哪里？"曹操急中生智，用马鞭往前一指："那个骑黄马逃路的人就是！"吕布骑兵信以为真，丢下曹操去追赶骑黄马的人，曹操这才死里逃生，冒着东门的烟火冲突出来。曹操回到大营为了鼓舞士气，他不顾伤痛，亲自到各营抚慰，表彰有功将士，并鼓励他们做好攻城准备，不停顿地打击吕布。这年夏天兖州发生了旱灾和蝗灾，粮食歉收，到处闹饥荒。吕布和曹操两军都缺粮食。九月，吕布退兵山阳（今山东金乡县西北），曹操退兵鄄城，暂时休战。

曹操回到鄄城，袁绍派来说客，表示袁曹两家"连和"，要求曹操把家属送到河北邺城。"连和"本义是联合、交好为同盟，这里的"连和"是委婉的外交辞令，其实是有"归附"之意，是"归附"的代名词。袁绍名为保护曹操家属实为征取"人质"，曹操理所当然地拒绝了。

这一年年底，徐州牧陶谦病死，把州牧让给了刘备。第二年，公元195年春，曹操经过一冬天休整，发动收复兖州之战。首战败吕布于定陶，接着又败吕布于巨野，杀死吕布大将薛兰。这时传来陶谦病死，刘备领有徐州的消息。曹操打算趁刘备立足未稳之际，先取徐州，再收拾吕布。荀彧不同意，以高祖保关中，光武帝保河内的历史例证，劝导曹操要深固根本，建立根据地。荀彧说："现在对吕布用兵已取得重大胜利，宜将剩勇追穷寇，一举打败他。如果分兵去攻徐州，兖州有失掉的危险。如果攻不下徐州，将军又到哪里去立足呢？"曹操接受了荀彧的意见，全力进攻吕布，吕布连吃败仗，带着残兵败将逃向徐州投靠刘备。曹操分兵收复了兖州的郡县。

张邈跟着吕布逃向徐州，让他的弟弟张超带着家属退保雍丘。八月，曹操兵围雍丘。九月张邈到淮南去向袁术求救，半道被部下杀死。十二月，曹操攻破雍丘，张超自杀，曹操屠灭了张氏全族。至此，兖州平定，朝廷正式任命曹操为兖州牧。经过与吕布的一番争夺,曹操巩固了这块根据地,成为他逐鹿中原的一个根基。曹操集团就这样形成了。

魏晋 驿画像砖

刘备转战北方

刘备是三国时期杰出的政治家,深为曹操所忌惮。如果将刘备与曹操、孙权做个比较,他则经历了更为艰难曲折的道路。可以说是屡仆屡起,九折臂而终成良医。刘备从微贱到发迹,直至建立蜀汉,既不像孙权那样有父兄之业相承,也没有像曹操那样靠雄厚的政治经济实力而起家。刘备一无所有,只有依靠自己的主观努力,借乱世而成英雄。

结义起兵 刘备字玄德,涿郡涿县(今河北涿县)人。生于公元161年。刘备的祖先是西汉景帝之子中山靖王刘胜,所以称"帝室之胄"。但支系疏远,家世没落,至刘备这一代落到织席贩鞋为生的地步。《三国演义》第二十回写刘

刘备画像

备身世，有所渲染。刘备见汉献帝，献帝排家谱，刘备乃献帝之叔，世人皆称刘皇叔。献帝还令宗正卿宣读刘备的世次，祖上世代为侯。依代排列，刘备是汉景帝第十八代孙。这一细节是小说家的增益之词，虚构刘备为皇叔，抬高他的正统地位。但刘备与汉献帝同宗，并都是西汉景帝之苗裔，却是事实。据《三国志·先主传》记载，刘备是刘胜之子刘贞的后代。刘贞封涿县陆亭侯。查《史记》、《汉书》，刘贞在汉武帝元鼎五年（公元前112年）坐酎金失侯，家世衰落。刘备祖父刘雄、父刘弘都曾做过地方小官。刘雄举孝廉，官至东郡范令。刘备祖父以上世次不明。所以刘备初起之时，只是依附军阀征战，先后投靠公孙瓒、陶谦、曹操、袁绍、刘表，转战半生仍无立锥之地，他"帝室之胄"的出身，并没有给他带来什么凭借。

刘备居室东南角有一棵桑树，高五丈多，枝叶繁茂，远远望去像一个车盖，过往的人都很惊异，认为这家人要出贵人。刘备少年时与同宗小儿做游戏，他坐在桑树底下说："我将来一定会乘坐羽葆盖车。"意思是说乘坐天子的坐车。刘备叔父刘子敬听到了惊骇万分，对刘备说："你别胡说，这是要杀头的。"

刘备早年丧父，到十五岁时，才因同宗刘元起的资助陪同刘元起的儿子刘德然一起读书，拜涿郡大儒卢植为师。刘备不喜欢读书，喜欢玩狗马、听音乐、穿漂亮衣服、交朋结友，青年人都与他交好。与刘备同窗的公孙瓒是关外辽西大汉，好侠义，刘备和他十分投缘。公孙瓒年长，刘备称他为大哥。刘备的这些表现不合儒家礼教规范，所以没有得到卢植的品评推荐，黄巾起义之前，只好默默无闻地在乡里。

刘备身高七尺五寸，合今公制一米七三，个头只是中上，但他手臂很长，垂下来可以摸到自己的膝盖，耳朵很大，自己可以看见自己的耳朵。这副相貌，被当时的人认为是贵人之相，前途非凡。他平时少言语，待人和善，喜怒不形于色，很有城府。

公元184年黄巾起义时，刘备二十四岁。他招兵买马，要趁此机会建功立名，改变贫困地位。《三国演义》写刘备与关羽、张飞桃园结义起兵。桃园结义的情节是小说家的设景虚构，但三人结义是事实，记载于《三国志》中。关羽字云长，又字长生，河东解县（今山西临猗西南）人。他杀人亡命，避难涿郡与刘备结识。张飞字益德（亦作翼德），涿郡人，小关羽

关羽画像

数岁。关张二人都有万夫不当之勇,他们二人拜刘备为大哥,三人一起同床共眠,比亲兄弟还亲。刘备招兵,关张二人为左右手。中山富商张世平、苏双慷慨解囊。刘备组织起一支乡勇,追随校尉邹靖镇压黄巾,打仗有功,被任命为安喜县(今河北安国西北)县尉。这是刘备入仕的开始,但并不顺利。郡督邮来县巡察,刘备求见,门官不通报。当时贿赂公行,刘备厌恶这种行为,意料自己将被裁减,于是率领吏卒冲入传舍,把督邮捆吊在树上,狠狠鞭打一顿,弃官而去。

不久,大将军何进募兵,刘备投身麾下,因战功为下密县(今山东昌邑县东)县丞。后升迁为高唐县(今山东高唐县东)令。关东诸侯起兵讨伐董卓,刘备也领兵参加。不久被青州黄巾军打败,就投奔了幽州军阀同窗师兄公孙瓒。

公孙瓒表请刘备为别部司马,为青州刺史田楷助手,对抗冀州袁绍,不久改任平原相。

刘备由于出身寒微,威名不著,与关羽、张飞结义起兵,转战十年,位不过县令。关张二人却始终不离左右。公孙瓒部将真定人赵云也倾心与刘备相结。由于刘备宽厚待人,能得人死力。他与部属同席而坐,同一锅吃饭。刘备做平原

张飞画像

相,平原豪强刘平派刺客来暗杀他,刘备不知,以诚挚的待客之礼款待刺客。刺客不忍下手,临别坦然向刘备说明真相,请他严加提防。刘备就是这样的受人敬爱。

两度为徐州牧 公元194年,曹操第二次东征徐州,陶谦向公孙瓒告急,刘备奉命救陶谦,正式脱离了公孙瓒集团。这一年冬,陶谦病死,他的部属共推刘备为徐州牧,刘备再三谦让。下邳人陈登,字符龙,时为广陵太守,颇有才干,他看不起一般的士人武将,但十分敬重刘备。他劝刘备说:"我们可以替你集合步骑十万,你用这支军队,进可以辅助天子,安抚百姓,退可以据州自守,这是一个好机会,应该听从我们的主张。"北海相孔融也劝刘备说:"今天的世势,人民拥护有才干的人。错过这个机会,后悔莫及。"刘备多年来一直颠沛流离,他何尝不想做州牧。他的谦让是为了争取民心,尤其是需要陈登这样的人来支持。陈登发话后,刘备非常高兴地接了官印,出任徐州牧,有了自己的一席之地。

刘备坐领徐州,得到了袁绍和曹操的认可。袁绍对徐州派去的使者说:"刘玄德弘雅有信义,现在徐州人士拥戴他,真是一个恰当的人选。"曹操为了稳住兖州东部边境的局势,并利用刘备对抗袁术,对刘备也采取了笼络的策略。公元196年,曹操迎献帝建都许昌后,以天子名义拜刘备为镇东将军,封宜城亭侯。刘备的名字,在中原日益显赫起来。

公元195年,吕布被曹操击败,东投刘备。刘备违众意收容吕布,在

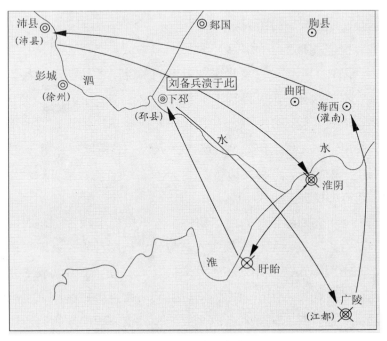

公元196年刘备一失徐州

宾主酬答之际，刘备见吕布举止轻浮，言语有失分寸，为此外表恭敬而内心厌恶，让吕布驻屯在小沛。

淮南袁术不满刘备领徐州牧，发兵来争，并暗中勾结吕布。公元196年袁术大军征讨徐州，刘备使张飞守下邳，亲自御敌于盱眙、淮阴。吕布乘虚袭夺徐州，并俘获了刘备的妻子。这一年刘备已三十六岁，好不容易得了徐州这块地盘，突然之间却又丢了。刘备向吕布求和，吕布归还了刘备妻子，反过来让刘备屯驻小沛，吕布自己驻屯下邳，自称徐州牧。刘备在小沛收合散亡，得万余人，军势复振。吕布担心刘备坐大，亲自领兵来攻，刘备大败，连妻子也顾不上，就仓皇投奔许昌的曹操去了。

曹操谋士程昱见刘备一派英雄气象，就对曹操说："刘备是一个有雄才大略的人，而且很得人心，他终究不会甘居人下，不如趁早图之。"曹操劝导说："现在我们需要收揽天下英雄，如果因杀掉一人而失去天下的人心，那就不划算了。"于是曹操厚待刘备，表荐他为豫州牧，还给他补充兵员，还屯小沛，对付吕布。公元198年，刘备再次被吕布打败，曹操亲自东征，擒杀吕布。刘备随曹操还许都，曹操表荐他为左将军，拜关羽为中郎将。

曹操表面礼遇刘备，而内心怀着很深的戒备。用时髦的话说叫内紧外松。刘备很清楚曹操的用心，自觉韬晦，闭门谢客，成天在后院种菜，时刻寻找机会摆脱曹操，另图大业。

枭雄曹操岂能被刘备的假象所迷惑，经常派人暗中监视。一次曹操请刘备喝酒，品评天下人物。曹操突然看着刘备说："当今天下英雄，只有您和我了。袁本初这号子人，是算不上数的。"刘备这时正用筷子夹食，听了曹操的话，心头一惊，手中筷子掉落。正巧天空一声惊雷，刘备接过曹操的话头，装出一副无可奈何的笑容说："圣人说'迅雷风烈必变'，这话确实不假。刚才一个响雷，竟如此厉害！"就这样，刘备随机应变轻轻松松地把刚才的失态掩饰过去了。

公元199年春，献帝丈人、车骑将军董承接受了献帝写在衣带上的密诏，要刘备等杀曹操。刘备慨然应允，与长水校尉种辑，议郎吴硕，将军吴子兰、王子服等人一起谋划。还没来得及采取行动，恰好袁术北上青州与袁谭会合。曹操派人阻击袁术，刘备主动请缨，曹操答应了，派朱灵为副将与刘备一起带兵东进。刘备脱离樊笼，日夜兼程向东奔驰。程昱、郭嘉等人事后才得知消息，赶紧跑来劝阻曹操说："今天放走刘备，岂不是纵虎归山，变乱很快就会发生。"董昭也来建言说，不可放走刘备。曹操深感后悔，但追赶已经来不及了，只好听天由命。

刘备到达下邳，袁术南逃，不久病死于寿春。曹操下令刘备还军，刘备让朱灵回都，然后以突然袭击方式杀死徐州刺史车胄，宣布衣带诏，公开反曹。刘备驻屯小沛，令关羽守下邳，行使太守之职。徐州郡县纷纷响应，刘备第二次夺得徐州，自称徐州牧，旬日之间聚众得数万人。

刘备派孙干为特使，前往冀州与袁绍连和，共同对付曹操。

曹操得知刘备反叛，立即派司空长史刘岱、中郎将王忠前去讨伐，被刘备打败。刘备对刘岱等人说："像你们这等角色，即使来一百个也奈何我不得，如果曹操亲自来战，我也不怕他。"

这时袁曹已临近官渡之战，曹操亲临官渡备战。刘备就是抓住这个时机反抗曹操，他预料袁绍会大军压境，曹操不敢亲征。这一次刘备完全失算。袁绍不满刘备首先打出反对曹操的旗号，占了自己之先，假托儿子有病，不肯出兵相助，曹操及其谋士也恰好正确地分析了袁绍不会出兵，于

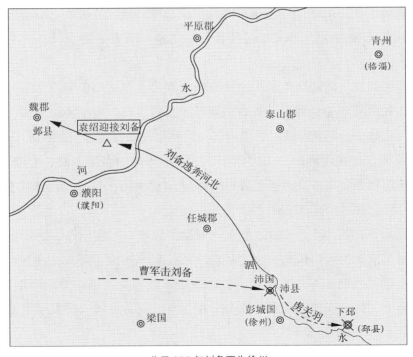

公元 200 年刘备再失徐州

是曹操从官渡前线回军东征。公元200年正月，曹操在许都杀董承、王子服等人，政治、军事双管齐下，镇压反对派。刘备没有做好应战准备，听说曹操亲征，军心浮动，一战即溃。刘备弃军投奔青州袁谭，妻子与关羽都被曹操俘虏。

刘备第二次丢失了徐州。

刘备两次得徐州，又两次丢失了徐州，根基不固是一个重要原因，但最重要的是身无良辅，缺少统筹全局的谋臣，只靠关羽、张飞的万人敌是打不了天下的。刘备身边无良辅，不是他德薄才疏，而是他先天不足。东汉是经学昌盛的时代，士族垄断了选举，所以汉末谋士多出自士族。武将多出自寒门。刘备是寒族，他在中原能得关羽、张飞，而得不到荀彧、郭嘉这样的谋臣。因此，刘备得了徐州，却不知道怎样来守住它。第一次得徐州，他过高地估计了袁术的势力，把注意力放在了南边，想不到吕布从西边来夺了徐州。第二次刘备夺徐州，时机把握不准，形势估计不足，因袁绍见死不救而失败。王夫之批评刘备第一次得徐州，没有打出救驾西京这张政治王牌来巩固自己，而扮演了与袁术、吕布一样的军阀角色，所以遭到失败。刘备第二次夺徐州，如果放在袁曹官渡之战爆发之后，那形势就不知怎么演变了，而且时间只有一月之差。历史不能假设，就不必多说了。

南依刘表　刘备兵败徐州，只身逃往青州。青州刺史袁谭率步骑迎接刘备，并陪同刘备到邺城。袁谭先期派人禀告袁绍，袁绍亲自出城二百里迎接，礼数十分周到。这时袁绍内部，对是否发动官渡之战，展开了辩论。刘备亲见袁绍好谋寡断，志大才小，正好与曹操的多谋善断、心雄智广，形成鲜明对照。刘备又想起了曹操的评断："袁本初这号子人，是算不上数的。"决定找机会脱离袁绍，另图发展。

公元200年二月，官渡之战正式开始。袁曹两军在白马、延津展开了两次前哨战，也可以说是官渡之战的序战。袁军连折了两员大将颜良、文丑，袁军震恐而曹军士气倍增。曹军数量不及袁军，而两军的强弱利钝、智谋高下、优劣成败的征候却充分显示出来。刘备更加感到袁军樊笼不可久留了。

关羽在曹操军中受到特别的恩遇，他表示立功报答曹操，然后去找刘备。白马之战关羽诛颜良，曹操立即表奏封关羽为汉寿亭侯，厚加赏赐，想以此留住关羽。但是关羽去意已决，他把曹操赏赐的东西全部封存起来，留下一封告别信，带着兄嫂即刘备妻子径直到袁军中找刘备去了。曹操部下报告曹操，请求追击，曹操不同意，他对部下说："关羽是各为其主，不用追了。"刘备与关羽、张飞在袁绍军中得以重新会聚合，十分高兴。这时赵云也前来投奔。刘备认为离开袁绍的时机已到，借口到汝南曹操背后开展第二条战线，向袁绍告辞。袁绍欣然同意，给刘备补充资粮，还把他放走了。

刘备与关羽、张飞、赵云一行到了汝南，与那里的黄巾军余部龚都等联合，有数千之众。曹操派蔡阳往讨，被刘备斩杀。官渡之战结束后，曹操亲自南征，刘备战败，不得已南奔刘表。刘表闻讯，亲自出襄阳城郊迎，以上宾礼款待刘备，给他补充部众，并屯驻新野，替刘表看守荆州北大门，防御曹操。

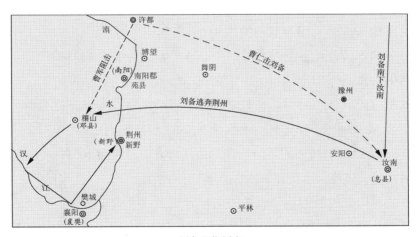

刘备南依刘表

刘表据荆州，地方数千里，军队有十余万。但他胸无大志，不参与中原逐鹿。官渡之战，袁绍求援，他口头答应，但不发一兵一卒应战，主要的部属劝他投靠曹操，他也不肯，只希望割据一方，保境安民做周文王。在中原纷乱之时，荆州成了一方乐土，关中、华北的数十万难民流入荆州，许多北方士人也避难荆州。山东诸葛亮就卧居荆州襄阳城西隆中十年，静观天下之变。官渡之战后，刘表感到形势不利，刘备来奔使他一忧一喜。喜的是有人替他看守荆州北大门，忧的是疑忌刘备终不为人下而无法驾驭，所以外亲内疏，厚待刘备而不重用。公元207年，曹操远征乌桓，担心刘表偷袭许昌，郭嘉担保刘表不会有所动作。果如郭嘉所料，刘备劝刘表进兵许昌，刘表不用其谋。曹操胜利班师，刘表感到荆州即将成为曹操下一个打击目标，深深后悔没有听从刘备的劝告，他对刘备说："没有采用你的计谋，失去了一次大好机会。"刘备宽慰刘表说："现在天下纷争，天天打仗，还会有机会，吸取这次教训，为时不晚。"其实刘备也是无可奈何。

刘表坐观成败，不图进取，好几年刘备没有打过仗。有一次，刘备参加刘表召聚的宴会，起身上厕所，发现自己大腿的肌肉都松软了，身体也胖了起来，回到席上不禁一阵心酸，流下泪来。刘表很惊奇，问这是怎么一回事。刘备说："过去我经常南征北战，身不离鞍，腿肉消瘦。现在长期闲居腿肉增多了不少。时光过得真快，岁月蹉跎，而功业不就，是以悲伤。"刘备转战半生，辗转依附于他人，没有自己的地盘，无法扩充实力。四处奔命，寄人篱下，前程渺茫，怎能不伤怀？刘备前思后想，领悟到身边缺乏良辅，打天下必须靠智谋，他决定访求贤才。

襄阳地区有两个很有威望的人物，一个叫庞德公，一个叫司马徽。司马徽外号叫水镜先生。一些有才学的士人，经常聚集在司马徽门下谈古论今，其中诸葛亮、庞统、徐庶三人是佼佼者。

刘备首先寻访司马徽，请教世务，求他帮助。司马徽字德操，他对刘备说："一般书呆子不懂时务，有真才实学的人才是俊杰。我们这里有两个俊杰，一个号卧龙，一个号凤雏。"刘备问卧龙、凤雏是谁，司马徽说："卧龙是诸葛亮，凤雏是庞统。"庞统是庞德公的侄儿。

不久，徐庶投效刘备，也向刘备推荐诸葛亮。刘备让徐庶把诸葛亮请来相见，徐庶说："要见诸葛亮，主公得放下架子亲自去见，不然是请不动的。"于是刘备冒着严冬，三次亲到隆中拜访，终于感动了诸葛亮，答应出山相辅，这就是人们传诵的"三顾茅庐"的故事。

定策隆中　诸葛亮字孔明，琅邪郡阳都县（今山东沂南县）人。诸葛亮是三国时期杰出的政治家、军事家和外交家，可与曹操、刘备、孙权三个开国之主相提并论。在引导历史走向三分的"人谋"因素中，诸葛亮是一个举足轻重的人物。诸葛亮品德高尚，恪守诺言，扶弱抑强，忠于职守，在他身上充分体现了中华民族高尚、智慧、勤劳、勇敢的品格，赢得了世世代代人们的敬仰，成为家喻户晓的历史人物。

诸葛亮生于汉灵帝光和四年（公元181年），死于蜀汉后主建兴十二年

（公元234年），享年五十四岁。他出生的第四年就爆发了黄巾大起义。公元190年，诸葛亮十岁，关东诸侯起兵讨董卓，天下分裂，战乱不休。因此，诸葛亮生于乱世，长于乱世，父又早亡，依随叔父诸葛玄生活。公元195年，割据淮南的袁术委署诸葛玄去做豫章太守，豫章郡治在今江西南昌市。诸葛玄到任不久，就被凉州军阀李傕控制的东汉朝廷派来的太守朱皓赶下了台。诸葛玄与刘表是旧交，于是到襄阳去依附刘表。就这样诸葛亮流寓到了荆州。

诸葛亮画像

诸葛亮兄弟三人，他排行第二，哥哥叫诸葛瑾，弟弟叫诸葛均。诸葛亮还有两个姐姐。诸葛玄南走时，诸葛瑾在家看守。公元200年，诸葛瑾南下渡江投了孙权，做了东吴大臣。诸葛亮和两姐一弟都随叔父到了荆州。不幸的是诸葛玄两年后病死襄阳（《三国志·诸葛亮传》裴注引《献帝春秋》，说诸葛玄在豫章遭朱皓攻击，退守西城，被西城民所杀）。诸葛玄

古隆中遗址

死后，这时只有十七岁的诸葛亮挑起了一家人的生活重担。他看到刘表昏庸无能，不是命世之主，于是结庐襄阳城西二十里的隆中山中，隐居待时，这是公元197年的事。

诸葛亮自比管仲、乐毅，即治国如管仲，打仗如乐毅。他隐居隆中，广交江南名士，密切注意时局发展，有匡正天下之志。诸葛亮师事庞德公，把自己的二姐嫁给庞德公的儿子庞山民。汉南名士黄承彦，其女有德但貌丑，诸葛亮娶之为妻，流传成为佳话，乡里特制谚语说："莫学孔明选妇，专爱阿承丑女。"诸葛亮客居荆州，通过婚姻跻身于荆州士族集团，说明他很有心计。诸葛亮还与流寓的北方士人博陵崔州平，颍川石广元、徐庶，汝南孟公威等人交好。曹操统一北方，流寓荆州的士人纷纷北还。有一天孟公威来辞行，诸葛亮对他们说："中原人才济济，男儿四海为家，施展抱负何必要还乡。"这表明诸葛亮决不去依托曹操。这一方面是诸葛亮世族出身，受到儒家传统教育的影响，属于拥汉的士人；另一方面他立志救天下苍生，希望投效明主，而曹操讨伐徐州，涂炭百姓，诸葛亮一家就是因避祸离乡背井的，因此他绝不去效忠这个奸雄。如果没有机遇，诸葛亮就淡泊以为志，终老黄泉了。恰在这时，刘备三顾草庐，"由是感激，遂许先帝以驱驰"。诸葛亮不辞危难辅佐刘备，把报答知遇之恩和匡救天下的抱负统

隆中三顾堂

一起来，从而选择了一条命运多舛的政治道路。这正是诸葛亮的不平凡处。他托身仁德之主刘备帐下，可以纵横驰骋施展他的才华了。

从公元197年到公元207年，诸葛亮隐居隆中整整十年。人生乱世，"智能之士思得明君"，诸葛亮纵观天下形势，对近在咫尺的刘备，显然有着多方面的了解。刘备驻屯新野六七年，南来北往的文武人士，没有去依附他，一般凡夫俗子只能看眼前，不识潜龙真面目。曹操、孙权、诸葛亮、鲁肃都视刘备为人中龙，因为他们都是识人的大才。所谓慧眼识英雄，刘备见诸葛亮，相见恨晚，情好日密，甚至引起了关羽、张飞的嫉妒。刘备解释说："我得到孔明，好比鱼儿得水，请你们不要多言。"

刘备三顾草庐，第三次在隆中见到诸葛亮，就迫不及待诚恳请教。刘备说："现在王室倾危，奸臣当道，皇上受尽欺凌。我不度德量力，想申大义于天下，恢复汉朝统治，可是才疏德薄，屡遭失败，至今一事无成。不过，我的壮志还没有减退，还想干一番事业，诚恳地请教先生，我该怎么办？"

刘备的赤诚和坦荡，打动了诸葛亮。针对刘备屡遭挫折的心理，诸葛亮首先分析曹操取胜的原因，主要是"人谋"，而不是只靠天命或机运。诸葛亮说：

董必武墨迹

自从董卓入京造乱以来，四方豪杰蜂起，割据一方的人多得数不清。曹操与袁绍相比，名望低，兵力少，但他取得了最后胜利，机运是一个方面，而"人谋"才是最主要的条件。

按照古代政治家总结的历史经验，要统一天下，须得占有天时、地利、人和这三个条件，三者缺一不可。诸葛亮接着分析天下大势。说：

现在曹操拥兵百万，又有"挟天子以令诸侯"的有利地位，确实不可以和他争锋。孙权占据江东，已经历了三代，地势险要，民众归附，有才能的人在为他效力。因此，只可以联合孙权，而不可打他的主意。

这话非常明显，北方中原、江东地盘，刘备都不要去问津。刘备转战半生，没有立锥之地，是所争方向有问题。刘备力量薄弱，就要避实击虚，从庸主手中夺地盘。而当时荆、益两州，占有地理形势，恰好又在庸主手中，难道是天意要留给刘备的吗？诸葛亮继续说：

郭沫若墨迹

荆州这个地区，北有汉水、沔水，利收南海，东连吴越，西通巴蜀，是一个用武的要地，它的主人刘表没能力守住它，这个机会是留给将军的，难道您没有想过吗？益州地势险要，沃野千里，号称天府之国，汉高祖凭借它完成了帝业。但占据益州的刘璋昏庸无能，北面又有张鲁威胁。他虽然拥有益州这块宝地，但却不知道治理国家，安抚百姓。那里有智谋和才能的人，都希望得到一个贤明的君主去统治。

十分明显，诸葛亮指导刘备夺取荆、益两州，以此为根据地发展帝业。诸葛亮最后总结说：

将军您是汉王室的后代，信义播于天下，收揽英雄，思贤若渴。如果能跨有荆、益二州，据险防守，西边和好戎人，南边安抚越人，外结孙权，内修政理。局势有利，就任命一位名将率荆州之兵向宛洛进攻，将军率益州之众指向关中。到那时，老百姓没有不送饭送酒欢迎您的。真是这样，将军的事业可成，汉朝也一定会复兴。

诸葛亮在隆中草庐的这一番议论，是回答刘备的提问，所以史称《隆中对》或《草庐对》，又称"隆中对策"或"隆中路线"。诸葛亮对刘备兴复汉室的事业，做了两步规划。第一步，要避实击虚，不失时机夺取荆、益两州，建立根据地，东联孙吴，北抗曹操，成天下鼎足三分之势。第二步，依靠"人和"与"人谋"，实现统一。所谓"人和"，有三个方面的内容。第一，要总揽英雄，使众士归心若水之归海。第二，内修政理，外和夷越，使人民归附。第三，要结好孙权，抗衡曹操，以待天下之变。总的来说,"隆中路线"就是顺应时势,依靠"人谋"。

诸葛亮到了刘备军中,见他只有几千人马,无法抗衡曹操的南下。诸葛亮对刘备说:"现在荆州无户籍的流民很多,已经安居乐业。如果只照户籍上的人征税抽兵,扩大队伍,势必引起人心浮动。应先清理户籍,限期让流民自报上户籍,然后按旧办法征收,由于户籍增加,自然可以扩大兵员了。"刘备上报刘表依计而行,刘备的军队从几千人扩大到几万人,迅速壮大起来。这支队伍经过诸葛亮的严格训练,成为刘备开创基业的骨干力量。许多荆州文武人士,也都被网罗进来了,为刘备入蜀准备了人才。

刘备有英雄之名,关羽、张飞皆万人敌,诸葛亮韬略盖世,他们的集合,刘备集团就这样兴起了。

诸葛丞相集

孙氏兴起江东

孙权承父兄之业。也就是说孙氏集团的兴起,奠基人是孙权之父孙坚和孙权之兄孙策。孙坚仗义扶持汉室,而使孙氏名声冠江南;孙策创业江东,才使孙权有了继承的基业。孙权与父兄三人创业时,孙氏集团终于兴起于江东。孙氏父子三人创业时,均是年少英雄。

孙坚仗义 孙坚字文台,吴郡富春(今浙江富阳)人。《三国志》记载说孙坚是春秋时兵法家孙武之后,陈寿用的是"盖"词,意思是传说、大概是。可能这是孙氏发迹以后的附会,因孙氏世系无考。现在当地人传说,孙坚之父瓜农出身,民间传说,或许可信。总之孙坚出身最寒微,孙氏基业完全是自身努力创立的,没有任何凭借。孙坚仗义讨董卓可以说这是孙

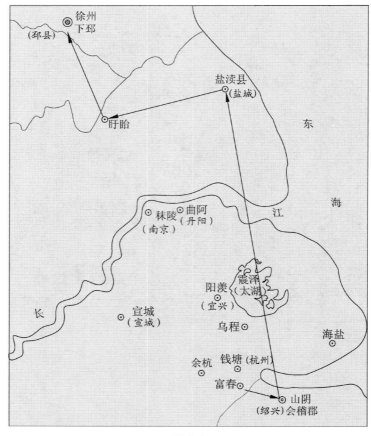

孙坚起家

氏赢得人心的最初根基。

孙坚容貌不凡,性情豁达,喜欢做惊人的举动。孙坚十七岁时与父外出遇海贼分赃物,孙坚见状,单人只身立于高冈举刀比画,仿佛在指挥官兵围捕海贼。海贼望见,落荒而逃,孙坚穷追斩杀一贼。于是以勇闻名乡里,被吴郡太守召为代理郡尉。接着孙坚招募精勇,镇压了会稽人许昌在勾章(今浙江余姚东南)的起义,历任盐渎、盱眙、下邳等县县丞。公元184年黄巾大起义,孙坚招募乡里青年千余人随右中郎将朱儁镇压起义军。孙坚常为先锋,多次建功,升为别部司马。后为车骑将军张温的军事参谋,征讨凉州的韩遂、边章,回到京城洛阳,拜为议郎。公元187年,孙坚出任长沙太守,镇压长沙、零陵、桂阳三郡的农民起义,被封为乌程侯。公元190年关东兵起,孙坚北上,一路杀荆州刺史王叡、南阳太守张咨,聚众数万。他到鲁阳(今河南鲁山)会见袁术,主动让出南阳,拥戴袁术为主子。袁术依靠孙坚成为河南的大军阀。孙坚靠袁术表荐为破虏将军。孙坚志在讨董卓,他首先攻入洛阳。《三国演义》第五回描写的关公温酒斩华雄。这个华雄是董卓手下的一员猛将,他并不是被关羽所杀,而是死于孙坚之手。小说家为了塑造关羽的英雄形象,有意张冠李戴。董卓曾经对他的长史刘艾说:"关东军的各路首领,一个个都是我的手下败将,不值得畏惧。只有孙坚这个小㑩头,颇能用人,要告诉诸将,多加小心。"董卓派李傕来收买孙坚,遭严词拒绝。董卓火烧洛阳西逃,孙坚入洛维修诸帝陵墓,在城南井中获得汉朝传国玺。袁术囚禁孙坚夫人,夺走了汉朝传国玺。公元191年,袁术与刘表争荆州,孙坚为先锋,连败刘表大将黄祖,黄祖退入襄阳。在进围襄阳时,孙坚轻骑到前沿阵地侦察敌情,被流矢所中,死于湖北岘山,时年三十七岁。

孙坚误投袁术,一代英雄早年殒落。孙氏便与刘表及黄祖结下了不共戴天之仇。

小霸王孙策创业江东 孙策字伯符,孙坚长子,一表人才,好笑语,人称孙郎。孙坚死时,孙策只有十七岁。公元195年,孙策二十岁,领兵征江东,人称小霸王。霸

孙策画像

王是秦末项羽的称号。项羽力能扛鼎,率领江东八千子弟打天下,英勇无敌,所向披靡。项羽性情爽直而粗暴,果于杀戮,人人闻之胆寒。这些特点孙策都具备了,小霸王之称,当之无愧。

孙坚得人,程普、黄盖、韩当、朱治等都是他的旧部。孙坚死后,其众由孙策堂兄孙贲率领投靠袁术。孙策携母往投舅父丹阳太守吴景。孙策聪明英武,好结交朋友,声名远播。舒县(今安徽舒城)人周瑜与孙策同年,慕名来访,一见如故,两人结为生死之交。孙策到了舒县,在周瑜资助下,招募部曲六七百人。公元194年,孙策率众投附占据寿春的袁术,希望从袁术那里讨还父亲的旧部。

孙策在寿春,很受袁术赏识,表荐为怀义校尉。袁术大将乔蕤、张勋都非常敬重孙策。袁术叹息说:"如果我袁术有孙策这样的儿子,死也甘心。"但袁术对孙策颇怀戒心,他曾两次让孙策讨敌立功,许诺任孙策为九江太守、庐江太守,但两次都悔约而改授自己的亲信。孙策决心找机会脱离袁术。公元195年,孙策的舅父吴景被扬州刺史刘繇赶出,双方在横江津一带相持不下。孙策趁机对袁术说:"我父亲在江东有威望,我想到江南招募,可得三万精兵,帮助舅父打退敌人,再来替主公效劳。"袁术也知道

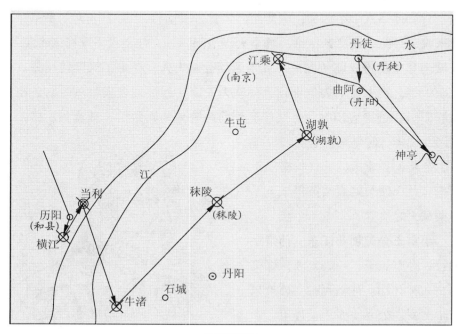

孙策定江东

孙策怀恨想离去，他认为刘繇在曲阿，王朗在会稽，孙策未必能成功，就把孙坚旧部将士千余人交给孙策指挥，并表荐孙策为折冲校尉。

袁术放虎归山，孙策如鱼得水。孙策出寿春时只有千余人马，他沿途招募军队，由于纪律严明，行至历阳（今安徽和县），已拥众五六千人。这时周瑜领兵来迎，孙策力量更为壮大，开始向东南进军，攻击扬州刺史刘繇。

刘繇，东莱人，汉宗室后代，兖州刺史刘岱之弟。刘繇任扬州刺史，遭到袁术的逼迫，治所寿春被袁术占领。刘繇就攻占曲阿（今江苏丹阳）赶走袁术任命的太守吴景。刘繇同郡太史慈来投奔他。太史慈出身寒微，虽勇猛有才，但不被重用。刘繇迂腐，不用人才，军队又缺乏训练，因此战斗力不强。而孙策作战英勇，"所向皆破，莫敢当其锋"，又善识人用人。刘繇哪里是孙策的对手，手下大将张英、樊能战死，太史慈投了孙策，刘繇只好弃军而逃。孙策很快占据了曲阿，夺了丹阳郡，在江南站稳了脚跟。

孙策打仗，总是一马当先。敌方将士一听孙郎来了，大都失魂落魄。若遇小儿啼哭，大人说："孙郎来了。"小儿即不敢哭，威名直至如此。孙策颁下军令，士兵不得掳掠民间财物，"鸡犬菜茹，一无所犯"，受到百姓欢迎。他还优待刘繇降卒，愿从军的，免除家庭赋税徭役，不愿从军的也不强迫。这样一来，不仅刘繇部众不少投奔孙策，而且四方士众云集，半个月工夫，孙策队伍扩大到两万人，马千余匹，"威震江东，形势转盛"。

当时江东各地，豪强林立，地方宗族部伍，各不统属，主要有吴郡太守许贡、会稽太守王朗，以及地方豪强如乌程的邹他、钱铜，吴郡的严白虎，前合浦太守王晟及自称吴郡太守驻屯海西的陈瑀等。孙策采取先打弱敌，后打强敌的策略，首先扫荡地方豪强，即先打小敌邹他、钱铜、王晟等，然后拔掉严白虎、陈瑀。三四年间，东灭吴郡太守许贡，降服会稽太守王朗、豫章太守华歆，聚众三万余人，将领除孙坚旧部程普、黄盖、韩当外，又收聚了周瑜、蒋钦、周泰、董袭、凌操等人。谋士有张昭、张纮、秦松等。俨然大家气象。

公元196年，曹操迎献帝都许昌，第二年，袁术却在淮南自称皇帝。孙策写信给袁术决裂，上表献帝联络曹操。曹操表孙策为讨逆将军、吴侯。孙策讨袁，独力发展，智谋远略超过了父亲孙坚。

东汉末太尉乔玄有两女,皆天姿国色,称大乔、小乔。孙策娶了大乔,周瑜娶了小乔。

国色天香大乔、小乔

公元199年袁术北上依附袁谭,曹操派刘备阻击,袁术忧死于寿春。袁术妻子及余部往依庐江太守刘勋。孙策用计诱使刘勋进攻割据的豪强,然后从背后偷袭皖城,赶走了刘勋。孙策用汝南李术为庐江太守,给兵三千守皖,把俘获的刘勋妻子部曲三万余人迁徙到吴郡。袁术的女儿也被纳入了后宫。刘勋失去了立足之地,北依曹操。其时,曹操正与袁绍对峙,为了笼络孙策,于是把侄女许配给孙策的小弟孙匡,又为其子曹彰娶了孙策叔父孙贲之女,还举荐孙策之弟孙权为茂才。

攻破刘勋之后,孙策为报父仇,也为了向长江上游发展,进讨刘表部将黄祖。黄祖为江夏太守,驻屯沙羡(在今武汉市西南)。公元199年十二月八日,孙策率领周瑜、孙权、吕范、程普、黄盖等将佐大举进攻,孙策亲自策马擂鼓,兵士借风放火,弓箭手千弩齐发,大破黄祖,斩首两万余人,万余人溺水而死,缴获船只六千余艘,其他财物无数,并生俘黄祖妻子亲属七口,黄祖只身逃脱。这次大捷报到许昌,曹操听后,脸色骤变,感叹地说:"狮儿难与争锋也。"孙策已稳固地占有江东。

孙策之死 公元200年,袁绍吸引曹操于官渡,袁曹决战,许昌空虚。孙策决定抓住这一大好时机,先放下与刘表的私仇,掉头北上,计划轻骑袭击许都,挟天子以令诸侯,表现了孙策纵横天下之志。这时陈瑀的堂兄子陈登任广陵太守,治射阳(今江苏宝应东北),他要为陈瑀报仇,积极筹划进攻孙策。孙策也决定借此北征,先灭陈登,然后奇袭许都。孙策行军至丹徒,他喜欢外出射猎,因驰马疾追一头鹿,从骑落在后面,突然遭到事先埋伏的三个刺客的进攻,对方用弓箭近距离射击。孙策奋力射杀一人后，自己也受了重伤，另外两人被从骑赶来杀死。这三个刺客是故吴郡太守许贡的宾客，他们为主子报仇，抓住孙策打猎经常单身追猎的特点，打了一场刺客伏击战。刺客的弓箭带毒，伤者用良药后需静养可治。孙策性急，他养病几日，引镜自照，见面容憔悴，对左右说："堂堂英雄变成了一个丑八怪，还有面目见人吗？"他扔掉镜子，大发脾气，缝合的创伤破裂，当晚就死了。这时孙策只有二十六岁。

可惜，三国乱世又少了一个英雄。

孙策有勇有谋，又善识人用人。他的夭折，是孙吴政权的重大损失。孙策早亡，也是他个人缺点造成的。他年少气盛，心胸狭隘，缺少容人之量，忌讳名望超过他的人，这就是一个很大的缺点。余姚有个著名学者叫高岱，研习《左传》当世知名，孙策与他讲论，高岱不答，孙策就把他杀了。吴郡太守许贡也是被孙策错杀的人，所以孙策才遭报复。据《江表传》载，吴郡太守许贡曾经给汉献帝打了一个报告，说孙策就像项羽，要召到京师给个高官笼络起来，让他长期在外就难以制服了。这份上奏落在孙策手里，孙策责问许贡，许贡不承认，孙策就绞死了许贡。可以说这是小不忍乱了大谋，导致了这位英年将军早逝的悲剧。

孙策临终，把印绶交给了十九岁的弟弟孙权。孙策对孙权说："举江东之众，决机于两阵之间，与天下争衡，你不如我；举贤任能，各尽其心，以保江东，我不如你。"就这样，建立孙吴政权的重担落在了孙权的肩上。

孙权统事 孙坚有五子，依次为孙策、孙权、孙翊、孙匡、孙朗。孙策、孙翊皆骁勇闻名，而个性轻躁，二人皆死于非命。孙策死后不久，孙翊为部属所杀。孙匡才庸，孙朗庶出。孙氏兄弟，唯有孙权状貌奇伟，方颐大口，目光炯炯有神，被时人认为"骨体不俗，有大贵之表"。孙权生于公元181年，死于公元251年，享年七十一岁。公元200年，孙权统事，在位五十二年，在三国君主中其年寿和

孙权画像

在位都是最长的。

孙权沉静有谋，十五岁为阳羡长，随后以奉义校尉之职领兵从策征讨，参加过讨伐庐江太守刘勋和江夏黄祖的战斗。孙权胸襟豁达，好侠养士，处事果断，深得孙策信任，所以孙策临终以大事相托。孙权对于哥哥的死极为悲痛，整日啼哭，不能视事，重臣张昭沉着脸对孙权说："孙孝廉，这难道是哭的时候吗？眼前是奸臣虎视眈眈，豺狼当道，在这个时候哀悼亲人，讲究礼仪，岂不是开门揖盗吗？这不能叫做仁爱。"张昭担心政治出现真空，引起涣散。他说毕，强请孙权脱掉孝服，换装上马，出巡各军，使众心有所归。孙权年少威轻，他能否驾驭父兄遗留下来的名臣宿将，站稳江东，面临着严峻的考验。当时孙权面临的问题概括起来主要有三个：名微众寡、山越暴动、地方不服。

他连下了几着妙棋，站稳了江东。且看孙权如何动作：

第一着，孙权尊礼重臣，团结旧部。孙策临终对张昭等人说："目前中原大乱，以我们吴越之众，依靠长江天险，是可以观成败，求得生存和发展的，你们要尽心辅佐我的弟弟。"东吴将帅程普、吕范、朱然、蒋钦、周泰、陈武、董袭等人，都是孙策聚集留给孙权的宝贵财富。但孙权与旧将"未有君臣之固"，能否威众，将取决于他的措置是否合宜。张昭为文臣领袖，周瑜为武将之魁。孙权待张昭以师傅之礼，而兄事周瑜，又以程普、吕范等为心腹将帅。张昭、周瑜等人认为孙权可以共成大业，真心侍奉。张、周心服，这就稳定了全军。

第二着，"招延俊秀，聘求名士。"鲁肃、诸葛瑾等为宾客，众士归附，人心悦服。

第三着，"分部诸将，镇抚山越，讨不从命。"镇抚山越是孙吴立国的一项基本国策，留待后面第六章详说。所谓"讨不从命"，指讨灭庐江太守李术。李术为孙策所署。公元199年，孙策派李术攻杀曹操所署的扬州刺史严象，而得庐江太守。现在李术背叛了孙权。孙权利用袁曹官渡相持，曹操无暇东顾的时机，讨灭李术。孙权的高明之处，在于不单凭武力，他要在道义上和外交上孤立李术，在政治上取得主动权。所以孙权先致信曹操，声称李术攻杀严象是"轻犯汉制"，藐视曹操，把举主孙策的责任推得一干二净，同时给曹操留台阶，计划妙极。孙权声称他要为国讨贼，为严象报仇，并说这是"天下达义"，希望曹操支持，不要援助李术。措辞冠冕堂皇，理直气壮，无懈可击。曹操鞭长莫及，乐得顺水推舟，表孙权为讨虏将军，领会稽太守。孙权抓住时机，一举歼灭了李术。

孙权获得朝命，巩固了在江东的地位。国险而民附，贤能为之用，孙权集团在江南已不可战胜了。

回溯本章所述，曹操、刘备、孙权三个集团，兴起有先有后。曹操势力最大，形成最早，在公元195年形成，根据地为兖州。孙权集团在江东奠基，形成于公元200年。刘备集团形成最晚，刘备转战半生无立锥之地，直到公元207年仍寄人篱下，由于刘备已在荆州驻屯了六七年，公元207年访贤得诸葛亮相辅，文武齐备，曹孙两家均不敢小视，虽然还无根据地，而集团势力已经形成。三个集团形成，意味着人才三分，地理分界。荆、益两州是刘备的近水楼台，刘备在荆州坐大，曹孙刘三个集团兴起，于是孕育了三国鼎立的基本条件。

浙江富阳瓜桥埠村孙权故里

第三章 魏武帝曹操

汉、魏之际,群雄角逐,曹操始以"兴义兵,诛暴乱"为旗帜,继而"挟天子以令诸侯",用武力翦灭了一个又一个强敌。同时推行一系列有效的经济和政治措施,巩固地盘,历经三十多年征战艰辛,一统北方,开创了魏国基业。他以雄才大略,赫赫功绩,作为中国封建地主阶级杰出的政治家、军事家、文学家,名垂青史。

挟天子以令诸侯

汉献帝刘协是董卓扶植的一个傀儡,有皇帝之名而无皇帝之实。但是皇帝在古代是国家的象征,谁充当他的保护人,谁也就掌握了国家的最高权力,在政治上有发号施令之权。当汉家天子大旗还没有完全倒下的时候,逐鹿中原,一是抢地盘,二是争皇帝。曹操在角逐中,凭借他的智谋和对时机的把握,赢得了"挟天子以令诸侯"的胜利。

遣使长安 公元192年,曹操攻占兖州,治中从事毛玠就提出建议,对曹操说:"现在天下分裂,皇帝西迁,老百姓不能从事生产,饥饿流亡,国家没有一年的粮食

魏武帝曹操

储备,百姓得不到安定,这是难以维持长久的。现在袁绍、刘表虽然地广民众,看起来强大,但他们没有长远的考虑和能力,不是建树牢固根基的人,打仗要师出有名,巩固政权要有财力。我们应当奉天子以号令不归附的人,修耕植以储备军资。这样,霸王之业才能成功。"(《三国志·毛玠传》)这一席话有两个中心,即"奉天子以令不臣,修耕植以蓄军资"。尊奉天子以获取正统名分,发展生产以增加粮

汉献帝画像

食、布帛的储备。这是两条极好的建议,立足于并天下取大位的战略思想,受到曹操的嘉奖,于是提升毛玠为幕府功曹。但当时曹操在兖州还立脚未稳,没有力量到长安西迎献帝,他还须等待机会。

曹操本人也懂得做出效忠皇室姿态的政治意义。公元191年,曹操刚做东郡太守,皇室刘邈到长安奉表贡献,在献帝面前称赞曹操,曹操知道后非常高兴。公元192年,控制朝政的李傕派太傅马日䃅、太仆赵岐奉诏抚慰关东,曹操听到消息,亲自带兵到数百里外郊迎。毛玠的提议,可以说正中曹操下怀,也是英雄所见略同。曹操派王必出使长安,途经河内,被张杨扣留。这时任张杨部属骑都尉的董昭就劝张杨借机结交曹操,并认为袁绍不是曹操的对手,要张杨早自为计。张杨是靠拢袁绍的,他这次还是听了董昭的话,让王必过境。董昭还以曹操的名义给长安的李傕、郭汜等人采办礼品,托王必带去。曹操得知情况,派人给张杨送去犬马金帛,表示感谢。从此兖州与长安的道路被开通,曹操与朝廷之间的使者往来畅通。

王必到了长安,未能受到李傕、郭汜的礼遇。黄门侍郎钟繇对李傕说:"现在群雄并起,各霸一方,只有曹操还心系王室,如果不接受他的效忠,恐怕会有失众望。"李傕等认为有道理,于是改变态度厚待王必,但仍然没有正式任命曹操为兖州牧。

董昭、钟繇两人都是智能之士,他们从曹操遣使西行的行动中,看出

曹操是一个英雄，为了给自己日后留一条退路，于是主动帮助曹操。他们两人后来都成为曹操的高级参谋，被委以重任。官渡之战时，钟繇受命镇抚关中，立下大功。在纷乱之世，不但君择臣，臣亦择君。一项善政，一条措施，对天下人心的影响，有时是十分巨大的。曹操遣使西行就产生了这样的效果。

迎献帝都许 公元195年二月，凉州军阀李傕、郭汜互相火并，在长安城内外展开激战。李傕劫了献帝，郭汜扣住公卿，把朝廷君臣作为双方人质。张济为二人调解，献帝和公卿大臣才获释。李傕部将杨奉与凉州军阀反目，他与国戚董承二人护驾东归洛阳，李傕、郭汜联兵来追，在弘农大败杨奉，百官士兵死伤甚众。杨奉连忙召来河东白波军韩暹等人助战，才挡住了李傕、郭汜的追击。杨奉护驾取道河东，经河内，终于在公元196年七月回到洛阳。

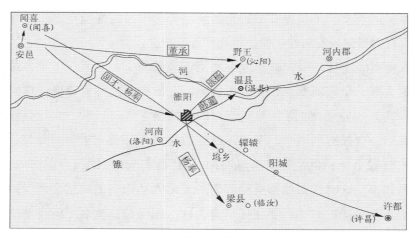

曹操迎献帝都许

献帝路过河内，袁绍谋士沮授向袁绍献计说："我们赶快把献帝接到邺城来，这样就可以挟天子以令诸侯，蓄士马以讨叛逆，谁能抵挡呢？"袁绍的另一谋士郭图反对说："现在英雄并起，各据州郡，正所谓'秦失其鹿，先得者王'。如果把献帝迎到身边，一举一动都要向他请示，听从则权轻，不听为拒命，没有什么好处。"沮授说："迎接天子，符合道义，现在时机正好，错过了一定有人抢先。"袁绍根本听不进沮授的意见，让河内张杨放走了献帝。恰如沮授所说，曹操捷足先登。献帝七月回到洛阳，九月被曹操迎往许昌，袁绍后悔莫及。

　　董卓西迁，焚烧洛阳，帝京成了一片废墟。献帝与百官已无宫室和官府居住，只能找些柴草，靠着断壁残垣搭帐篷居住。粮食更是奇缺，州郡各拥强兵，无人贡献，群臣饥乏，尚书郎以下官员都得自己外出挖野菜充饥，有的就饿死在断墙之间，有的被士兵杀死，形势非常危急。几个护驾功臣，韩暹与董承宿卫京师，杨奉驻屯洛阳南的梁县，张杨驻屯河内野王，表面互为犄角，暗中钩心斗角。荀彧力劝曹操迎请献帝，他说："从前晋文公接纳周襄王，诸侯像影子一样跟从；汉高祖东征替义帝举丧，天下归心。现在皇上还旧京，一片荒凉，忠义之士都关心皇帝的命运。如果在这时候迎奉献帝，正是顺从民望。用忠于帝室的行动来镇服各据一方的雄杰，是伟大的策略，要当机立断，及早行动。若行动迟缓，发生变乱，悔之无及。"（《三国志·荀彧传》）这正合曹操心意，他派曹洪领兵西迎献帝。同时曹操利用护驾功臣的矛盾，稳住兵力最强的杨奉，写信给他，表示愿意与他合作，共同辅佐王室，并用粮食接济朝廷。杨奉见信大喜，对诸将说："曹操近在许昌，离我们很近，有兵有粮，应该依靠他。"于是，杨奉与诸将联名上表献帝，拜曹操为建德将军，又迁为镇东将军，袭父爵为费亭侯。

　　这时韩暹自恃护驾有功，专横跋扈，董承极为反感，但又无力对付，于是暗中召曹操入京。曹操喜出望外，立即带兵入洛，朝见献帝，上表请治张杨、韩暹之罪。曹操利用他们之间的矛盾，分化打击。韩暹自料不是曹操对手，单骑逃出洛阳，投杨奉而去。

　　曹操总揽朝政，即以献帝名义杀掉侍中壶崇、议郎侯祈、尚书冯硕等三人，而封外戚卫将军董承、辅国将军伏完等十三人为列侯，既排斥异己，又讨好献帝及国戚。但曹操知道，要完全控制献帝，在洛阳他办不到，于是与已经做了朝廷议郎的董昭商议迁都许昌的策略。董昭建言说："杨奉势孤少援，又有勇无谋，只要将军稳住他，派人送上厚礼，并对他说，洛阳没有粮食，暂时把献帝迁到鲁阳去，靠近许昌就粮，他必然不会怀疑。"曹操依计而行，顺利地把献帝迁到许昌。等到杨奉发觉上当，派兵来追，受到曹操伏击，大败而归。十月，曹操亲自带兵，以天子名义讨伐杨奉。杨奉不敌，与韩暹一起南投袁术。杨奉部将徐晃，字公明，投归曹操，后来成为曹操的五虎将之一。

　　献帝迁都许昌后，任命曹操为大将军，封武平侯。曹操左右部属也得到封赏。荀彧升迁为侍中、代理尚书令。尚书令是政府首脑，从此曹操出外征伐，朝中大政就由荀彧处理。由于曹操自兼"录尚书事"，所以荀彧只为代理尚书令。

曹操掌握了汉献帝，河南洛阳以南大片土地归曹操所有，关中也名义上归附，袁绍后悔极了。他想了一个办法，写信给曹操，要求把献帝迁到鄄城。鄄城离冀州很近，以便就近施加影响或抢夺献帝，曹操理所当然地拒绝了，并且针锋相对反击袁绍。曹操以献帝名义下诏责备袁绍，地广兵多只顾树立自己势力，没见他出师勤王，只见他攻城略地兼并别人。诏书提出了限制袁绍活动的要求。袁绍偷鸡不成反蚀了一把米，自讨了一场没趣，无奈何只得上书替自己申辩一番。曹操趁势又以献帝名义任命袁绍为太尉，封邺侯。太尉为全国军事首脑，位为三公之一，但在大将军之下。曹操冠冕堂皇地提升袁绍，而实际降为自己的下级。袁绍当然也不会答应，上表固辞。他发牢骚地说："曹操几次打败仗，差点命都丢了，是我救助了他，现在居然挟天子号令起我来。"当时袁强曹弱，曹操不愿此时与袁绍摊牌，只好把大将军之位让给袁绍，自己就任司空，兼领司隶校尉。司隶校尉掌管京师治安，曹操任此职，就有生杀之权。他派亲兵保卫宫室，实际上是把献帝看管了起来。

修耕植以蓄军资

用兵打仗，粮秣先筹，因此解决粮食问题，是逐鹿中原和巩固政权的经国大计。曹操陈留起兵之后，就经常苦恼粮食问题。他汴水失利，到扬州募兵，因粮食问题，新兵哗变。他东征陶谦，因粮食不足中途退兵。他与吕布争兖州，一度也因粮食不足，只好罢兵自守。这时程昱从自己所辖三县筹得三天军粮，里面还掺有人肉干。曹操到洛阳迎献帝，因粮食吃光，将士们险些饿死，幸亏新郑令杨沛拿出储存的桑葚干来充饥，才度过危难。许多小军阀只知烧杀抢掠，不知安抚百姓，由于粮食缺乏而瓦解流离，无敌自破。袁绍军在河北，以桑葚为食。袁术在江淮，取食蒲蠃。刘备在广陵，饥饿困败，军吏士卒人相食。要生存就得生产粮食。公元195年，公孙瓒被袁绍击败，退守易京，"开置屯田"，得以与袁绍相持数年。地方豪强率宗族自保，也从事耕植。诸葛亮隐居隆中，躬耕自食。公元192年，毛玠提出"修耕植，蓄军资"，是社会提出的迫切问题。随后东阿令枣祗组织军民生产，支持了曹操与吕布争夺兖州。但是靠一般手段，且耕且战，或鼓励农民自耕发展生产，都不能解决大规模军需的燃眉之急。只有大规模屯田，密集劳动耕植，才是解决粮食的有效方法。公元196年，曹操定都许昌，讨破汝南黄巾军，获得数万人口和大量耕牛农具。曹操采纳枣祗与韩浩的建议，在许昌试行屯田，任命枣祗为典农都尉，主持其事，当年得谷数百万斛，获得成功。枣祗死后，任峻继任为典农中郎将，在所有州郡列置田官，招募流民，组织生产，推广屯田。其后，吴、蜀两国为了解决军粮，也都进行了屯田。屯田成了三国时期招抚流亡的主要形式。

曹魏农业使用的翻车复原模型

曹操屯田，作为一项国家恢复经济的重大政策加以执行。曹操在《屯田令》中说："夫定国之术，在于强兵足食。秦人以急农兼天下，孝武以屯田定西域，此先代之良式也。"秦人，指秦孝公用商鞅变法，奖励耕战。孝武，指汉武帝屯田西域。良式，好的榜样。曹操以秦孝公、汉武帝为榜样，用屯田方式"修耕植以蓄军资"是一个有远见的战略措施。史称，曹操屯田，"征伐四方，无运粮之劳，遂兼灭群贼，克平天下"。后来曹操打败袁绍，追思枣祗之功，下令褒奖。由于枣祗已死，曹操封其子枣处中。由此可见，屯田对曹操事业的兴起和发展起了重要作用。公元213年，曹操在淮河两岸地区推广军屯，规模更大，生产效率也比民屯高。邓艾守淮南，用五万士兵在淮河两岸屯田，淮北两万，淮南三万。十二分休，即百分之二十的人轮休守卫，四万人经常耕植，每年生产五百万斛军粮，六七年间，在淮上积粮达三千万斛，可供十万人五年之食《三国志·邓艾传》。

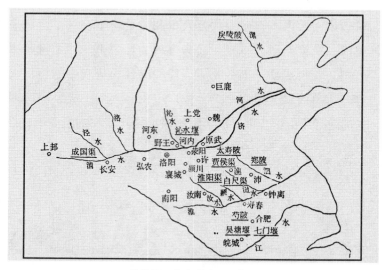

曹魏屯田和水利地区分布图

南征张绣东平徐淮

南征张绣 公元196年到公元199年，曹操集团在河南发展。公元198年灭吕布平徐州，199年灭袁术并淮南，又降张绣，于是全据河南。曹操在平定徐淮之前，曾数次南征张绣。

曹操定都许下之后，占有河南兖豫两州，四围皆敌手：河北有袁绍，南边有荆州刘表，东边有徐州吕布，东南有淮南袁术，西边关中有马腾、韩遂。曹操分析形势，对四周强敌，采用拉拢分化，先弱后强，集中力量打击一敌，再各个击破的方针发展力量。袁绍最强，但北有公孙瓒，也无暇南顾，曹操利用这一形势继续与袁绍保持同盟关系；东边吕布，曹操给刘备补充兵马，驻屯小沛，予以牵制；西边关中，曹操派侍中钟繇为司隶校尉，督关中诸将，以天子名义招抚马腾、韩遂，西边无事。这样，曹操专力南下征讨刘表。刘表保境安民，本无远略之志，但曹操向北进兵，总担心刘表袭击背后，所以他要先打刘表，稳固后方。公元195年，驻屯弘农的凉州军阀张济因缺粮南下荆州就食，在攻打穰城时被冷箭射死。他的部众由其侄儿张绣率领，张绣接受刘表招抚，驻屯南阳看守荆州的北大门。曹操南下攻刘表，由于张绣挡在前面，曹操实际上就是与张绣作战。

公元197年正月，曹操亲率大军南征，直趋南阳郡治宛城，张绣接战不利，投降曹操。曹操好色，见张绣婶母张济之妻姿色艳美，就纳入军中过宿，张绣由是怨恨，带领本部人马在夜幕掩护下发动突然袭击。曹操措手不及，无法抵挡，靠贴身护卫典韦死战得以脱身，右臂受了箭伤。长子曹昂被乱兵所杀，侄儿曹安民同时遇害。曹操次子曹丕侥幸乘马逃脱，典韦战死。曹操大败而归。这次曹操兵败清水岸边，史称"清水之难"。

公元198年三月，曹操再度起兵亲自南征，将张绣围困在穰城，两月不下。刘表率军救张绣，断曹归路。田丰说袁绍袭击许昌，劫略天子。消息传来，许昌告急，曹操退兵。曹操故意徐行，诱使张绣追击，企图在运动中消灭他。张绣谋士贾诩识破曹操计谋，劝绣不追。张绣不听，率精兵

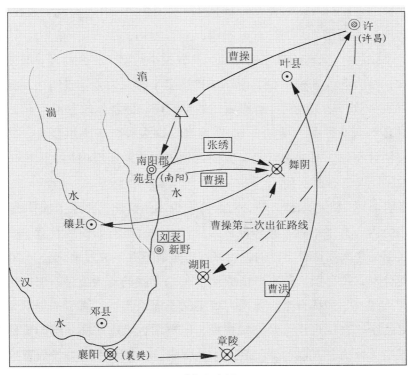

曹操征张绣

追击，在安众中伏击大败。贾诩再对张绣说："赶快整军追击，一定打大胜仗。"张绣将信将疑，收拾散兵再追，果然大胜而回。张绣不解，问贾诩说："我用精兵追退兵，吃了败仗，随后用败兵追胜兵，反而得胜，一一应验了你的预言，是什么道理？"贾诩说："这是明摆着的道理。曹操亲征将军，志在必克。交战方酣，他突然退兵，必定许昌有急。曹操老谋深算，防将军追击，一定亲自断后。将军虽然善战，但不是曹操的对手，所以追击必败。曹操打了胜仗，放下了对将军的戒心，一定轻装速回，留诸将断后。而曹操诸将却不是将军对手，所以打了胜仗。"张绣非常折服，从此言听计从。

公元199年冬，袁绍发动官渡之战，派使者联络张绣，并致书贾诩。贾诩却在接待袁绍使者的宴会上公然对使者说："回去替我道谢袁本初，自家兄弟不能相容，怎么能容得下天下的国士呢？"贾诩的这一番言论，杜绝了张绣投袁的去路，并说服张绣投效曹操。张绣大惊说："袁强曹弱，我和曹操又有深仇大恨，怎么能去投他呢？"贾诩说："正因袁强曹弱，才是投效曹操的好时机。袁绍势大，只不过想利用我们，并不把我们放在眼里。曹操力弱，正是用人之时，此时投操，必得重用。他有王霸之志，不会计较个人私怨的。"张绣听从，率众归操。曹操举行盛大宴会欢迎，与张绣握手言欢，结为儿女亲家，替二十二子曹均娶张绣女为妻。张绣在官渡之战中，奋勇杀敌，立了大功。曹操更是器重贾诩，握着他的手说："使我的威信能够传扬天下，是你的功劳啊。"曹操立即表拜贾诩为执金吾，封都亭侯，遥领冀州牧。河北平定后，曹操自领冀州牧，迁贾诩为太中大夫，使贾诩参决谋议，不离左右。

张绣降曹，死心塌地立功补过。曹操也表示信任，奖励张绣异于诸将。但是张绣内心并不踏实，直感危机四伏，见了曹丕有如芒刺在背。张绣努力作战，又多次宴请曹丕，向他讨好。但是曹丕并不放过他。公元207年，张绣随曹操北征乌桓，曹丕对张绣说："你杀了我的哥哥曹昂，怎么还有脸面活在人间？"张绣自杀。曹操与曹丕父子逼杀张绣，演了一场双簧。这一历史悲剧，直接责任人是奸雄曹操，但贾诩也难逃诱降张绣的责任，他为己谋则善，为"人谋"则欠妥。作为张绣，他根本不应去投效曹操，这一次听错了意见。一位壮士的冤死，令人叹惋！

东平徐淮 用卑劣手段抄刘备后路夺得徐州的吕布，是一个无行小人。

他反复无常，为天下所忌。吕布占了徐州，袁术向他靠近，愿为儿子娶他的女儿。袁术在淮南称帝，派韩胤为使者通告吕布，并迎亲。吕布表示同意。这时，吕布所属沛相陈珪，早就倾心曹操，他要阻挠吕布与袁术结盟，于是劝吕布协同曹操，共图大计。曹操派人送来诏书，吕布立即改变主意，把已经送在途中的女儿追回，断决与袁术的关系。吕布还把韩胤押送许都正法。

袁术对吕布的出尔反尔，十分愤慨，立即派大将张勋、桥蕤等与杨奉、韩暹等部联合进攻吕布。曹操利用吕袁矛盾，进一步离间。他派奉车都尉王则持诏书、印绶去见吕布，任命吕布为平东将军。曹操写了一封亲笔信给吕布，一面笼络，一面交代让吕布上表效忠朝廷。曹操的意思，是让吕布再一次明确表示与袁术决裂，用自己的誓言来约束自己，以便彻底孤立袁术。吕布不知是离间计，反而大喜，派陈珪之子陈登为使，上表许都，要求朝廷正式任命自己为徐州牧。

陈登到许都表示效忠曹操，曹操非常高兴，任命陈登为广陵太守，暗中做好内应。曹操又把陈珪的俸禄从二千石增为中二千石。临别时，曹操拉着陈登的手深情地说："东边的事情，就托付给你们父子了。"

陈登回到徐州，并没给吕布带回徐州牧的官印。吕布大怒，要杀陈登。吕布说："你父亲劝我与袁术绝亲，现在遭到大军进攻；你到许都没有给我办成事，自家父子却显达了。我这不是被你们出卖了吗？"陈登不慌不忙地解释说："我在许都对曹公说：'对待吕将军好比是养虎，要用肉喂饱他才行，不然要吃人。'而曹公却说：'我看吕布是一只鹰，饿了才能利用，饱了就飞走了。'曹公就是这样说的。"陈登的意思是暗示吕布，你要徐州牧，就要像饿鹰一样去打袁术。蠢笨的吕布似乎明白了什么，果真消了气。

至于如何退敌，陈珪献计说："袁术与杨奉、韩暹没有深交，是可以离间拆散的。"于是吕布写信给杨奉、韩暹说："二位将军保护过皇帝大驾，我也曾杀死董卓，都是朝廷功臣。现在我们应该联合起来攻打称帝的奸贼袁术，怎么反而助纣为虐呢？"吕布答应打败袁术以后，所得军资全部归杨奉、韩暹。这两个小人贪利，掉转矛头与吕布合兵，大败袁术军队，袁术最后剩下残兵败将五千人逃回淮南。袁术经过这一仗，从此一蹶不振。陈珪之谋，就是挑起吕袁大战，让曹操坐收渔人之利。

吕袁火并，曹操的离间计获得成功。公元197年九月，曹操在袁术削弱的情况下，大举南下讨袁，袁术不敢恋战，丢下寿春南逃，曹操斩杀袁术留守大将桥蕤等，得胜回许都。

现在河南只剩下吕布一个强敌了。当曹操征讨袁术之时，吕布在徐州扩大地盘，打败刘备。曹操有了进军的口实，于公元198年九月东征吕布。十月，攻下彭城，曹操下令屠城，无辜百姓惨遭杀害。曹操颁布了一条暴虐的军令，叫做"围而后降者不赦"，所以彭城两次遭屠。

吕布退保下邳，广陵太守陈登起兵配合曹操，吕布陷入了重围。吕布派许汜、王楷到淮南向袁术求救，袁术气愤地说："吕布赖婚毁约，理当失败，有什么脸面来向我求救？"许汜、王楷哀求说："明公现在不救吕布，唇亡齿寒，吕布一破，明公也朝不保夕。"袁术勉强答应援救吕布，但他无兵可派，只能做声援，于事无补。曹操攻围下邳两月，引泗水灌城，城破，吕布等人束手就擒。

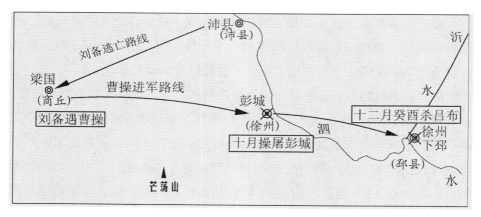

吕布败亡

曹操在白门楼上召集文武处置吕布。吕布被押上楼，吕布呼叫松绑。曹操笑着说："缚虎不得不紧啊！"松绑后，吕布向曹操献媚说："明公忧虑的就是吕布，现我降服了，天下就可平定了。明公率领步兵，让我带领骑兵，横扫天下，还怕不平定吗？"曹操迟疑不决，征询刘备意见。刘备说："明公想一想丁原、董卓是怎么死的就有主意了。"吕布大骂刘备说："大耳儿最没信用。"曹操传令把吕布绞死。

曹操处置完吕布，转过头去问同时被俘的吕布的谋士陈宫："公台平常自以为有智计，今天怎么到了这个地步？"陈宫说："可惜吕布没听我的计谋,不然的话你怎么能活捉我?"曹操不想杀害陈宫,又问陈宫:"你不想一想你的老母亲吗?"陈宫说:"我听说提倡孝行来治理天下的人是不谋害罪人的父母的,我老母是死是活,完全由你定夺。"曹操又说:"你的老婆和孩子怎么办?"陈宫说:"我听说用仁德统治天下的人,是不会灭人之后的。我的老婆、孩子,她们的命运也操在你的手中。"曹操十分惋惜,但最终还是处死了陈宫,他把陈宫母亲奉养起来,又替陈宫嫁了女儿。

吕布被灭,袁术在淮南独木难支。又因骄奢淫逸,府库空虚,士兵散走,众叛亲离。公元199年六月,袁术除去帝号,把玉玺送给袁绍,要求北上青州,往依袁谭。曹操派刘备在徐州阻击,袁术走投无路,在寿春吐血而死。

刘备在徐州阻击袁术后,公布汉献帝的衣带诏,占据徐州反抗曹操。公元199年冬,曹操亲征刘备,刘备败走,北投袁绍。就这样,曹操建都许昌后,经过了五年的征战,灭吕布、袁术,降张绣,赶走刘备,平定了徐淮,控制了黄河以南司、豫、兖、徐四州之地,成为隔河与袁绍抗衡的最大军事集团。

官渡之战大破袁绍

官渡之战葬送了天下归一的局势,是三国鼎立形成中的第一个大战役,也是北方曹操与袁绍两大集团之间的一次主力决战。这次决战袁败曹胜,从而奠定了曹操统一北方的基础,对三国历史的发展具有重要意义。设若这次战役袁胜曹败,袁绍完全有能力席卷江南而君临天下,那么三国鼎立的局面也就不会出现了。在军事上,曹操以少胜多,走上了他的巅峰。这次战役如同赤壁之战一样,也是一次群英会。袁曹双方的谋臣武将,云集官渡,斗智决力,波澜壮阔,是一段很精彩的历史风云际会。

袁绍发动官渡之战 官渡,地名。故址在今河南中牟东北,临古官渡水。献帝建安五年(公元200年),袁绍与曹操两大集团在官渡进行全力决战,史称官渡之战。今有土垒遗存,称中牟台,又称曹公台。由于这一历史遗存,如今经过整治开发,成为吸引中外游客的人工景点,古战场变成了旅游胜地。

袁曹两个集团在中原十年混战中,为战胜群雄曾携手并肩,划分势力范围，袁绍收河北，曹操图河南。二人随着势力的膨胀而外亲内疏，明争暗斗，两大集团的决战是必然之势。但官渡之战在两大集团都尚未准备充分，尤其是袁绍刚灭公孙瓒，尚未喘息又投入大战，在公元200年爆发，则是双方都始料未及的。事情的原委，还得从河内张杨说起。

袁绍画像

张杨原是丁原部将，与吕布同僚相好。董卓杀丁原，当时张杨回并州募兵，于是据有河内，在十年混战中与袁绍相联络。公元198年末，曹操擒杀吕布，解除了北进的最大后顾之忧，立即对袁绍摆出了对抗姿态，在公元199年四月进兵河北，略取河内。曹操围吕布，袁绍暗中支持张杨声援。曹操打入张杨内部，指使张杨部将杨丑杀张杨，公开投靠曹操，挑起事端。张杨部将睢固又杀杨丑，明白宣布投归袁绍，并重兵控制河内郡的战略重镇射犬（在今河北武陟县西北）。夏四月，曹操挥师临河，派曹仁、史涣渡河击杀睢固，占领河内郡，打入袁绍的领属区，建立了河北前进基地。袁绍对曹操此举自然十分恼怒，他曾经致书公孙瓒，劝瓒投降，除去嫌隙，而公孙瓒不予理会。于是袁绍奋力灭瓒，当曹操进兵河内时，袁绍也取得了胜利。袁绍凯旋之后，立即宣布兵伐许都，时间约在公元199年五六月间。

袁绍宣布进兵许都，在内部引起了争议。郭图、审配等认为讨伐曹操，易如反掌，"今时不取，后难图也"。沮授认为，袁军讨伐公孙瓒，师出历年，"百姓疲敝，仓库无积"；况且曹操奉迎天子，建都许昌，"今举师南向，于义则违"。为了摆脱政治上的被动局面，同时争取时间，休整士卒，沮授提出"修耕战缓搏败曹"的建议，沮授说："应当先派使臣向天子报告平灭公孙瓒的捷报，奖励农耕，休息百姓。如果上达天子的言路断绝，再宣布曹操一手遮天的罪恶，然后进兵驻屯黎阳，逐步经营河南，多造舟船，整饬兵器，分路派出精锐骑兵，扰乱曹操统属区，让对方得不到安靖，我方以逸待劳，这样可以稳操胜券。"但是急于称帝的袁绍却听不进去，他要与曹操立决雌雄。他既不顾政治上的被动局面，也不顾士民连年征战的疲劳，更不顾部属的纷争意见，不取稳操胜券的战略，而妄听郭图的"公师徒精勇，将士思奋"的阿谀颂词，走上黩武的道路，以图"早定大业"。在不利的时机发动官渡之战，加深了隐伏的败机。

建安五年（公元200年）二月，袁绍正式南伐，发布讨伐曹操的檄文，其中有一段历数曹操挑动战争的罪恶说："往年我军北伐，征讨公孙瓒，强敌叛逆，抗拒整一年。曹操趁此机会，暗中与公孙瓒勾结，打着援助我军的旗号，实际想在背后发动突然袭击，所以领兵临近黄河，正在调集舟船渡河，被我方外交人员觉察其阴谋。正赶上公孙瓒被剿灭，才使得曹操把锋芒缩回，阴谋没有得逞。"这道檄文载于《后汉书·袁绍传》。李贤注引《献帝春秋》说："曹操渡河攻占河内，声言援助袁绍讨伐公孙瓒，实际是要偷袭袁绍大本营根据地邺城。恰好公孙瓒败亡，袁绍也识破了曹操计谋，立即回军，曹操退守敖仓。"这就是说，曹操进兵河内，挑起袁曹公开对立，成为官渡之战的导火线。曹操既占了地利和实利，又企图偷袭袁绍根本，气度狭隘的袁绍被激怒了，贸然发动官渡之战，承担了黩武的罪责。袁曹较量，曹操确实道高一尺，战争还未开始，已在气势和道义上先胜一筹。

袁曹力量对比　袁绍占领河北青、冀、幽、并四州；曹操据有河南司、豫、兖、徐四州，及荆州北部、青州一部。双方地盘相当，实力接近，财力军力袁强曹弱，政治及个人素质，曹操占优。具体分析，双方各有优势与短处，加上其他军阀的背向及谋略得失，力量对比就会转化。试具体比较如下。

财力军力，袁绍地广人众，有明显优势。据《后汉书·郡国志》记载，东汉时河北四州总户数约二百万，人口约八百万；河南四州总户数三百三十九万，人口一千八百万。按当时户口，曹操占领区要高出袁绍占领区一倍，河南殷富甲于河北。但中原十年大混战，主战场在河南曹操占领区，潼关以东至陈留，南至颍川，几百里路，不见人家烟火。徐州历经战乱，也十分荒残。曹操占领区的人口耗损，历史记载，十成人口只剩下了一成（《三国志·张绣传》），这虽是夸张，但可窥见荒残景象。河北四州人口以半数计，约八九百万人口，河南四州以十分之二计，有七八百万人口。或者袁曹占领区，人口大体相当，河北扰乱较小，却比河南殷富。从地理形势看，袁绍据河北居高临下，又与戎狄和亲，无后顾之忧。曹操所占中原，处四战之地，周围军阀环绕，有陷入两线作战的危险。袁绍由于有这一优势，志骄意得，急不可耐地想做皇帝。这时袁术归帝号于袁绍，称颂说："今君拥有四州，民户百万，以强则无与比大，论德则无与比高。曹操欲扶衰拯弱，安能续绝命救已灭乎？"意谓曹操既不能挽救已绝天命的汉室，又不能保自己灭亡的命运。袁绍听了好不欢喜，他示意自己的主簿耿包上书劝进，请求袁绍顺天意，从民心，当皇帝。此论一出，袁军僚属一致反对，指斥耿包妄言，袁绍不得已杀耿包解嘲，十分狼狈。这一出闹剧撕下了袁绍"举义兵诛暴乱"的假面具，使他失去了号召力，使许多政治集团转变方向，袁绍则陷于孤立无援的境地，政治上处于劣势。

从个人素质看，袁绍虽也是一个英雄，但他不是曹操的对手，政治谋略逊色一筹。公元196年，汉献帝东归洛阳，袁绍谋士沮授劝他迎立天子以令诸侯，袁绍没有听从，拱手让给了曹操，在政治上就输了一着。然而这是对全局成败有决定性影响的一着，袁绍输了，处处被动。曹操赢了这一着，全盘皆活，处处主动。曹操挟天子以令诸侯，不仅关中附从，而且号令起袁绍来，盛气凌人的袁绍也不得不听从曹操的摆布，一再上表向朝廷表白忠心。袁绍致书曹操，说许昌低湿，应徙都鄄城，以便自己也能打上天子旗号。枭雄曹操当然不做这种傻事，理所当然予以拒绝。袁绍争天子不得，后悔莫及。

公元198年春，曹操南下围张绣于穰城，田丰劝袁绍趁机南下袭许，奉迎天子以号令天下，否则"终为人所擒，虽悔无益"。由于当时公孙瓒未灭，袁绍为避免两线作战，没有听从，只写了一封恐吓信，曹操慌忙退军，被张绣追击，打了一个败仗。曹操忧心忡忡地对荀彧说："今将讨不义，而力不敌，怎么办？"荀彧回答说："古代打江山的人靠的是才干，往往由弱变强；不能成大事业的人，也总是由强变弱。刘邦与项羽的成败，就是这样的啊。"接着荀彧从气度、谋略、武功、德义四个方面分析，曹操都胜过袁绍，又有天子为号令，"扶义征伐"，不愁打不败袁绍。

曹操听了荀彧的意见，非常高兴，但他仍不放心，又去问郭嘉。郭嘉更为细致地比较了曹操与袁绍二人的长短，认为曹操在十个方面超过了袁绍：

袁绍讲究繁文缛节，而曹操办事讲求实际，这在实效方法上超过了袁绍，是第一胜；袁绍不尊奉朝廷，曹操拥戴汉献帝，以天子名义号令天下，这在义理上超过了袁绍，是第二胜；汉末法令宽缓，豪强横行，袁绍以宽治宽，政治更加腐败，曹操以猛治宽，抑制兼并，上下整肃，这在行政上超过了袁绍，是第三胜；袁绍表面宽厚，内心狭窄，用人唯亲，曹操外表简易，内心精明，任人唯贤，这在器量上超

郭嘉画像

过了袁绍，是第四胜；袁绍多谋少决，贻误良机，曹操有谋则行，应变无穷，这在谋略上超过了袁绍，是第五胜；袁绍凭借家世资望，故作谦虚收取名誉，投靠他的人多半是徒有虚名的书呆子，而曹操诚心待人，不图虚名，自身节俭作表率，奖励有功的人一点也不吝惜，因此忠诚正直而有才学的人都愿效劳，这在品德上超过了袁绍，是第六胜；袁绍怜悯眼前的饥寒之人，而考虑不到更多的饥寒之人，这是妇人见识，曹操往往忽略眼前小事，却能考虑长远的天下大事，这在仁爱上超过了袁绍，是第七胜；袁绍放纵部属，互相争权夺利，曹操管束有方，流言蜚语没有市场，这在明察上超过了袁绍，是第八胜；袁绍分不清是非黑白，曹操奖励正直，惩办奸恶，这在文德上超过袁绍，是第九胜；袁绍不懂用兵，惯于虚张声势，曹操用兵如神，善于以少胜众，这在武德上超过了袁绍，是第十胜。(《三国志·郭嘉传》裴注引《傅子》)

曹操听了郭嘉的十胜分析，心里踏实了，笑着对郭嘉说："我哪有这么高的道行。"郭嘉趁此献计说："现在袁绍正与公孙瓒大战，我们赶紧消灭吕布，要不然，与袁绍对阵，吕布捣鬼，祸害无穷。"曹操改变南征计划，东出一战擒灭了吕布。

荀彧、郭嘉原本是袁绍的谋士，他们见袁绍外宽内忌，不是明主，转而投奔曹操，他们赞扬曹操的才干，难免有夸张的成分，但说话是很有见地的。这一番话还表明了曹操和他的智囊团早就认清形势，从心理上准备与袁绍决战，树立了必胜的信心。

袁曹二人的智力既有差异，两人争天下的政治路线也迥然不同。袁绍凭借的是"力"与"地利"，经过十年血战，袁绍实现了他的"吾南据河，北阻燕代"，也可算得上群雄中的佼佼者。但与曹操相比，只是一个"小气"。袁绍能够战胜韩馥、公孙瓒，而不能战胜曹操，所以不能建立非凡的帝王之业。曹操高于袁绍，不仅是个人政治素质，而且更是政治路线。袁绍凭借的地盘和兵力，敌不过曹操的人才和道义。所以诸葛亮说："曹操比于袁绍，则名微而众寡，然操遂能克绍，以弱为强者，非惟天时，抑亦'人谋'也。"十分精当。官渡之战，袁绍一败涂地，由强转弱，从胜利的顶峰跌落下来，坠入了灭顶的深渊，最重要的原因就是他因胜而骄，一意孤行，以个人之智敌曹操之群士，袁绍谋臣如云，但他不纳田丰之谋，不用沮授之计，既要急于进取，而又贻误战机，一失再失，怎能不败？袁绍能聚人而不能用人。张郃、许攸就是因计不被采纳，愤然阵前倒戈的。袁绍逞个人之智，又碰上曹操这样道高一筹的对手，他就难逃覆灭的命运了。

官渡之战的过程和结局 官渡之战从公元200年的二月到十月，共历时九个月，分为三个阶段。第一阶段，二至六月，曹军步步退却，在运动中消耗和偷袭袁军，积小胜为大胜，灭敌威风，壮己士气。第二阶段，七至九月，官渡相持。第三阶段，十月乌巢烧粮，奇计破袁。依时间顺序列战争进程于下：

二月，袁绍进军黎阳，曹军收缩河南。袁绍令刘备协助颜良为先锋，渡河围白马。沮授对袁绍说："颜良性情褊狭，虽然作战英勇但不能独当一面。"袁绍没有听进去。

四月，曹操北上解白马之围，用荀攸计，屯兵延津伪装渡河，好像要攻击袁绍的后方，迷惑袁绍大军渡河，使其分兵西向。目的达到后，曹操自引轻骑，集中徐晃、张辽、关羽等骁将，出其不意奔袭白马。关羽斩颜良，袁军溃败。曹操拔出白马之军，迁徙白马百姓沿黄河撤退，丢弃辎重军械，诱袁绍大军渡河来追。

五至六月，袁军渡河至延津。沮授又谏说："颜良败没，曹军反而后退，这种变化，要详细考察。为保万全，大部队应当屯驻在延津，分兵进攻官渡，如果胜利，大军再跟上去，如果不胜，主力可以安全撤退。"袁绍不听。沮授气愤地说："主上骄傲，部属邀功，悠悠黄河，我们还能过河还乡吗？"遂称病辞职。袁绍不许，将沮授降职隶属郭图。

袁绍大将文丑与刘备追击曹军，在延津南白马山中计被斩。颜良、文丑为河北名将，连战皆输，绍军夺气。与延津之战同时，于禁、乐进又率步骑五千，从延津西渡河奇袭袁军后方，至汲、获嘉两县，焚其堡聚二十余屯。

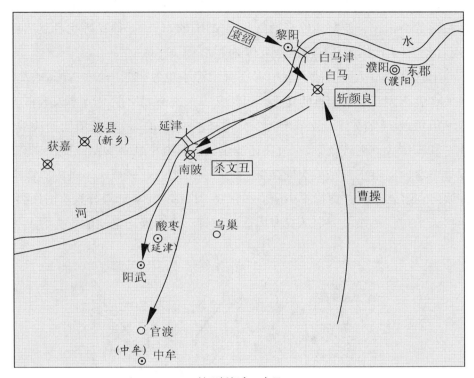

关羽斩颜良、文丑

七至九月，袁绍虽然连战皆北，仍凭其兵力优势，密集推进，与曹操相持于官渡。八月，袁军逼近曹寨，依沙堆为屯，东西数十里，曹军亦分营对垒相持。

袁绍逼近官渡的同时，于七月派刘备迂回曹军后方，与汝南黄巾军联合开辟第二战线。袁绍又"遣使招诱豫州诸郡，诸郡多受其命"。袁军派出的劫粮之军也连连得手。许昌及曹军中人多与袁绍通书。

九月，袁曹二军在官渡展开阵地战，曹军寡不敌众，还营坚守。袁军起土山地道强攻，激战异常。两军"相持百余日，河南人疲困，多叛应绍"。当时曹军粮少，曹操致书荀彧，打算撤军。荀彧回信曹操，以楚汉相争为喻说："当时刘邦与项羽相持于成皋，谁也不肯首先后撤，先撤退的人士气就会低落。"又说:"现在正是用计破敌的时候,不可失去这个机会。"曹操又问贾诩,贾诩说:"主上英明胜过袁绍,勇敢胜过袁绍,用人胜过袁绍,决断胜过袁绍。有这样四个方面胜过袁绍,而相持半年没有决出胜负,就是过于谨慎的缘故。只要下定决心,立刻就会决出胜负。"

曹操派曹仁率领徐晃、史涣等攻破刘备在汝南的策应,还消灭了袁绍断粮道的游击军,使其运输畅通。曹操又用荀攸计,派徐晃等扰乱袁绍后方,烧了袁绍运粮车及其辎重,杀其将韩猛。

十月,两军主力决战。袁绍再次派出淳于琼等带兵万余人押运粮车,屯放在袁绍大营北四十里的乌巢。沮授又一次进谏袁绍说:"我军人数占优势,但勇敢不及敌军;敌军粮食少,物资不如我军。敌军希望快速决战,我军利于持久,拖垮敌军。"沮授还建议派出蒋奇率领一支军队掩护侧翼,保护粮草,以阻止曹军再次偷袭屯粮之所。袁绍对此一概听不进去。谋士许攸向袁绍献计说:"曹操集中全力在官渡,许都空虚,如果分兵攻击许都,迎接天子讨伐曹操,一定活捉曹操。即使打不垮曹操,也使他顾头顾不了

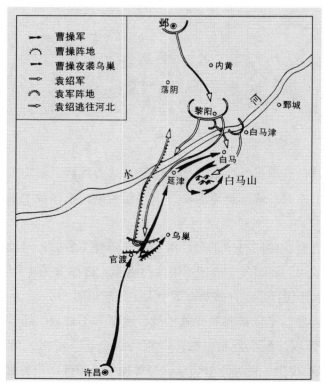

官渡之战形势图

尾，终究会打败曹操。"袁绍还是不听，却说大话："我就是要首先捉拿曹操。"袁绍下令军中，每人带一条三尺绳子，一定活捉曹操。

许攸见他的计谋不被采纳，心中很是不平。正在这时，留守邺城的审配收捕了犯法的许攸家属，恰似火上浇油。许攸一怒之下，投奔曹操，告知袁军储粮虚实，劝曹操轻骑烧粮。当时曹军只有一个月的军粮，为打破僵局，曹操决定出奇制胜。他亲率五千骑兵冒用袁军旗号，月夜偷袭乌巢。天亮时，曹操抵达淳于琼粮营。淳于琼不护粮草，见曹操兵少，欲邀功利，出营迎战。曹军殊死战，淳于琼战败，粮草被焚。

官渡之战遗址（河南中牟东北的官渡桥村）

袁绍知道曹操劫粮后，又做了错误的调遣。他不听张郃用重兵救粮的意见，却采纳郭图攻劫曹营的主张。袁绍对其子袁谭说，就算曹操攻破淳于琼军，我这里攻破曹营，看他回到哪里去。张郃与郭图争执起来。张郃说：曹操自引精兵，必能破琼，而曹营巩固，我们若攻不下来，大事就完了。但袁绍不听，只用轻军救淳于琼，而令张郃、高览攻曹营。这时曹操已回军夹击袁绍军。郭图出了错误计策，反诬张郃不力战以推脱责任。张郃、高览气愤不过，焚战具，投降曹军。曹军趁势全线出击，袁军大溃。袁绍、袁谭仓皇溃逃，只带了八百骑渡河，沮授及审配二子皆成俘虏。沮授拒降，被曹操所杀。

袁绍官渡惨败，愧对田丰，说："吾不用田丰言，果为所笑。"于是下令杀害田丰。袁绍如此心胸狭隘，一蹶不振，发病吐血，在建安七年（公元202年）五月病死。

官渡之战，曹操以少胜众，以弱胜强，殒落了一代枭雄袁绍。伴随袁绍之死，汉末的统一局势受挫，成就了曹操的事业，加速了他统一北方的步伐。河北智士名将，田丰、沮授、颜良、文丑，成了失败英雄袁绍的殉葬品。张郃、许攸等一批人杰，投附了曹操，壮大了曹操的势力。官渡之战，还巩固了曹操的政治地位，以及在汉官、曹氏阵营中的声望。曹操走上了他的巅峰。

官渡之战古战场纪念馆一角

横扫河北远征乌桓

官渡战后，袁绍收缩邺城，曹操打算南征刘表，消除心腹之患。荀彧不同意，他对曹操说："袁绍打了败仗，我们不应当让他休养生息，卷土重来，应彻底平定河北。如果我们大军南征，远涉江汉，万一袁绍从背后偷袭,那对我们就不利了。"曹操认为有道理,把大军部署在黄河岸边,随时准备给袁绍以致命的打击。

横扫河北 公元202年五月,逃回邺城的袁绍,积郁成疾,吐血而死。袁绍有三子,依次为袁谭、袁熙、袁尚,另有一外甥叫高干。袁绍喜欢小儿子袁尚,有意让袁尚继嗣为冀州牧,于是派袁谭去做青州刺史,派袁熙做幽州刺史,高干做并州刺史,留袁尚在身边。沮授谏说:"这样安排,一定生出祸乱。"袁绍说:"我让诸子各统一州,展示才干。"袁绍在世时,袁谭与袁尚争夺嗣位,拉帮结派,培植党羽,造成了袁氏集团的分裂。审配、逢纪拥护袁尚;辛毗、郭图支持袁谭。两派明争暗斗,只是没有公开化。袁绍一死,矛盾立即公开化。审配传达袁绍遗命,奉袁尚为嗣。袁谭不服,屯兵黎阳,并杀死袁尚亲信逢纪。

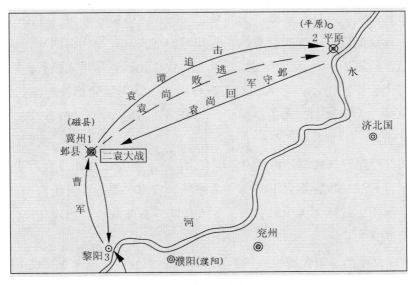

袁谭、袁尚二人火并

公元202年九月,曹操利用二袁矛盾,进兵黎阳。袁尚怕黎阳丢失,对邺城不利,出兵相救。曹操打败二袁的联兵,进围邺城。诸将想乘胜攻取,郭嘉认为城坚一时难破,力排众议,进献奇谋。他分析二袁之间的矛盾,认为二袁兄弟各拥重兵,各有谋臣,二人争为冀州牧而互不相容,急则相助,缓则相争,"不如南向荆州摆出征讨刘表的样子,以观其变。一旦有变,然后进兵,可以一战平定"。曹操采纳了郭嘉的建议,假装南下,进至西平（今河南西平县西）。不出郭嘉所料，曹操南下，二袁大打出手，袁谭被袁尚击败，困于平原，派辛毗向曹操乞降求救。

曹操犹疑，拿不定主意，召集诸将讨论，多数人主张先打荆州，荀攸主张北进。荀攸认为："刘表坐保江汉，没有四方之志，不妨慢慢攻取，而河北袁氏势力不可轻视，要趁二袁内讧，一举平定。河北平定了，打荆州就不用费力气了。"曹操还是没有下决心，就问，"袁谭乞降是真心的吗？肯定能打败袁尚吗"？辛毗说："明公不必问真假，只看一看形势就够了。袁尚包围了袁谭，但无力攻破城池，说明他的力量也衰竭了。只要明公进兵邺城，袁尚就要回救，袁谭肯定追击。袁尚遭两面夹攻，肯定灭亡。当今四方势力，没有强过河北的。只要明公平定了河北，你的实力就可以大大增强，天下都为之震动，何乐而不为呢？"曹操听了，疑团消失，立即下令，挥师北上。

公元204年二月，曹操兵围邺城。审配、苏由留守邺城。苏由打算做内应，计谋泄露，出城投奔曹操，告知城中虚实。曹操四面强攻，又引漳水灌城，围困四个月，仍未破城。城中粮食吃光，有一半人饿死。袁尚解平原之围，率主力一万多人回救，被曹操打败，率领残部投奔幽州袁熙。城内见外救无望，军心动摇。审配侄儿审荣开门出降，邺城被攻破，审配等被处死。

接着曹操进攻袁谭，将袁谭包围在南皮。公元205年正月，天寒地冻，曹操亲自督战进攻，擂鼓助威，一举破城。袁谭、郭图等被斩杀。曹操趁势进兵幽州，袁熙大将焦触、张南等人投降，袁熙和袁尚逃入乌桓，幽州也落入曹操之手。

并州高干为了避免曹操兵锋，在曹军攻下邺城后，便向曹操表示投降。但是不久又背叛了曹操，打算偷袭邺城，被曹操发觉，派乐进、李典堵击。高干退守壶关（在今山西长治东南）。公元206年正月，曹军冒严寒进兵，攻破壶关。高干南逃，取道陕西出武关去依附刘表。当他逃到峣关（在今陕西蓝田东南），被峣关都尉王琰杀死。并州平定。

远征乌桓 袁熙、袁尚率残部逃入乌桓，当时幽、冀吏民追随逃奔者十余万户，成为袁熙、袁尚可能东山再起的凭借。乌桓受袁绍长期笼络，也时常犯边。面对这一形势，曹操是继续北上追穷寇，还是掉头打荆州，军中又发生了争论。诸将认为，袁尚是一个逃亡贼，乌桓又没有信用，如果大军远出，万一刘备与刘表偷袭许昌，会对大局不利。只有谋士郭嘉提出反对意见，他认为袁绍有恩于乌桓，而曹操只是用武力夺得四州，没有恩德于民，如果大军南征，袁尚勾引乌桓入侵河北，恐怕青、冀、幽州又要落入袁氏之手。郭嘉还分析说："刘表是座谈客，自知才能不如刘备，不敢重用，曹操可以放心北征，不必忧虑刘表。"郭嘉的分析是很有道理的，他没有把曹操的暴行说破。官渡之战，曹操坑杀河北降卒八万多人，河北百姓闻曹色变，所以才有十余万户逃入乌桓。曹操横扫河北，破城屠戮，极其残暴。他进攻袁谭，时在三九隆冬，河水积冰，不能行船。曹操征发民夫凿冰，有的人逃役，事后主动自首，曹操仍捕杀不赦免。如果逃入乌桓的十余万户难民，追随袁熙、袁尚返回河北，再呼朋引类，将掀起波澜。这支力量再与乌桓之兵联合起来，绝不可小视。曹操也认识到这一点，于是决定先北后南，远征乌桓。

乌桓，也写作乌丸，是居住在我国北方今辽宁西部、内蒙古东部和河北东北部一带的少数民族。东汉末乌桓族强大起来。公元187年，中山太守张纯勾结乌桓辽西部大人丘力居扰乱幽州，公孙瓒就是在平定乌桓的战争中兴起的军阀。丘力居死后，他的儿子蹋顿继位，有武略，成了辽东、辽西、右北平三郡乌桓的大头领，史称三郡乌桓，比丘力居时更为强大。乌桓仇恨公孙

曹操征乌桓时经过的羊肠坂道

瓒，袁绍利用这一矛盾招抚乌桓，夹击公孙瓒。袁绍打败公孙瓒以后，假借汉献帝名义封蹋顿为乌桓单于，封辽东属国乌桓大人峭王苏仆延为左单于，封右北平乌桓大人汗鲁王乌延为右单于。袁绍死后，三郡乌桓继续为袁氏出力，所以袁尚、袁熙失败后才逃入乌桓，想借三郡乌桓的力量与曹操抗衡。乌桓成了幽冀地方世族官僚及袁氏集团残余势力的集结处。曹操要统一北方，必须进讨乌桓。

曹操北征乌桓

远征乌桓不是一件容易的事，运输是一个大问题。曹操组织人力开了两条渠道，一条从呼沱河凿渠入泒水，名平虏渠；一条从沟河口凿渠入潞河，通渤海，名泉州渠。这两条渠修成，既便利了军粮运输，又成了农业灌溉渠。但兴修时，动用了很大的人力。

公元207年五月，曹操正式起兵出征乌桓。为了鼓励士气，曹操在二月下《封功臣令》，大封功臣二十余人为列侯，其余将士依次受到封赏。

曹操大军北进到河北易县（今河北雄县西北），郭嘉又献奇计，大军留下辎重，组织精锐轻骑兵，迅速推进。曹操计划取道无终（今天津蓟县），傍海进击乌桓。但大军来到无终后，正赶上连天大雨，大水暴涨，行军困难，而且这条路线有乌桓人设关防守。这样，曹军便被阻滞下来。曹操久仰隐耕于无终徐无山的田畴，派人去请田畴来商议军事。田畴是无终人，很熟悉这里的地形道路。田畴痛恨乌桓侵扰边境，所以很乐意为曹操筹划军事。田畴提出抄小道奇袭乌桓，乘其不备的方略，曹操非常赞成。他下令向后撤退，还在路旁立下木牌，写上"方今暑夏，道路不通，且待秋冬，再行进军"，用以迷惑敌人。曹操将部伍隐蔽前进，上了徐无山，越过卢龙塞（今河北喜峰口），跨过白檀（今河北宽城），经平冈（今河北平泉），千里奔袭乌桓蹋顿所住的柳城（今辽宁朝阳南）。这条路崎岖险阻，已中断了近二百年，只有小路可走。蹋顿根本没有防备。曹操大军前进到白狼堆（今辽宁建平南的布佑图山），距柳城只有二百里路，蹋顿才发现曹军从背后杀来，仓促应战。曹军先锋勇将张辽，前行至凡城（今辽宁朝阳附近）与乌桓遭遇。蹋顿率领的三郡乌桓与袁尚、袁熙的部众，共有数万骑兵，远远多于曹军，因为是突然应战，阵容不整，士气低落，一触即溃，蹋顿被乱兵杀死。曹操大队乘胜追击，到达柳城，汉民及乌桓军民归降者有二十万人。

曹操击溃乌桓，胜利班师。袁尚、袁熙逃往辽东，投靠辽东太守公孙康。诸将主张穷追猛打，一气消灭袁氏兄弟。曹操说："公孙康平时很害怕袁尚、袁熙，他们的矛盾很深，我们进军，他们必然联合，如果我们退兵，必坐收渔人之利，公孙康将会把二袁的首级献上来。"果不出曹操所料，公孙康怕二袁夺他的地盘，设鸿门宴将袁尚、袁熙杀掉，献首级于曹操。自此，袁氏势力被彻底消灭，三郡乌桓归附曹操。曹操精选乌桓骑兵编队供其驱遣，号称"天下名骑"，在以后的征战中所向无敌，建立了很大的战功。

曹操从柳城班师，从大道循渤海回军。曹操登上碣石山（在今秦皇岛附近），鸟瞰大海，心潮起伏如海潮奔腾澎湃，即景赋诗，写下名篇《观沧海》。诗云：

> 东临碣石，以观沧海。
> 水何澹澹，山岛竦峙。
> 树木丛生，百草丰茂。
> 秋风萧瑟，洪波涌起。
> 日月之行，若出其中。
> 星汉灿烂，若出其里。
> 幸甚至哉，歌以咏志。

这首诗笔力遒劲,激昂慷慨地抒发了曹操取得胜利之后的满腹豪情。

西并关陇统一北方

赤壁之战,刘备、孙权结成巩固的联盟,挫败了曹操向南推进。曹操也认识到北方不具备一举征服南方的力量,于是掉转矛头肃清北方边远的割据势力。当时辽东有公孙康集团,地处偏远,斩二袁首级敬献,表示臣服,曹操把他放在一边。关西马腾、韩遂集团,力量强大,关中形势居高临下,又是进兵汉中、益州的通道,这是必须扫除的。曹操取关陇,南下汉中,窥视益州,可以对孙刘联盟集团取战略迂回包围之势。孙刘联盟集团,也把战略目标瞄向西方,夺取益州,全据长江,成南北对峙。也就是说,赤壁之战后,孙刘集团指向益州,曹操指向关陇,双方都向西推进,看谁能抢先占领战略要地,形成时间上的赛跑。

马超画像

西并关陇 公元208年,曹操南征荆州。为了稳固后方,他以汉献帝名义征召马腾入许都,表为卫尉,以马腾之子马超统其众,拜偏将军。韩遂与马腾为盟兄弟,二人联手割据关陇三十余年,他们虽然名义归顺朝廷,实际是国中之国,曹操当然不能允许。征马腾入京,就是控制关陇的一着妙棋。但是韩马集团既然名义上归顺朝廷,马腾又受诏入京,曹操去讨伐关陇马韩,就师出无名。当然,曹操自有他的办法,欲加之罪,何患无辞。公元211年春,曹操进兵关中,声言讨伐汉中张鲁。讨汉中,要经过关中,韩马就范,则是曹操效法晋献公伐虢灭虞之计,如果韩马不借道则是公开反叛朝廷,曹操就可以明正讨伐了。韩马集团没有远略,虽然只是趁乱割据的地方军阀,但面临生死抉择,自然不允许曹操兵临关中。韩遂、马超集关中诸将侯选、程银、杨秋、李堪、成宜、张横、梁兴、马玩等十部人马集结潼关,拦阻曹操入关。曹操派曹仁督军西征，兵临潼关坚壁不出战。公元211年七月，曹操亲临前线。

八月，曹军与关西军在潼关夹关对阵。关西军精悍，善使长矛，作战英勇。韩马集重兵要与曹军决战，曹军深沟高垒吸引关西军的注意力于正面，然后派出徐晃、朱灵等人率领精兵四千人从蒲坂津（今山西永济西）渡过黄河，在黄河西岸（今陕西大荔东）建立滩头阵地。曹操此计是避开关西军锋芒，绕其侧背，调动敌人在运动中处于被动，削弱关西兵善战的长处，以己之长攻敌之短。曹操大军陆续从侧背渡河，在渭北抢占有利地形，沿河向南用"连车树栅"的办法，建立起活动甬道，输送粮草。曹军绕过马超的阻击防线，马超被迫放弃潼关，收缩到渭南迎击曹军，这样两军夹渭水对峙。

曹操抓住马超急于求战的心理，故意设置疑兵，摆出决战姿态，暗中用舟船在渭水搭浮桥，出敌不意，夜间渡河，结阵于渭南。马超得知曹军渡河，亲自领兵偷营，曹操早有防备，设伏袭击，大败马超。九月，曹军全部渡过渭水。在渭南逼近韩马联军。

韩遂、马超集重兵于第一线，阻击不成，速战不得，连吃败仗，深知不是曹操对手，加之重兵集结，忧虑后防空虚，于是向曹操提出割地求和的要求。曹操的目的就是要拖住韩马联军，使关西军马集结，一举全歼其主力，当然不允求和。如果强攻打阵地战，曹军将要付出沉重代价。曹操采纳了贾诩的离间计，假意许和，要求在阵前与韩遂商谈求和条件。马超、韩遂不知是计，同意阵前商谈。可是见面以后，曹操只是与韩遂叙旧，表现了极大的热情，欢笑话别，只字不提军事。马超远远在旁监视战阵，不知谈话内容。韩遂回营，马超问韩遂，曹操说些什么，和谈条件是什么。韩遂回答不出，引起马超腹疑。接着曹操又用间谍投书，写信给韩遂，又故意在信上涂抹，仿佛是韩遂改动的。信的内容是劝韩遂投降，间谍有意让这封信落在马超手中，更加引起马超的怀疑。这时曹操突然发起总攻。由于韩遂、马超有了隔阂，互相防范，不能并兵形成拳头作战，结果被打得大败。成宜、李堪等被杀，马超、韩遂逃奔凉州，关中大部被曹操占领。这一仗是曹操有名的渭南大捷。

渭南大捷表现了曹操的军事才能。但离间计并不高明。如果韩遂有点警惕，阵前严肃谈判，只讲军事，不讲私谊，那么曹操的离间计就不攻自破。如果马超有点头脑，就不会被曹操牵着鼻子走，不会中离间计。无奈他们有勇无谋,所以被曹操、贾诩玩于掌上。渭南大捷以后,曹营诸将仍不明白曹操的用兵方略。他们不理解,曹操既然不在潼关决战,为什么要集重兵在潼关深沟高垒。曹操解释说:"我军集结潼关,就是要吸引敌人也把重兵集中在潼关一线,这样渭北河西防务空虚,才便于大军趁虚而入。我军在渭北集结,在渭南扎营,都是一个道理,转移敌人视线,使我军掌握战场主动权。我们假意允和,使他们放松戒备,然后突然袭击,攻其不备,所谓'迅雷不及掩耳',这就是取胜之道。用兵打仗,千变万化,不能墨守成规。"诸将无不佩服。

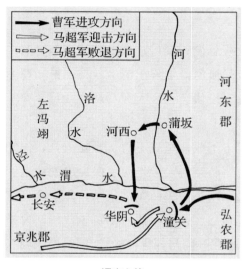

渭南之战

渭南大捷后,曹操留夏侯渊镇守关中,大军撤回。公元213年,马超纠集羌、胡等部反攻关中,曾一度攻陷汉阳郡治所冀县(在今甘肃甘谷南),杀凉州刺史韦康。不久,韦康部下杨阜、姜叙起兵攻马超,夏侯渊、张郃率步骑来援,冀县城中吏民杀马超妻子,闭门不纳。马超四面受敌,走投无路,率残部投汉中张鲁去了。接着夏侯渊扫荡了陇右残敌,又打败韩遂,韩遂逃入西平(今青海西宁),为部下所杀。公元214年,夏侯渊拔掉割据袍罕(今甘肃临夏)的一个小军阀宋建,自此关西为曹操平定。公元219年,盘踞河西四郡,即敦煌、酒泉、张掖、武威的军事头目向曹操纳"质"。第二年,曹丕称帝,用兵把河西四郡并入曹魏版图,曹魏西疆达于敦煌。

统一北方 曹操在《秋胡行·登泰华山》的诗中表达了他的治世志向,写下如下诗句:"不戚年往,忧世不治。"公元204年,曹操攻克邺城,统一北方的大局已定,如何稳定社会秩序,治国理民以清天下的任务提上议事日程。当年曹操发布了《蠲河北租赋令》、《收田租令》,稳定新占区,抑制豪强兼并。《收田租令》又称《抑兼并令》,此令兼有这两个方面的内容。稳定了田租,保护自耕农,就可以在一定程度上抑制兼并。令文如下:

有国有家者，不患寡而患不均，不患贫而患不安。袁氏之治也，使豪强擅恣，亲戚兼并；下民贫弱，代出租赋，衒鬻家财，不足应命。审配宗族，至乃藏匿罪人，为逋逃主；欲望百姓亲附，甲兵强盛，岂可得邪！其收田租亩四升，户出绢二匹，棉二斤而已，他不得擅兴发。郡国守相明检察之，无令强民有所隐藏，而弱民兼赋也。

东汉末年豪强兼并，大大激化了阶级矛盾。袁绍占领河北，对豪强兼并采取放任态度，使广大贫民更趋贫困化。曹操的令文谴责了袁氏的放任政策，更提到审配家族的不法行为，表达了曹操对豪强大族的不满和痛恨。全文特别规定亩收租谷四升，按户纳绢二匹、棉二斤以代户调，即人头税。这种定额租赋制，随后推行到曹操整个北方占领区，对于舒缓北方农民的负担，恢复生产，都起了一定的作用。

曹操鼓励地方官打击豪强，要求他们不避宗亲。献帝都许昌，曹操任命满宠为许令。曹洪手下有一个宾客多次犯禁令，满宠把他抓起来办罪。曹洪写信求情，满宠不予理睬。曹洪无奈，去找曹操。满宠得知消息，立即杀掉曹洪宾客，曹操不仅没有怪罪，而且高兴地说："当官治事就应当这样。"汝南是袁绍的故乡，门生宾客遍布郡内，大都横行不法。曹操派满宠做汝南太守。满宠到任，募精壮勇士五百人攻克拒命的坞壁二十余座，诱杀了不肯降附的渠帅，共得户二万，兵二千，汝南局势很快平定。

杨沛做长社令，境内曹洪宾客仗势不肯纳赋税，杨沛把他抓来治罪，将其处死。后来曹操用杨沛做邺县令，曹洪、刘勋等人畏惧杨沛威名，赶紧派人通告邺城宗亲及宾客子弟，各自检束，不得为非作歹。杨沛担任邺令数年，社会秩序井然。

朗陵令赵俨、菅县县长司马芝、并州刺史梁习、魏郡太守王修，都是严惩豪强的地方能吏。

长期战乱，社会风气变坏，出现了结党营私、诽谤攻讦、挟嫌报复等种种社会问题。公元205年九月，曹操下了一道《整齐风俗令》。令文说："结党营私，是古代圣贤所痛恨的。听说冀州的风俗，父子分裂为两派，互相诽谤。我要整顿社会风气，那些颠倒黑白、造谣中伤的歪风劣俗，必须除掉。"只要改恶从善，就给予自新的机会。在《赦袁氏同恶令》中说："其与袁氏同恶者，与之更始。"又明令，不准报私仇，禁止厚葬。这些措施，不仅整齐风俗，而且也对不法豪强起了一定的抑制作用。

曹操严明法纪，以法治军，以法治民，他还颁布了一系列的军法、民法、奖惩法令。陈寿评价曹操"揽申商之法术，该韩白之奇策"。意思是说，曹操治民用申子、商鞅的法治，用兵具有韩信、白起的奇谋。因此，曹操不仅统一了北方，而且治理巩固了北方，恢复了社会秩序和经济，这就不是袁绍等人所能比拟的了。

曹操的智囊团

智囊主要指参决谋议的骨干谋士。荀彧、荀攸、贾诩、钟繇、程昱、郭嘉、董昭、刘晔、蒋济等九人是曹操的骨干谋士。华歆、王朗、毛玠、何夔、徐奕、陈群、赵俨、袁涣、凉茂、司马朗、梁习等为重要谋士。司马懿是后起之秀。再扩大范围，智囊包括各级行政要员，武将不在智囊范围内。广义智囊，主要以投效曹操曾经为其掾属者为限，总计有九十三人之多。

曹操智囊团的形成 公元196年，曹操迎献帝都许昌时为司空，公元208年，曹操为丞相。因此他的掾属或称司空掾，或称丞相掾。曹操的骨干谋士团在官渡之战以前形成，许多人还不识曹操真面目，想依靠曹操兴复汉室，如荀彧就是一个典型代表。官渡之战以后，随着曹操事业的发展，智囊团不断扩大，成为一支庞大的人才队伍，他们直接报效曹操，心中已无汉室，成为曹氏代汉的政治基础。因此，了解曹操的智囊团，很有意义。公元213年，曹操晋爵魏公，建立魏国，曹操更加大规模地广植掾属，网罗人才。曹操智囊团，魏国建立以前三十五人，魏国建立以后扩大到九十三人。

曹操用多种方法聚集人才，主要有五个方面：

其一，征辟。这是两汉选举的正常途径。袁涣、张范、凉茂、国渊、田畴、邴原、毛玠、徐奕、何夔、邢颙、鲍勋、华歆、王朗、程昱、刘晔、蒋济等，皆征辟署职。

其二，投效。天下纷乱，"智能之士思得明君"，主动投效曹操的都是识高一筹的天下奇才。在官渡之战以前，曹操寡弱之时，荀彧、郭嘉、桓阶、贾诩等人投效，具有典型意义。荀彧、郭嘉二人为天下奇才，他们都从鼎盛的袁绍营垒中出来，更有典型意义。桓阶说服长沙太守张羡反对刘表，贾诩说服张绣投曹操，都在官渡之战相持不下袁强曹弱之时。他们的深邃洞察力，远远高于时人之上。曹操得到这些智士的效力，怎能不兴旺！

其三，推荐。荀彧知人，他对曹操智囊团的形成有重要作用。荀彧前后所荐，多命世大才，有荀攸、钟繇、陈群、司马懿、郗虑、华歆、王朗、荀悦、杜袭、辛毗、赵俨、戏志才、郭嘉、杜畿，皆一代风流，终为卿相者以十数。

其四，纳降。许攸，袁绍谋士，贪财，绍不能满足，审配又收治其妻子。官渡之战正在难解难分之时，许攸投降曹操，带来袁绍的部署机密，献奇计袭破袁绍军，使曹操赢得了官渡大捷。陈琳，袁绍记室，官渡之战，陈琳为袁绍起草讨操檄文，行文骂及曹操三代，诋辱父祖。曹操破邺得陈琳，爱其才而辟为司空军谋祭酒，军国书檄，多出自陈琳、阮瑀之手。牵招，袁绍从事，绍死从袁尚。尚败，牵招投操，署军谋掾，拜护乌桓校尉，督青徐州郡诸军事，独当一面。曹营中的许多武将如张辽、徐晃、张郃、文聘等均为招降所得，他们不属智囊团，这里不多说。

其五，强征。曹操征辟阮瑀，逃入山中。曹操派人烧山，得到阮瑀，辟为司空军谋祭酒，与陈琳共管记室。曹操辟司马懿，懿不就征，曹操再辟为文学掾，敕命使者，如果司马懿推辞，就抓起来。强征士人，是古代司空见惯的手法，不为曹操所首创。当然，这是迫不得已的下策。也有的士人以故意拒征来抬高身价，强征，也就半推半就了，司马懿、阮瑀大都属于此等人。

上述五个方面的来源，以征辟、投效、推荐三者为最主要形式。曹操少小机敏，有权术，文武双全，有胆识才略，又挟天子号令诸侯，政治上占了制高点，所以能广招人才。曹操可以用天子名义挖对方的墙脚。例如华歆、王朗本在孙策麾下，曹操以朝廷名义征召，孙策不敢违抗。曹操还利用傀儡皇帝控制拥汉派的朝官和名士。例如孔融，他在政治上反对曹操，但手无寸柄，反为曹操所用。曹操利用孔融的声望，征为将作大匠，迁少府、太中大夫，以安定人心，曹操力量壮大后，借故诛杀。所以张承说："今曹公挟天子以令天下，虽敌百万之众可也。"

还有两个重要因素。一是曹操用人"唯才是举"。公元210年下求贤令，明确提出天下未定，用人唯才，不必求廉。戏志才、郭嘉有不好的名声，杜畿简傲少文，曹操不拘一格信用，终各显名。再是曹操军事上取得一个又一个胜利，智囊团就像滚雪球一样越来越大。曹操还占地理优势，中原文化发达，"汝、颍固多奇士"，荀彧、荀攸、郭嘉、戏志才、钟繇、杜袭、陈群、赵俨、辛毗等都是颍川智士。曹操在中原取得胜利，也就自然赢得人才优势。

曹操智囊团的功效　曹操智囊团在政治、经济、军事各个方面起了参加决策作用。

政治作用。主要有两大战略决策。其一是劝曹操迎汉献帝，挟天子以令诸侯。其二是广收名士以临州镇。曹操，临兖州，因言议杀名士边让，激起了陈宫、张邈的叛乱，险些使船翻了个底朝天。曹操吸取教训，为司空、丞相后，以崔琰、毛玠、何夔、徐奕、邢颙、鲍勋、陈群等名士为东西曹掾，典选举，网罗了一大批清正廉洁的名士为掾属。名士累世为地方望族，振臂一呼，士民影从。曹操派智囊名士出宰州郡，入为公卿，利用他们的声望和才干稳定纷乱的政治局势。例如刘备在徐州反曹操，许多郡县动摇。曹操用陈群为酂县令，用何夔为城父令，吏民平静。何夔为乐安太守，到任数月，诸县平定。钟繇、卫觊出镇关中，曹操无西顾之忧。曹操领冀州牧，州治邺城，这是一个战略要地，袁绍长期盘踞的老巢，政治复杂。曹操先后用王朗、董昭、凉茂、国渊、徐奕、鲍勋、王修等重要掾属为魏郡太守。邺城在魏郡，名士为郡守，邺城安定。曹操掾属半数以上轮流到地方去做州牧、太守、县令、县长、都尉等职，既考验了策士名流的政治才能，又镇抚了吏民，真是一箭双雕。

经济方略。在经济上，曹操智囊团提出了修耕植、兴屯田、储军资、深固根本的战略决策，对曹操事业的成败有重大意义。

军事方略。曹操领兵三十余年，身经数十战，所向无敌，能战、善战。曹操是一个杰出的军事家。但是曹操的胜利，同时也是智囊团的杰作。智囊的作用，第一是制定战略方针，第二是临阵划策。

智囊团替曹操顺应形势制定战略方针，分为三个阶段。第一阶段，官渡之战以前，荀彧与郭嘉定计，先南后北对抗袁绍。公元197年，袁绍与曹操书，"其辞悖慢"，曹操震怒，行动失常，恨不得立即与袁绍决战。荀彧、郭嘉冷静地替曹操分析了形势，认为四面皆强敌，若要攻克争天下的袁绍，宜先壮大自己。荀彧提出远交近攻，先弱后强，各个击破，兼并群雄的战略方针。荀彧荐钟繇镇抚关中，是为远交。攻灭近在咫尺的张绣、吕布，是近攻。张、吕较弱，容易攻灭。郭嘉说："若不首先灭掉吕布，等到袁绍来攻，吕布又为袁绍的盟友，这一来可是天大的祸害。"公元198年，曹操攻破张绣，东灭吕布。公元199年，又灭袁术。刘备起事徐州，郭嘉、程昱劝曹操迅速扑灭，然后专力对袁绍。官渡之战以前，曹操四面临敌，但始终没有陷入两线作战，而是一个一个歼灭对手，显示了正确的战略方针的威力。第二阶段，官渡之战以后，荀彧、郭嘉画计，改变战略，先扫河北而后南下，经过了七年的征战，平定了河朔，击败了乌桓，解除了南下的后顾之忧。第三阶段，赤壁战后，曹操为避免两线作战而转为战略防御，挑动孙、刘内讧，坐收渔人之利。这一着很奏效，吴、蜀交恶，削弱了力量，曹操摆脱了困境，保持了对吴、蜀的优势，还给曹丕带来了代汉的大好时机。

智囊团临阵画计，使曹操多次避免了惨败，甚至覆灭的危险。最主要的有两次。第一次，公元194年，荀彧、程昱临阵应对陈宫、张邈的突然事变，替曹操保住了鄄城、范县、东阿三城。这一次如果没有荀、程的应变，曹操失去根本，将遭到吕布、陶谦的夹击，一定会全军覆没。接着袁绍使人说操迁家居邺，使袁曹连和。所谓"连和"不过是"投靠"的外交语言。

荀彧画像

程昱谏劝曹操，岂可"临事而惧"为"韩、彭之事"，打消了曹操连和的念头。第二次，公元200年，荀彧、荀攸、贾诩，以及阵前投归曹操的谋士许攸等，共献奇策，赢得官渡大捷。此外，公元198年，荀攸、郭嘉画计引泗、沂灌城灭吕布的下邳之战；公元208年，荀彧画计南下的荆州之战；公元211年，贾诩画计离间马超、韩遂的渭水之战；公元215年，刘晔画计灭张鲁的汉中之战，都取得了辉煌的胜利。

曹操在兖州，兵微将寡，处四战之地。后迎献帝都许昌，仍处四面强敌包围之中。曹操如何以兖、豫二州之地抗衡天下十之八九？战略决策的正确与否，无疑是成败的关键。曹操的智囊团皆天下英杰，众智会聚，所以有经远之略。总括智囊团的战略方针，要点有五：其一，奉天子以令不臣；其二，广收名士以临州镇；其三，修耕植，蓄军资，深固根本；其四，远交近攻，先弱后强，各个击破，兼并群雄；其五，广储掾属，建魏基业。

程昱画像

相比之下，袁绍、刘表，虽然军队强大，人口众多，但都缺乏长远的战略考虑，都不是曹操对手。袁绍的谋士沮授、郭图也提出挟天子以令诸侯的战略，但袁绍好谋而无断，拱手让给曹操。当然，曹操也犯过错误。如公元198年，他不听荀攸间敌之计，去攻张绣，推动了刘表、张绣联合；公元215年，不听刘晔、司马懿之言，从汉中乘胜取蜀，未能扩大战果，终失汉中；尤其是公元208年，不听贾诩休整固守荆州之计，冒进赤壁，导致天下三分。从一正一反两个方面，曹操深知智囊团的重要。他在公元207年下的《封功臣令》中，充分肯定了智囊及武将的功绩。令文说："吾起义兵，诛暴乱，于今十九年，所征必克，岂吾功哉？乃贤士大夫之力也。"曹操评价荀彧说："荀文若谋略高，功劳大，我赶不上他，可以说是我的张子房。"评荀攸说："军师荀攸，辅佐我东征西讨，前前后后的胜仗，都是荀攸出的计谋。"又对太子曹丕说："荀公达（荀攸字）人之师表也，你要十分敬重他。"曹操对程昱、郭嘉都有极高的评价。知人善任，以尽其才，这正是曹操的不平凡处。

曹操对智囊团的驾驭　挟天子以令诸侯，说来容易，做起来很难。董卓、李傕挟天子而败亡，袁绍心有余而力不足，不敢挟天子以令诸侯。因天子之名，万众所仰，不是轻易能挟制的。但曹操成功地挟制了天子，关键是他成功地驾驭了智囊团，使天下英杰不为朝廷出力，而成为曹氏家奴。

曹操的驾驭之术，也可以总括为五点。

其一，用人之长。袁绍能聚人而不能用人，他只是为了名誉，把人才做摆设，"故士之寡能好言者多归之"；曹操聚人是要用人之长，"故天下忠正效实之士咸愿为用"。曹操明确提出，"治平尚德行，有事赏功能"，不拘一格用人才，并能兼容并蓄。陈群持正，郭嘉不治行检，曹操对两人都喜欢。

其二，诱以官禄。建安十二年（公元207年）曹操大封功臣二十余人为列侯，同时又下分租令与诸将掾属及死事之孤，用以酬答众人之劳。公元208年，曹操南下荆州，论荆州服从之功，对投靠者封侯十五人。

贾诩画像

功勋卓著的智囊，受封后还不断增邑。如荀彧，公元203年封万岁亭侯，207年增邑千户，合二千户；荀攸，公元202年封陵树亭侯，207年增邑四百户，合七百户；郭嘉，公元205年封洧阳亭侯，207年增邑八百户，合千户。增邑之外，还不断下令表彰。但曹操并不滥赏，史称曹操赏罚分明。

其三，笼以权术。曹操具有雄略之主的气质，既有忍人之量，又有残贼之行。魏种在吕布袭击兖州之变中有背叛行为，投了袁绍，后被曹操活捉，曹操惜其才，委任为河内太守。曹操宥释陈琳，宽待张绣，焚烧士大夫与袁绍交通的密信，表现了他容人的政治家风度。曹操待人接物不拘小节，"每与人谈论，戏弄言诵，尽无所隐"。许攸来降，光着脚出迎。用今天的话说，就是平易近人，没有架子。不过这都是表面现象。曹操的哲学是"宁我负人，毋人负我"。陈寿评他"矫情任算"，即装做友善，工于心计。他想要杀的人，必定想办法惩治。《赵俨传》裴注引《魏略》载，曹操派人搜查袁绍的秘书房，发现阳安令李通没有与袁绍交接，并断定这是赵俨劝说李通的结果。这一条记载说明曹操在当众烧书前，早已录了黑名单。崔琰之死，毛玠之叹，都有人告密，说明曹操组织有特务网，暗中监视百僚。曹操又用联姻的方式笼络智士，如以女安阳公主妻荀彧子荀恽。荀彧立了大功，又是儿女亲家，仅仅表示了对曹操称魏公的一点点不满，曹操立即逼迫其自杀，毫不手软。

其四，辟为掾属。此谋出于郭嘉。《郭嘉传》裴注引《傅子》曰："河北既平，太祖多辟召青、冀、幽、并知名之士，渐臣使之，以为省事掾属。皆嘉之谋也。"郭嘉未进言之前，曹操早就役使人才为掾属，郭嘉进言后，加快了进程。智囊既为曹操掾属，则有主仆之分，他们不知有国家，但知有曹操。掾属无定员，曹操又无限加以扩大，故队伍庞大。曹操掾属有四个系统。第一，曹操为司空、丞相，开府治事，也就是机关行政掾属。丞相府有长史、司直、主簿、东西曹掾、仓曹掾等。第二，曹操征伐四方，建立了庞大的军谋掾、参军事等。第三，文学掾、记室，相当于秘书处。第四，曹丕为五官中郎将，魏国既建，立有太子，也开府置掾属，可称为太子系统。此外，曹操领冀州牧，又有州牧系统的从吏。曹操的掾属是留给太子的政治遗产，所以父子掾属系统有很大的交叉。例如司马懿，曹操辟为丞相文学掾，转主簿，令与太子游处为舍人，以便"渐臣使之"。《三国志》及裴注各传所载曹操可考的掾属系统包括：行政掾属四十四人，军事掾属三十四人，文学书记掾属八人，太子系统掾属五人，其他掾属二人，总计九十三人。这只是史籍所载可考者的数目，但远远不是全部，史籍未载的掾属更不在少数。曹操智囊团中只有两人为汉官。一是荀彧，二是田畴。荀彧为侍中，守尚书令，因其声望高，曹操没有迫使其为掾属；田畴誓死辞封，实际不愿为曹操掾属，拜议郎。

曹操掾属主仆既分，曹操认为可靠可委以方面的，或外放宰州郡，或召入为公卿，把持汉朝政权，置汉献帝为傀儡。公元213年，魏国既建，曹操一大批掾属名正言顺转为魏国百官：相国钟繇，御史大夫陈群，相国长史蒋济，卫尉程昱，郎中令袁涣，中尉杨俊，将作大匠董昭，吏部郎卢毓，虎贲郎桓阶，黄门郎刘广，尚书令荀攸，尚书仆射凉茂，尚书崔琰、毛玠、常林、徐奕、何夔、张既、徐邈，侍中刘晔、辛毗、王粲、杜袭、卫觊、和洽，太子舍人刘邵、司马懿等。

曹操通过广辟掾属和称公称王的手段，把丞相府和魏王府组建成魏国的模拟机构，并把它凌驾在宫廷和百官之上。曹操称魏王以后，出入警跸用天子礼。曹丕代汉，顺理成章，条件都已具备。

其五，威以刑杀。孔融以言论罪被灭族，这是杀鸡给猴看。曹操对掾属更是威猛相加。崔琰以腹诽罪被赐死，毛玠以牢骚而下狱。曹操对掾属动辄加杖。何夔"常蓄毒药，誓死无辱"，才幸免于杖。

总的来说，曹操驾驭智囊团的手段，用今天的话来说，就是胡萝卜加大棒。集聚于曹魏的天下英才皆为曹氏家奴，凡表现了个人意志的就会遭杀戮。他们所建言的军国大计，曹操需要的才能说，不想听的不敢说。像程昱这样的老臣，也是战战兢兢，闭门谢客。满朝智士，都是绵羊，所以曹丕顺利地取代了汉朝，这是曹操的成功之处。但智士为奴，聪明才智就不能充分发挥，他们不敢谏诤。例如刘晔本有奇谋善计，还要察言观色提出，曹操、曹丕不采纳，他也不坚持。曹操智囊潜在的能量受到很大的抑制。不愿为奴的命世大才，如诸葛亮、法正、张松、周瑜、鲁肃等，不北走曹，而南奔蜀、吴，于是汉末人才三分，而成鼎立之形。曹操文武兼备而不能完成统一大业，在这个意义上，又是他的悲剧。

曹操的功过是非

汉献帝建安二十五年（公元220年）曹操病逝，享年六十六岁。当年曹丕篡汉，建立了魏国。

盖棺论定，如何评价曹操的功过是非，历来颇有争议。20世纪50年代中，由于郭沫若、翦伯赞两位重量级人物的发动，学术界掀起了一场替曹操翻案的运动。曹操是奸雄，还是英雄？曹操在戏剧舞台上应该是花脸，还是红脸，总要理出一个头绪来。这里提出本书笔者的看法，以供评说。

两重性人物　历史上有不少建树了丰功伟业的人物都具有两重性。秦始皇统一六国，暴虐无比。曹操统一北方，奸伪无比。这都是两重性。曹操的两重性，即正面，一代人杰；反面，一代奸雄。

如何评价历史人物，论定他的功过是非，按习惯的思维定式，是评说功大于过，还是过大于功。换算成百分比是三七开，还是四六分。但在人物评价的实践中，说功大于过，过没了；说过大于功，功没了。看来运用简单的三七开、四六分方法是不能很好地解决问题的，也无济于历史经验的总结。现在暂且采用一种简便办法，试可做一纵横比较。横的比较，是看他的时代性，他在自身所处的时代里，是否做了他人做不到的事；纵的比较，是看他的创造性，他所取得的功业，是否承先启后，在哪些方面超越了前人，流风余韵是否馨及后世。由此在历史函数的坐标上，对每个人的长短高下、功过是非，就能有一个清晰的脉络。以此方法来评价曹操，我们应当充分肯定他统一北方的功绩，比同时代的孙权、刘备成绩要大；同时我们应谴责他的奸险诈伪和残忍好杀。曹操正是由于他的奸险诈伪和残忍好杀，未能赢得天下归心，是汉末政治成为三分之局的因素之一。所以曹操是不能和汉高祖、光武帝相提并论的。三七开、四六分的方法，给普通人做人格鉴定，无可厚非。对历史人物的评价，特别是有重大贡献的双重性人物，是不能简单地分出一个好与坏就了结的。纵横比较，功是功，过是过，都说清楚，以及功和过是如何产生的，这才是科学的、公正的方法，也是有利于吸取历史经验和教训的。

曹操之功 毋庸置疑，曹操是三国时代第一号英雄人物。具体说，他的政治生涯可分为青年、中年、晚年三个阶段。

公元175年至公元189年，曹操二十至三十五岁的十五年为第一阶段。此时是曹操建立功名，欲作汉家忠臣，拼命厕身于世家大族行列的青年时期。

公元190年至公元209年，曹操三十六至五十五岁的二十年为第二阶段。这是曹操大有作为的中年时期，在军阀混战中统一了北方，对历史作出了重大贡献。

公元210年至公元220年，曹操五十六至六十六岁最后整十年为第三阶段。曹操赤壁败还，眼见统一无望，于是一步步逼向帝宫，步入他的晚年。

曹操的一生，是军事家、政治家、文学家的一生。曹操文武兼备，他比所有的对手都要谋胜一筹，毋庸置疑是三国时代最顶尖的英雄人物。

曹操生于战乱之世，一生主要在战场上度过。他亲自参加过大小近五十次战役，征战足迹遍及大半个中国。他很会用兵打仗，"行军用师，大较依孙、吴之法。而因事设奇，谲敌制胜，变化如神"。在战争中，他不仅能充分发挥自己的军事才干，还善于采纳众人之谋，正确分析敌我形势，制定战略战术，变被动为主动，以弱胜强，取得了官渡之战、柳城之战、渭南之战等许多战役的胜利，不愧为我国历史上的杰出军事家。

曹操注重研究古代兵法，学习古人的战争经验。整理注释了《孙子》十三篇。他写了大量军事著作，"自作兵书十余万言"，对古代军事理论作出了贡献。可惜他的兵书亡佚殆尽。

在从政和征战过程中，曹操抑制豪强，移风易俗，澄清吏治，革除弊政，推行了一系列有益于社会的措施，不失为我国封建社会一位杰出的政治家。特别是在用人上，他大胆革新，一反东汉重名节的原则，主张"唯才是举"。他三次下令求贤，提出"举贤勿拘品行"，"取士勿废偏短"，即使是"不仁"、"不孝"，但有治国用兵之术的人，都应当加以起用。有的人出身微贱，或者"负污辱之名，见笑之行"，但只要有才，他就予以提拔用其所长。曹操"拔于禁、乐进于行阵之间，取张辽、徐晃于亡虏之内，皆佐命立功，列为名将；其余拔出细微，登为牧守者，不可胜数"。因而吸引了一大批智士猛将，成就了统一北方的大业。

曹操"外定武功，内兴文学"（《三国志·荀彧传》注引《彧别传》）。他"登高必赋"，开一代诗风，是我国历史上著名的诗人。

作为寒族豪强地主的曹操，有一般世族地主所不及的长处。他不信天命，具有革新的思想。他知人善任，使得大批的谋臣武将都归附于他。曹操以刑杀为威，又诱之以官禄，不惜重赏，"故天下忠正效实之士咸愿为用"。曹操手下谋臣如雨，猛将如云。世族地主多谋士，寒族地主多武将，曹操兼收并用。曹操还善于察纳雅言，不断改正自己的过失。曹操采纳了荀彧之计，迎献帝都许昌。又采纳了枣祗、韩浩的建议，始兴屯田，着手恢复经济。曹操平河北，先后发布了减收田租令，整齐风俗令，大封功臣令，这对于巩固和稳定北方的社会秩序具有积极的意义。

概略地说，曹操的成功之路，即他的过人之处，有以下几个方面：其一，审时度势，谋胜一筹；其二，知人善任，人才云集；其三，赏罚分明，人乐为用；其四，察纳雅言，从善如流；其五，迎献帝都许昌，号令天下；其六，屯田积粮，恢复经济。

曹操之过 曹操既是英雄，又是权奸。作为英雄，曹操文武兼备，统一北方，奠定了魏国的基业，对历史作出了贡献。作为权奸，曹操抓住政权不放，残忍暴虐，滥杀无辜，犯了许多错误。曹操用兵，屠了许多城邑，他颁布"围而后降者杀无赦"，就是一条反动军令，使许多无辜士民死于非命。曹操东征陶谦，最为残暴，也遭到了现世报，差一点成了吕布的刀下之鬼。

曹操"挟天子以令诸侯"，把皇帝当傀儡，不能不遭到刘氏皇室势力的反抗，但每一次反抗都被他毫不留情地镇压下去了。国舅董承等人受献帝衣带密诏，诛杀曹操。曹操发觉后，杀董承等人，并"夷三族"。董承之女为皇妃,有身孕,献帝再三请求免死,结果也遭残杀。伏皇后"与父完书,言曹操残逼(董妃)之状,令密图之"(《资治通鉴》卷六十七)。后来事情败露,伏皇后及所生二皇子均被处死,并累及兄弟宗族一百多人被杀。

曹操不听谋臣劝谏,冒险发动赤壁之战,葬送了统一天下的大好形势,这是曹操所犯过失中最大的过错。曹操冒进赤壁,想一鼓作气下江南,建立盖世之功,实现他的帝王梦,正是这一不可告人的私心,自个锁住了英雄的脚步。曹操晚年,尽管他仍鞍马征劳,但已失去了吞天下的锐气。他西并关陇尚可称述外,其他征战无功绩可言。曹操得汉中而不敢入川,他多次南征,只是临江而止。秦岭、长江锁住了曹操的脚步,使得英雄无所用其武。一方面是孙、刘已经壮大,地形地利也起了作用,这是客观条件。另一方面,曹操主要精力放在逼宫上,他无暇顾及统一天下,只好限于统一北方而全力完成篡汉的准备,含恨而做周文王,扮演了权奸的角色,这是主观因素。于是曹操恰如时人所评,以"治世之能臣,乱世之奸雄"而垂名汗青。

反面教员,自我写就 历史选择曹操做反面教员,是曹操自己书写的历史,作为一代奸雄的曹操,奸险诈伪之术登峰造极。曹操之奸,是指他"挟天子以令诸侯",史称他"托名汉相,其实汉贼"。曹操之"险",是指他心性险恶,翻脸不认人,如杀吕伯奢一家,逼死荀彧之类。曹操之"诈",是指他巧设机关,害人之命,饰己之伪,如割发代首,借仓官人头,棒杀宠姬等。曹操之"伪",是指他说得是一套,做得又是另一套,如下《明志令》试探并掩其代汉之奸心。曹操的奸险诈伪,独步当时,空前绝后,所以民间传说、戏剧小说选中曹操做反面教员,是由他自己写定,怨不得人。曹操奸险诈伪的典型事例,略述几桩,以供评说。荀彧替曹操出谋献策,共事二十余年,亲密无间。荀彧为智囊团领袖,经常与曹操一起谈论治乱之道。荀彧不仅在曹操微弱时投归,竭诚相辅,屡出奇计度过危难,而且还给曹操引荐了一大批人才。钟繇比荀彧为颜渊,司马懿推重荀彧是几百年才出现的奇才。曹操也十分倚重荀彧,两人结为儿女亲家。如此特殊关系,只因荀彧对曹操的篡汉行为表示了一点不满,曹操就毫不迟疑地逼死荀彧。

关于荀彧之死,由于事情隐秘,所以史料记载有许多歧异。《三国志》荀彧本传载,公元212年,曹操讽喻董昭等建言应该给曹操晋爵为魏公,加九锡。荀彧表示了不同意见,对董昭说:"曹公原来起兵的目的,是为了辅助朝廷、安定国家,对朝廷怀有忠贞不贰的诚心。君子爱人以德,我们不应当这么做。"这表明了荀彧的拥汉观点,仅仅是一种思想倾向,并无反对的行动,而曹操就"由是心不能平",遂起杀心。第二年,曹操借出征孙权之机,让荀彧参丞相军事,上表请他出都劳军,实际把荀彧置于下属。以往曹操出征,荀彧留守许都,这次意外使荀彧怀着不安的心情出都。荀彧到了寿春,曹操又不让他到前线濡须去劳军。荀彧恐慌,不知所措,忧郁而死。裴注引《魏氏春秋》则说,曹操赠送点心给荀彧,打开一看是空的,示意一场空,荀彧吞药自杀。裴注引《献帝春秋》曾记载了当时的民间传说。据说伏皇后与其父伏完书信中,指责曹操杀董承,要伏完除掉曹操。荀彧知情不举,后事败露,曹操深恨之,就命荀彧去杀伏皇后,不从,于是自杀。这些说法有一个共同点,就是荀彧死得突然,内情隐秘。荀彧死年才五十岁,正当年富力强之时,怎会突然死去?无论是忧郁而死,还是吞药自杀,荀彧被曹操逼死是事实,这算是曹操比较客气的杀人方法。

曹操"挟天子以令诸侯"长达二十四年,献帝"自都许以来,守位而已,左右侍卫莫非曹氏之人"。国舅董承等人受献帝衣带密诏,诛杀曹操。事情败露,曹操杀董承等,"夷灭三族",这尚可理解。董承女为皇妃,有身孕,献帝再三求情,曹操仍逼索诛杀,实为残忍。伏皇后目不忍睹,写信给她父亲屯骑校尉伏完,揭露了曹操"奸逼之状,令密图之"。事情过了十多年,伏完也早死,而曹操居然诛杀伏完宗族数百人,派华歆入宫从夹墙中搜出伏皇后诛杀。像董妃、伏皇后,即使有过,废黜而已,杀之已属过分,而罪及宗族数百人,如此暴虐,除董卓外,非曹操莫能为也。

公元210年十二月,曹操颁布《明志令》是他奸伪艺术的绝妙表现。《明志令》字面表明心迹,忠于汉室,实际上是以一纸试探逼宫而又掩其奸心的宣言。"设使国家无有孤,不知当几人称帝,几人称王",非人臣所宜言。曹操言此,已无人臣之心。用通俗语言说,这叫火力侦察。曹操自称《明志令》是效周公《金縢》之作。但周公《金縢》是誓诸鬼神,而曹操却要宣示天下,"此地无银三百两"。曹操让还三县,而条件是授三子为侯。曹操不但不"委捐所典兵众",还要扩大外援为万安计。《明志令》发布不久,就在公元211年春正月以世子曹丕为五官中郎将,置官属为副丞相。接着又封诸子为侯。公元212年冬,使董昭建言尊立自己为"魏公",并割据冀州为王国封邑。公元216年曹操晋爵魏王，车舆服饰用天子排场。对待汉献帝，用重兵监守，各种粗暴态度，无所不用其极。这一切都暴露了曹操的"不逊之志"。

曹操酷虐变诈，"宁我负人，毋人负我"的哲学，不只是表现在杀吕伯奢一件事上。《曹瞒传》记载，一次曹操行军，行经麦田，下令，"士卒不要践踏麦田，犯者死罪"。骑兵一个个下马，小心地走过麦田，曹操故意把自己的马腾入麦田，并让军法官治罪。军法官说，按《春秋》大义，主帅不能治罪。曹操说："我制定的法令而自己却犯了令，怎么能统帅部下？但我为全军主帅又不能死，请求自我责罚。"曹操割下自己的头发代替砍头。如果说这是为了严肃军令而巧为设计的良苦用心，那么借仓官人头就不能不算是残虐。有一次战斗，粮食告乏，曹操找来粮官，让他想办法。粮官说用小斗量米，曹操称赞说"好"。军士不满，发出怨言，曹操又找来粮官说："借你的人头用一下，不然众心不服。"曹操杀了粮官，发出布告，说："粮官偷粮，用小斗量米，现在正法。"这样的事例，不只一端。

无锡三国城风景一角

曹操睡午觉，害怕有人暗算他，他叫来宠姬，对她说："过一会叫醒我。"宠姬见曹操睡得很安详，没有叫他，曹操醒来，把宠姬活活打死，用以树立威严。

曹操还为了一点小事，记恨心头，杀人族家，如杀袁忠、桓邵就是例证。袁忠为沛相，曹操犯法，袁忠打算治罪。桓邵看不起曹操。后来曹操发迹，袁、桓二人远逃交州，曹操派使通过吴国太守士燮引渡，族灭两家。桓邵当众求饶，叩头请罪，曹操还奚落说："叩头能替死吗？"性残如此。

当然，作为创业者的曹操，不能以个人品性的奸险诈伪来否定他的历史功绩，反过来，也不能以功掩过。既然曹操是一个两重性人物，文艺再现，以其所需，可以各取一面。而历史评价则是将其功过是非及其原因说清楚，不存在翻案问题。曹操奸险诈伪，独步当时，因而，他给后世留下了骂名，注定了他是一个反面教员，原是翻不得案的。

曹操个人小档案

姓：曹操　　　　　　　　　出生：汉桓帝永寿元年（公元155年）

属相：羊　　　　　　　　　卒年：汉献帝建安二十五年（公元220年）

享年：六十六岁　　　　　　谥号：武王

庙号：太祖　　　　　　　　陵寝：高陵

父亲：曹嵩　　　　　　　　母亲：史失载

初婚：元配丁夫人　　　　　配偶：十三人，皇后卞氏，文帝母

子女：二十五子，女，史失载　继位人：曹丕

最得意：挟天子以令诸侯　　最失意：恨曹植不武，未能继位

最不幸：父亲曹嵩遭贼杀　　最痛心：赤壁战败

最擅长：权奸

第四章　魏文帝曹丕

魏文帝曹丕，字子桓，是武帝曹操的太子。东汉灵帝中平四年（公元187年）冬，生于谯县。东汉献帝建安十六年（公元211年），被任命为五官中郎将，为丞相曹操的副手。建安二十二年（公元217年），被立为王太子。建安二十五年（公元220年），太祖曹操去世，曹丕继位为丞相、魏王，改建安二十五年为延康元年。曹丕受禅称帝后，改元为魏黄初元年。

争位太子

曹操有二十五个儿子，长子曹昂，字子修，刘夫人所生。曹昂年二十举孝廉，随曹操四方争伐。建安二年，公元192年正月，曹操南征张绣，曹昂死于军中。曹丕次子，卞夫人所生。曹昂死后，曹丕成了长子。卞夫了虽出身倡家，生性俭约，不尚华丽，慈爱善良，得到曹操宠爱。刘夫人早死，丁夫人母养曹昂。曹昂死后，丁夫人痛哭无节，回到娘家。卞夫人被曹操纳为正室，曹丕成了嫡长子。曹丕称帝后，追尊曹操为武帝，尊母卞氏为皇太后。

卞太后，生养了四个儿子，长子曹丕、次子曹彰、三子曹植、四

曹丕画像

子曹熊。曹植与曹丕为同胞兄弟。曹操文武兼备，是著名的诗人。曹丕、曹植也擅长文学，与其父曹操并称"三曹"，指的是父子三人在文学上齐名，是建安时期的代表作家。曹植思维敏捷，他的诗文最为有名，为三曹之冠，也是建安时期最负盛名的作家，《诗品》称他为"建安之杰"，因此，曹操非常喜爱他。

曹植喜欢读书，十多岁的时候就诵读了诗歌、论文和辞赋几十万字，而且能下笔成文，写得很好。曹操感到惊奇，怀疑曹植请人代笔，不相信他十几岁就写出好文章。曹植对曹操说："我能口占成文，请当面考试。"当时邺城铜爵台刚刚落成，曹操把儿子们都召集到台上参观，命他们各自作赋。曹植提笔，一气呵成，非常漂亮，曹操称奇，从此，更加宠爱。

曹操立嗣，曹丕是太子，按宗法是当然的嗣子。建安十六年，公元211年，曹丕为五官中郎将，副丞相，嗣子之位已经确立。这时曹植名声大起，年二十岁，封平原侯，曹操宠爱有加，论私情，曹操更喜欢曹植。于是曹植产生了夺嫡的野心。兄弟二人，暗中斗争，各自树党。丁仪、丁廙、杨修等人为曹植羽翼。杨修任丞相主簿，在曹操身边，与曹植暗通信息，出谋划策。曹丕结纳吴质、贾诩等人为谋主。贾诩说服张绣投曹操，深得曹操尊重，表请贾诩为执金吾，留参司空军事，也是身边的谋士。曹丕、曹植两党势均力敌。杨修、贾诩都是智能之士，曹丕、曹植都是优秀的儿子，伤了哪一个曹操都舍不得，犹疑不决，下不了决心。

曹植恃才傲物，少有心计，凭着性子做事，不会韬晦，加上好饮酒的缺点，被曹丕利用。曹植曾经乘车开司马门出，行走在专供皇帝行走的驰道中，这是犯禁行为。曹操大怒，杀了公车令，并由这事件引发颁布了严厉的科禁，曹操开始疏远曹植。建安二十四年，公元219年，曹仁在襄樊被关羽围困。曹操任命曹植为南中郎将，代理征虏将军，领兵去救援曹仁。这是给曹植立功的一个信号，曹操还特地嘱托了曹植一番。曹植大大咧咧，没放在心上。曹丕闻听消息，特地来向曹植送行劝酒，把曹植灌醉，不省人事，无法与军队一起行动，曹操只好亲自带兵出征。这件事让曹操伤透了心，认为曹植不堪任嘱大事，于是不废太子曹丕。

与曹植行事相反，曹丕很有心计，注重仪表，善于伪装谦虚和善，不但在父母面前表现谦恭，而且对待宫女奴仆也很有礼貌，宫中的人都替曹丕说好话。曹丕又向贾诩请教自保之术，贾诩说："你每天勤恳认真办好政务，空下来就读书，约束自己，孝顺父母，当一个好儿子，这就够了。"曹丕心领神会，认真实行，逐渐给曹操留下了持重的印象。

曹操立嫡之事，曾征求贾诩的意见，贾诩故意不回答，做出沉思的样子。曹操连问了几次，贾诩装作没有听见。曹操急了，说："我对你讲话不回答，为什么？"贾诩说："我正在想事情，考虑怎么样回答你，所以不及时。"曹操说："你在想什么事，这样专注。"贾诩说："我在想袁绍和刘表，不知为什么他们那样疼爱小儿子。"曹操明白了贾诩的意思，哈哈大笑说："我拿定主意了。"袁绍、刘表偏爱小儿子，废嫡立庶，亡了身家，前车之鉴就在眼前，岂可重蹈覆辙，于是再也不提废太子的事了。

曹植谋士杨修与贾诩处事也不同，他卖弄聪明与曹操争高低。建安二十四年，曹操进兵汉中与刘备相争，吃了败仗，传下军令"鸡肋"，众人不解，杨修立即打点行装，准备启程。他对众人说，"鸡肋"的意思是"食之无益，弃之有味"，就是要撤离汉中的意思。话音未落，果然曹操传下撤离的命令。事后，杨修的话传到曹操耳中，曹操很不高兴。这样的事，杨修多次猜中，并泄露出去，于是曹操动了杀机。

曹操时常出些问题考核曹丕、曹植，看哪一个能干。杨修透露题目，又备下多种答案给曹植，曹植每每回答得天衣无缝，引起了曹操的怀疑。曹操又出了一个难题来考验两个儿子，也考验杨修。曹操让曹丕、曹植从不同的洛阳城门出城，暗中事先告诫守门人阻挡曹丕、曹植出门，观察两人办事的权宜能力。曹丕受到阻拦，没有出城回了宫。曹植听了杨修的主意，杀了阻挡的守门人出了城。曹操认为曹植没有这样的决断能力，知道是杨修所教。曹操担心，他死后两子争位，杨修难以控制，就找借口杀了杨修，让曹植回到自己的封邑上去。

曹丕即位，怀恨曹植，立即诛杀了丁仪、丁廙，又指使人诬告曹植醉酒，辱骂使者，蔑视朝廷。当时曹植任临淄侯。曹丕宣召曹植入京治罪。曹植害怕，把随从留在后面，自己只带了两三个贴身警卫，穿便衣先行入朝，托姐姐清河长公主去向曹丕求情。皇太后得知，对着曹丕当面哭泣，不允许皇帝杀害曹植。这时曹植效法汉朝梁孝王向汉景帝请罪的故事，光着头、赤着脚，背上刑具到宫门请罪，给曹丕一个台阶下，皇太后和曹丕都很高兴。但曹丕见了曹植仍然面无表情，非常严肃，也不发话让曹植戴上帽子。曹植伏地哭求，皇太后很不高兴。曹丕这才发话赦免曹植的罪过，要他在七步之内写出一首诗，写不出仍然要治罪。曹植出口成章，作诗云："煮豆持作羹，漉菽以为汁。萁在釜下燃，豆在釜中泣。本是同根生，相煎何太急？"这就是历史上流传的七步诗。曹丕有所感悟，为了皇太后，赦了曹植的死罪，贬爵为安乡侯。并下诏书说："曹植是我的同母弟弟。朕对于天下苍生都能宽容，何况亲弟弟呢！至亲骨肉，免了死罪，降爵临淄侯改封为安乡侯。"至此，曹丕与曹植的太子之争画上了句号。事后曹植多次上书魏文帝痛陈过失，曹丕嘉奖，兄弟和好。曹丕多次改封曹植，最后封为陈王。曹植死后谥号思王，史称陈思王。

受禅建魏

延康元年，公元220年，二月十六日壬戌，魏王曹丕任命太中大夫贾诩为魏国太尉，御史大夫华歆为魏国的相国，大理王朗为魏国的御史大夫，又在魏国设置散骑常侍、散骑侍郎各四人。曹丕的这次人事调整，为他禅代汉朝预设新朝政府打好了班底。

早在东汉灵帝熹平五年，公元176年，在曹丕的生地谯县出现了黄龙。

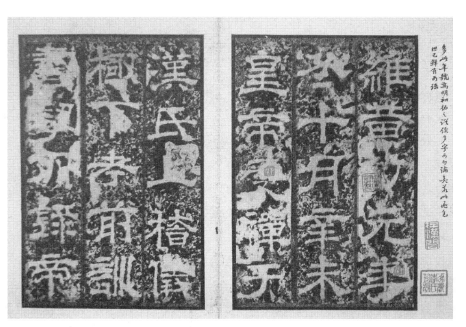

三国魏《受禅表碑》

光禄大夫桥玄问太史令单飏说:"这是什么征兆?"单飏回答说:"这个地方以后会有帝王兴起。不到五十年,黄龙将在谯县再次出现。"内黄人殷登默默记住了单飏的话。过了四十五年,殷登仍健在。延康元年三月,黄龙果真再次在谯县出现,殷登说:"单飏的话,大概要应验了。"曹丕代汉的形势十分明显,因此各种流言四起。

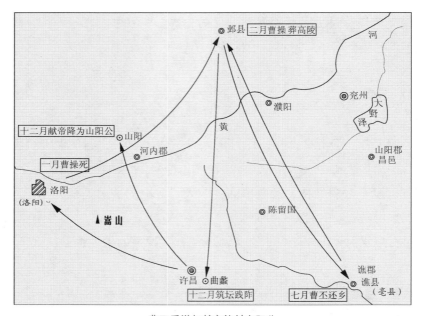

曹丕受禅与献帝徙封山阳公

六月初七日辛亥,魏王曹丕借口南征孙权,在邺城东郊集结军队。二十六日庚午,魏王曹丕率领大军南征。七月初六日庚辰,曹丕在行军途中下达指令,要求各级官员广泛提出改善政治的建议,并给他个人的过失提出规谏。要求将领提出严肃军纪的法规,朝廷士大夫要阐明政治制度,州牧郡守要报告行政事务,议论政事的顾问要依据儒家六经考求治国之道。魏王曹丕表示会广泛听取意见,阅读奏章,摆出一副开明的姿态。

七月二十日甲午,曹丕率领大军到达出生地谯县,驻屯在县城东面,大摆宴席犒劳军队和谯县父老乡亲。八月,石邑县报告说有凤凰飞来聚集。

冬十月初四日丙午,曹丕率领大军到达许都东南的曲蠡。汉献帝看到大军压境,满朝文武都心归魏王,就召集公卿百官到高祖的神庙祭祀,并报告自己决定禅位给魏王。然后派遣御史大夫张音,手持节把皇帝玉玺呈送给魏王,并下达了禅让诏书,称赞曹氏父子的功业,说汉祚已尽,将效法唐尧、虞舜禅位给魏王。曹丕于是建筑了一座举行受禅仪式的土坛。十月二十八日庚午,魏王曹丕登坛就皇帝位,百官在旁边陪同。仪式的各个事项结束之后,皇帝下坛,观看燎祭的火焰,完成了最后的仪礼回宫。宣布改年号为黄初,大赦天下。

曹丕受禅台

魏文帝黄初元年十一月初一日癸酉,以河内郡山阳县一万户供养汉献帝,称为山阳公。魏国优礼山阳公,可以依旧使用汉朝的历法,还可以使用天子的礼仪举行郊祭,向魏帝上书不必称臣,还能够参加京城的宗庙祭祀活动。山阳公的四个儿子都封为列侯。魏青龙二年(公元234年)山阳公薨,得以善终。

黄初元年十二月,魏文帝下令营建洛阳宫。十二月十七日戊午,魏文帝曹丕巡幸洛阳宫,从许昌迁都洛阳。

汉献帝墓遗址

兵临大江

曹丕受禅建魏,得益于吴蜀同盟破裂,曹氏渔翁得利。建安二十四年(公元219年),关羽北伐威震荆襄,孙权在合肥受挫,感到西强东弱,掉头与曹操联手,偷袭荆州,杀了关羽,吴蜀交恶,曹丕趁此篡汉称帝。孙权破坏同盟,心惊胆战。他为了抵御刘备复仇,避免两线作战,向曹魏称臣。

蜀汉章武元年,公元221年,刘备称帝倾巢伐吴,既在意料之中,又在意料之外。孙权一方在意料之中,君臣上下一心备战。并且孙权卑辞厚礼向曹魏称臣。曹魏一方,以曹丕为首在意料之外,没有做好应变准备,错失了联蜀灭吴的时机。

刘备称帝后,魏文帝曹丕召集群臣讨论当前形势,分析刘备会不会东征。大家都说:"蜀汉国小力弱,名将只有关羽,关羽败亡,全国震恐,没有力量再战。"只有侍中刘晔一人持相反意见,他说:"蜀国虽然弱小,但是刘备是在关羽死后称帝,他要显示武力,表示还有力量,一定会东伐。再说关羽与刘备,名义为君臣,而恩爱比父子还亲,关羽死亡如不兴兵报仇,那就等于是刘备对结义兄弟有始无终,这面子也过不去的。"刘晔说话有分寸,实际意思是说,刘备称帝,表明正统所在,他必然要讨伐叛逆,以表示有统一天下的力量。伐魏,力量不足;讨吴,自谓可胜,加之为关羽报仇,可以激扬士气。因之,蜀伐吴之战,即夷陵之战,不可避免。

魏文帝黄初二年(公元211年),七月,刘备东出。八月,孙权遣使称臣于曹魏,卑辞奉表章,并送于禁等还魏。群臣向曹丕称贺。又是刘晔独发异论,他说:"孙权无故求降,一定是内部有急事。他袭杀关羽,刘备一定大发兵讨伐,外有强敌,众心不安,又害怕我大魏趁机打击,所以割地求降。一是阻挡我大魏出兵;二是想借我大魏做声援,恐吓敌人罢了。现在天下三分,我大魏占有十分之八,吴蜀各保一州,阻山依水,有急相救,这是小国的利益。现在他们自相攻伐,是自取灭亡。我大魏应当发动大军渡江攻吴,蜀国攻击外部,我攻击腹心,吴国十天半月就要灭亡。吴亡蜀国就孤立了,即使割吴国一半土地给蜀国,蜀国也不能久存,何况蜀国只得一点边角,我得其腹心要地。"刘晔的建议是要魏国趁吴蜀相攻,战于荆州,魏国从淮南出击,直取建业,联蜀灭吴。由于曹丕事前没有心理准备,他只是一个中庸之才，满足于登基称帝，未采纳刘晔的谋划。

刘晔断定，刘备一定会大举伐吴，这在他意料之中，所以对全局有洞若观火的明晰，他的谋划极为卓越，也可以说是抓住了最后一次统一的时机。曹操虽为盖世之雄，由于吴蜀两国联合，有急相救，无法统一天下。现在吴蜀相残，正可以先灭其一，再灭其二，各个击破，曹丕按兵不动，大出刘备之意外。刘备东出，要分兵防魏，从而削弱了力量。

曹丕接受孙权称臣，坐观吴蜀相争，封孙权为吴王。同时向孙权施加压力，求索贡物，要孙权送质子。孙权接受吴王封号，以殊礼接待魏国使者邢贞。曹丕求索雀头香、大贝、明珠、象牙、犀角、玳瑁、孔雀、翡翠、斗鸭、长鸣鸡，孙权都一一进奉。东吴大臣都深以为耻，徐盛等涕泪横流，认为曹丕求索过甚，吴不应受封。孙权耐心说服大臣们，他以从前沛公接受项羽封汉王，终于灭了项羽建立汉朝为比喻，劝导群臣要审时度势，弯一下腰，有什么损害呢？又说，曹丕索要的贡品，"我把它看做是一堆瓦石，能安定国家，有什么可惜呢？"

曹丕派浩周使吴，向孙权征质子。曹丕封孙权长子孙登为万户侯，要孙登到洛阳为质。若答应征质，孙权就要受制于人；拒绝征质，又担心曹魏来攻，真是进退维谷。但孙权自有妙策，他在浩周面前假意感动得"流涕沾襟"，临别时又"指天为誓"，孙权托浩周在文帝曹丕跟前说好话，推说孙登年幼，不懂礼节，上书辞封，过两年等孙登长大了再送。孙权还说要宗室孙长绪伴送，派大臣张昭为傅，说得有鼻子有眼。孙权还托浩周做月下老，替孙登在曹魏宗室中找一个媳妇，孙曹两家要再次结为姻亲。孙权惟妙惟肖的表演，使得浩周信以为真，回到洛阳向文帝以满门百余口性命替孙权担保，说孙权真心归服曹魏。曹丕接二连三派使征质，孙权用各种理由拖延时间。黄初三年（公元222年）九月，曹丕遣侍中辛毗、尚书桓阶使吴征质。这一次曹丕遣使做先导，随后派出大军征吴。这时吴蜀夷陵之战已经结束，孙权采纳陆逊建议，没有追击刘备，及时收兵还吴，临江拒守，抵抗曹军。十月，孙权上书曹丕说，要求给一个改过的机会。曹丕回书说："孙登早上到了洛阳，当晚就召还魏兵。"孙权没有送质子，决心武力抵抗。

曹丕误认为因吴蜀交战，吴兵已经疲惫，他打算再一次坐收渔人之利，兴起三路大军伐吴，欲一举渡过长江，踏平孙吴。征东大将军曹休督张辽、臧霸出洞口，大将军曹仁出濡须，大将军曹真督张郃、徐晃围南郡。孙权也分兵三路迎敌。吕范率领徐盛、全琮拒曹休，朱桓坐镇濡须迎战曹仁，诸葛瑾、潘璋、杨粲等救南郡。曹休一路是曹军主力，魏文帝曹丕亲征坐镇广陵。

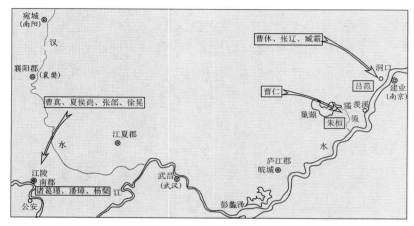

公元 222 年曹丕兴兵三路伐吴

吕范迎战曹休，率领水军渡江，欲扼守江北阵地。渡江中恰遭大风，许多舟船被吹翻，张辽乘势掩杀，吴军不利，损失了不少将士。徐盛收拾余兵退到南岸。曹休上表要乘胜渡过长江，曹丕派驿马传令禁止，十二月，文帝退兵，无功而返。另两路魏兵，不仅被吴兵逼退，而且曹真、徐晃进犯江陵，被潘璋打败，损失惨重。

魏文帝南伐之前曾问计贾诩。文帝说："朕要讨伐不听命令的人并一统天下，吴蜀两国，何者为先。"贾诩回答说："致力于攻城略地的人重视武力，致力于建设根本的人则崇尚道德教化。现在吴蜀两国虽小，但蜀国地势险要，诸葛亮又善于治国，很难攻取；吴国孙权懂政治，陆逊懂军事，又有长江之险，现在攻取还不是时候。臣认为当前最急的要务是休兵息民，恢复经济，与吴蜀相持，等到国家教化施行，实力增强，到那时再找机会讨伐二虏也不迟。"魏文帝临江，眼见实际才体会到贾诩建言先文后武的意义，认识到统一的条件还没成熟。黄初五年（公元 224 年），八月曹丕第二次耀兵长江，巡幸广陵；黄初六年（公元 225 年）十月，曹丕第三次大举南伐，率十万之众，三至广陵，临江观兵，赋诗记行，亦是知难而退。原来在曹丕进兵之前，徐盛向孙权建言在江南从建业起沿长江修筑防护墙，用草木扎成高篱栅,在防护墙上造假楼,长江中心游弋着水兵。孙吴众将领都认为沿江岸造防护假墙,白白地劳民伤财,没有实用。徐盛时为庐江太守,下流长江是他的统辖区,他不听众将的劝阻,坚持沿江岸建造了绵延几百里的假墙。魏文帝临江,看到浩浩的长江,瞭望江南岸宏伟的江防城墙,不禁愕然,长声叹息说:"江南有人才,不可轻视。"这时长江水涨,波涛汹涌,魏文帝又说:"魏虽有武骑千群,无所用也。"尽管徐盛造的沿江防护墙是假的,但它的恢宏气势足以震慑北方军士,表明江南有了准备。从此,魏文帝专力于内政,对吴蜀采取守势,不主动兴兵,采用防御疲敌的战略,消耗吴蜀,比拼国力恢复。因此,终在文帝之世,南北对峙,没有发生大战役。

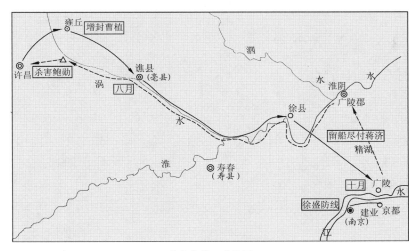

魏文帝第三次征吴

擅长文学

曹丕爱好文学,政务之余,专力从事著述,认为文章是经国之大事。他自己亲手编定的作品有一百多篇。现今流传下来的诗作有四十余篇,四言、五言、六言、七言、杂言都有。曹丕最著名的文学创作,是他的文论散文集《典论》一书,有二十余篇,可惜大多失传,留下来的只有《自叙》和《论文》两篇。

《论文》集中评论建安文学七子的成就,简明中肯,为不刊之论。

黄初七年（公元226年），文帝巡幸许都，三月十七日丁巳，卒于皇宫嘉福殿，享年四十岁。

汉魏洛阳城出土瓦当

曹丕个人小档案

姓名：曹丕　　　　　　　　　出生：汉灵帝中平四年（公元187年）

属相：兔　　　　　　　　　　卒年：魏文帝黄初七年（公元226年）

享年：四十岁　　　　　　　　谥号：文帝

庙号：高祖　　　　　　　　　陵寝：首阳陵

父亲：曹操　　　　　　　　　母亲：卞皇后

初婚：甄后　　　　　　　　　配偶：十四人，皇后甄氏，明帝母

子女：九子　　　　　　　　　继位人：曹叡

最得意：保住嗣子地位　　　　最失意：兵临大江，无功而返

最不幸：英年早逝　　　　　　最痛心：兄弟争位

最擅长：文学

第五章　魏明帝曹叡

魏明帝曹叡，字元仲，是文帝曹丕的太子。明帝天资聪颖，从小就受到太祖曹操的宠爱，经常带在身边陪伴自己。公元227年到公元339年，明帝在位。这一时期是三国鼎立三方争战最为活跃的时期，魏蜀吴三国都处在最鼎盛的阶段，吴蜀交好，联手北伐，曹魏陷入了两线作战之中。魏明帝西守东攻，瓦解了吴蜀的进攻，消耗了吴蜀的国力，为三分一统奠定了基础，不失为一代明主。可惜明帝在位日浅，只有十三年，由于英年早逝，没能作出更大的贡献。

母亲受谴险失太子位

明帝母亲是文帝曹丕的甄皇后，中山国无极县（今属河北）人。汉灵帝光和五年（公元182年）生。初袁绍第二子袁熙娶甄后为妻。献帝建安九年（公元204年）二月，曹操攻破冀州邺城，曹丕入袁氏后宫，见甄后长得非常漂亮，爱慕不已，曹操让曹丕娶她为妻。当时甄后二十三岁，长曹丕五岁，曹丕当年十八岁。少府孔融看不惯曹操父子的行为，写信给曹操挖苦说："周武王伐纣，把妲己赏赐给周公。"妲己是殷纣王的夫人，武王伐纣，纣王自焚，妲己上吊自杀，周武王取了妲己的人头示众。史书是这样记载的，没听说周武王把妲己赏赐给周公。由于孔融是大学问家，曹操没有意识到孔融写信是讽刺他们父子，还认为孔融读书多，有什么根据。

有一天，曹操认真地问孔融典故出在什么书上。孔融回答说："我是用当今发生的事，来推测古代的事，想当然的杜撰。"曹操遭到这顿抢白，怀恨孔融。建安十三年（公元208年），曹操南下荆州，担心孔融扰乱后方，找借口把孔融杀了。

曹丕是一个风流人物，年少娶娇妻，志得意满，十分宠爱甄后。甄后是一个非常善良和孝顺的人。甄后在家做小姑时，她的二哥死了，二嫂带着一个孤儿守寡。甄后母亲待儿媳非常严厉。甄后劝母亲说："二嫂孤单一人抚育孤儿，很不容易。希望母亲把儿媳妇当做亲生闺女一样。"母亲非常感动，就让甄后与二嫂做伴，两人情同姐妹。甄后对丈夫曹丕的母亲卞皇后非常孝顺。卞皇后身体不适，甄后茶饭不思，悲伤流涕，卞皇后康复，甄后高兴请安，得到卞皇后的夸奖，说："这真是一个好儿媳妇。"甄后对待

魏明帝画像

曹丕的众夫人很有礼仪，得到宠爱的，甄后劝她们好好珍惜；受到冷落的，甄后鼓励她们示好曹丕。自己不嫉妒，还时常替嫔妃们说好话。曹丕称帝，留住许昌，这时已是姬妾成群。汉献帝把两个女儿献给曹丕做妃子，得到宠爱。还有郭贵人、李贵人、阴贵人都受到宠爱。曹丕和他的父亲曹操一样，也是一个好色之徒，喜新厌旧。甄后留在邺城，两地悬隔，曹丕有了新欢，忘了旧人，没有按约期派人到邺城迎接甄后，甄后免不了有怨言。

曹魏邺城遗址

于是，打小报告的人添油加醋，说了许多甄后的坏话。加上郭贵人耳边吹风，曹丕大怒，在黄初二年（公元221年）六月，派人赐死甄后，立郭贵人为皇后。甄后死后，安葬在邺城。明帝即位后，追谥为文昭皇后。甄后生明帝和东乡公主，甄后死时，明帝已十九岁。曹丕命曹叡认郭皇后为养母，曹叡很不高兴，不听父命。曹丕也动了怒，打算立徐姬生的曹礼为太子。可是明帝聪慧，太祖曹操中意的孙子，曹丕一时下不了决心，迟迟不立太子。

好汉不吃眼前亏，明帝见自己的地位不保，只好认了郭皇后为养母。郭皇后不生育，为了自己皇后的地位，也真心把明帝当做自己的亲生。明帝早晚问安，时间久了，也建立起了母子感情。曹丕还要考验，仍然迟迟不立太子。黄初七年五月，曹丕病重，临死前才正式册立明帝为太子，当月曹丕病逝，明帝即位。

三国对峙各方战略

三国对峙，最激烈的战斗发生在魏明帝时期，蜀国有诸葛亮的六出祁山，吴国有孙权的三征合肥。三国对峙，各方战略，都为了本国的利益而形成了一套成熟的基本策略，演出了生动的活剧。吴蜀联手进攻，曹魏在两线作战中力争主动。魏明帝曹叡、蜀相诸葛亮、吴主孙权是这一时期的历史主角。

曹魏的防御战略　曹魏谋臣贾诩建言文帝曹丕，统一三分首要的条件是恢复经济，等待时机，基本国策是先文后武，建立相持战略的防御体系，以静制动，在相持中竞赛综合国力，竞赛经济恢复，拖垮吴蜀。防御战略的方针，就是在与吴蜀接邻的前沿地区，构筑纵深防线，点、线、面相结合，军力部署与经济恢复相结合。曹魏在防御中有进攻，基本方针是西守东攻，所以防御重点在东线。具体部署如下。

前沿重镇，进可攻，退可守，驻重兵防守，这是点的部署，有三大重镇，即南镇襄阳，西固祁山，东守合肥。祁山防蜀，襄阳、合肥两镇防吴。由于合肥直冲吴国心腹建业上流，又是重点中的重点，历来镇守为曹魏名将。

点、线、面的防御密切相连。曹魏把荆、扬、徐、豫四州划为一个联防的作战区，与吴国对抗。东西第一道防线，由西向东重镇为襄阳、江夏郡治安陆、西阳、合肥、居巢、广陵。襄阳南下攻吴江陵，安陆对吴夏口，合肥对吴皖城。西阳东西接应，居巢与合肥为犄角，直下吴国濡须口。夏口，即今湖北武汉，是吴江防之咽喉，濡须口在今安徽无为县南，是吴国江防之核心。曹魏第二道防线为南阳、豫州治所安城、扬州治所寿春。第二道防线与第一道防线构成三条南北纵深防线。由西向东，第一条为襄阳，向南阳、许昌纵深；第二条为江夏郡治安陆与豫州治所安城纵深；第三条为合肥与寿春纵深，徐州为后援。防区大，兵力厚，点线纵深，主次明确，名将守险，成为坚不可摧的防线。

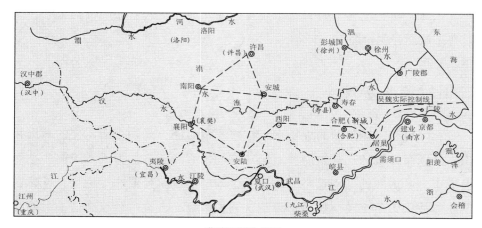

曹魏东线防务图

吴国战略，构筑江防体系　鉴于曹魏之强，吴国战略也是立足于防御，伺机进攻。所以吴魏相持时期的双方攻战，多数战役都是在长江防线上进行拉锯战，少数几次的深入作战，也如同足球场上的反击战术一样，抓住机会向前突进，机会丧失又立即收缩回到自己半场固守。曹魏固守襄阳与合肥，吴国固守长江。

长江，古称江水，三国时两名并称，中国古代的南北对峙，就靠长江天堑做屏障。中国古代军事家，在长江巨流上或攻或守，演出过不少威武雄壮的战争活剧，但成功地构建江防体系，取得最大成功的，无疑是孙权。三国鼎立，南北对峙半个多世纪，吴国的长江防御体系起了巨大的作用。

吴蜀通好后，吴国无西顾之忧，孙权称帝，从武昌移都建业，把防御重点放在下游。长江从鄱阳湖折而向北,然后又东向入海,于是在长江下游形成江东、江西的地界。建业在江东,淮南合肥在江西。曹魏占有淮南,以合肥为重镇,如同刺向孙吴腹心的一把尖刀。孙权要固有腹心,必须在江西建立一条护卫长江的江北防线。赤壁之战后,孙权全力经营江北防线。夺回荆州后,向西延伸到夷陵,形成整体长江防线。

孙吴的长江防线,西起三峡,东到长江口,东西绵延两千余里,有战船数千艘,水、陆兵近二十万。上游荆州督从三峡到夏口一段常备兵七八万,夏口以东,建业以西的中游地段,以江北防线为前沿护固长江,常备兵十万以上。建业以东,以京口为重镇。

吴国的江防体系是积极的防御,战略上以长江为依托,对曹魏的进攻取守势,立足于固防;战术上主动出击,顽强地在江北建立前沿阵地,伺机进攻。布防上,也是点、线、面密切配合,形成进可攻,退可守的坚固防线。

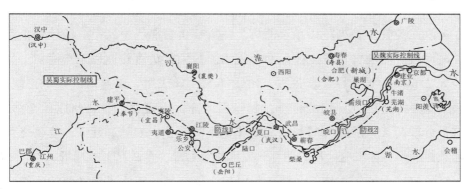

孙吴江防图

点,是指沿江的军事重镇。由西向东,在两千余里的长江两岸,大的军事重镇有十九座。江北七座,是建平(今四川巫山县)、夷陵(湖北宜昌)、江陵(湖北江陵)、蕲春(在今湖北蕲春西南长江北岸)、皖口(今安徽安庆)、皖城(今安徽潜山)、濡须口(今安徽无为东南)。江南十二座,是夷道(今湖北宜都)、乐乡(湖北松枝东北)、公安(湖北公安西北)、巴丘(今湖南岳阳)、陆口(湖北蒲圻)、夏口(湖北武汉)、武昌(湖北鄂县)、柴桑(今江西九江)、芜湖、牛诸(今安徽当涂北)、建业(江苏南京)、京口(江苏镇江)。沿江重镇三分之二在江南,这是自然的情势。最主要的重镇,江北为江陵,护长江中游,濡须口,护长江下游;江南为夏口、建业、京口。重兵设防的是江陵和濡须口,这也是曹魏南下进攻的两大目标,反之,是孙权北进的江北前沿基地。

皖口西北的皖城,既是孙权江北防线的陆上重镇,也是吴国北伐曹魏的前沿基地,庐江郡治所设此。皖城,西有蕲春,东有濡须,三点一线,是吴国防御曹魏淮南之敌的江北防线,与江南的武昌、柴桑、鄱阳、芜湖形成纵深。江防体系的纵深,江北基地具有举足轻重的战略地位。西起江陵,东到濡须,孙吴在江北推进,数十里乃至几百里,沿江形成一道护江的陆上军事带,这一纵深,有力地增强了江防系统的稳定性。曹魏南下,吴方首先在江北地面接战,容易洞察敌人意图,便于江上运动。有利则进,无利则退。也就是说,吴国的江防体系,江北陆战为第一线,江上水军为第二线。江南腹地,只是后勤支持。一旦长江被突破,江南就无法战守了。

为了协调千里防线,把诸多的点连接起来成为整体防线,孙权在重点设防的基础上,分段联防。负责某一段的将领,有权节制段内各点守备将士,或协调支持,或集中御敌。大体上,夷陵督,负责三峡段,为江陵督左翼。江陵督负责夷陵以东至蒲圻。蒲圻督负责蒲圻至武昌。濡须督负责江北防线。芜湖督负责建业以西至皖口。丹阳督负责建业以东至海口。如公元216年,贺齐拜安东将军,出镇江上,督扶州(建业西)以上至皖。公元219年,吕范拜建威将军,领丹阳太守,治建业,督扶州以下至海。这种分段防务,随着时间与战局变化,不断调整。如陆逊死后,诸葛恪代陆逊督荆州,孙权分武昌为两部,以吕岱督右部,自武昌上至蒲圻。

孙权建立的江防体系,挡住了曹魏南下江南,锁住了魏文帝的临江脚步,有力地维护了三国鼎立的局面,使孙吴政权屹立江南,促进了江南的开发。

蜀国战略,蚕食雍凉 诸葛亮出师的汉中基地是一个地形险要的盆地。这里物产丰富,交通四达,进可"蚕食雍、凉,广拓境土",退可"固守要害,为持久之计",是蜀汉的北大门。汉中在关中正南,中间横着一道秦岭。从汉中北出秦岭,兵下秦川可夺取关中,这是汉高祖因之以成帝业的出兵方向。从汉中西出经武兴(陕西略阳),向西北迂回祁山可断陇右。从汉中东出可直向宛、洛,或循汉水南下攻襄阳,或迂回武关取长安。但从汉中东出,被广袤的豫鄂山地所阻,道路险远,必须占领西城(陕西安康)、上庸(湖北竹山)、房陵(湖北房县)等汉水中上游的名城重镇作为前进的基地。蜀国丢失了荆州，又丧失了上庸，东出汉中的通道被阻塞，北伐取胜也就没有了可能。

从汉中北入关中，跨越秦岭，主要有三条谷道，由西向东为褒斜道、傥骆道、子午道。东道子午道最险远，有六百六十里的高山险谷。这条通道，南段叫午谷，北段叫子谷。子谷谷口在长安之南。所以子午道虽然险远，但可出其不意，直插长安。中道傥骆道最近，

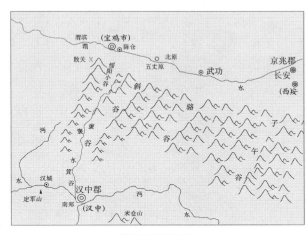

秦岭谷道交通图

谷长四百二十里。蜀军出中道，可陈兵武功，对长安的威胁也很大。西道褒斜道较为宽坦，有四百七十里的山谷。南段叫褒谷，谷起褒城，在汉中郡治南郑北面。北段叫斜谷，谷口在陕西眉县西南三十里。褒斜道中段有一条西出折而向北的支道叫箕谷，往北经散关即达陈仓。蜀军出褒斜道，前据雍眉，可屏断陇右。从总的地理形势来看，关中有八百里秦川，陈仓在川原之西，长安在川原之东，东西距离五百余里，回旋余地大；而汉中只是一个狭小的盆地，三条通道如车辐之聚于车毂。因此，由北向南攻，可诸道并出，居高临下会聚汉中，任何一条通道都无被截断之虞。曹魏的几次攻蜀都是诸道并进。反之，由汉中北伐，三条通道呈辐射状，诸道并进，出谷后因分散在秦川东西川原上不易集中，而且诸葛亮北伐的东道全线在魏

古栈道

境。因此，诸葛亮北出秦岭只能走中道或西道。公元228年正月，诸葛亮在汉中誓师，发动了第一次北伐。出征前，诸葛亮召开军事会议，讨论进兵策略。当时的汉中督、先锋大将魏延建议，自己领兵万人由子午谷直抵长安；诸葛亮率大军出斜谷，趋长安会师。这样可一举平定长安以西。魏延的依据是，曹魏长安守将夏侯楙是魏明帝之婿，胆怯而无谋。他率精兵五千，负粮兵五千，循子午谷十日可达长安，突然进攻，夏侯楙必然弃城而逃。曹魏发兵来争要二十天时间，诸葛亮大军也可赶到。但诸葛亮认为这样做有危险，决定稳扎稳打出陇右，先取凉州，次取关中。于是诸葛亮声东击西，扬言由斜谷取眉，而实际西出祁山，想一举夺取陇右。诸葛亮只派赵云、邓芝率领少量人马据守襃斜道中段的岔口箕谷，作为掩护大军的侧翼。此役由于马谡失街亭，蜀军败还。

诸葛亮不用魏延之策，表明蜀国战略，以弱抗强，不敢深入，而是蚕食雍凉，在边地打消耗战。蜀国丧失了仅有的一次出奇制胜的机会，此后的北伐也都劳而无功，蜀国疲困，加速了灭亡。

三方战略的得失 三国对峙，吴蜀夹攻曹魏。吴军争淮南，兵指合肥，蜀军蚕食雍凉，兵指祁山，东西悬隔数千里，起不到急迫的呼应作用。吴国控制荆州，不北出襄阳，蜀兵不直入关中，两国不靠拢作战，名为联盟，貌合神离，自私打算，战略失策，形成弱国与强国打消耗，蜀国最弱，疲困最甚。

曹魏的防御战略，始于文帝，收效于明帝。曹魏在沿边以逸待劳，消耗吴蜀。取得了极大的成功。曹魏在相持时期的几次南征，都旨在显示武力，试探进攻，或见好就收，或知难而退。公元222年，魏文帝曹丕怒孙权不入质子，发动三路大军征吴。公元224年、225年，曹丕又两次南征，魏文帝曹丕亲征坐镇广陵，实际是巡视江淮防线，耀武长江而已。公元230年，大司马曹真建言征蜀，九月，四路并出，众三十万。司马懿沿汉水向西城，张郃出子午谷，曹真出斜谷，郭淮出建威，时逢大雨绵延三十余日不止，魏明帝下诏退军。实际这也只是一次扬威的行动。

曹魏的防御战略，不是消极应战，而是积极备战。曹魏在广大防区之内大开屯田，广储资粮，训练士马。江淮防区第一线淮南置有重兵，因此在淮河两岸推广军屯。江淮防区第二线，以许昌、汝南一带为重点，推广民屯。在与蜀国接邻的关中槐里、陈仓，以及凉州的上邽等地，也广置屯田。曹魏的军事防御区,农业、水利都有较快的恢复。随着时间的推移,曹魏优势日益明显。到三国后期,曹魏常备兵员有五十万,吴蜀两国合并军力仅及曹魏之半。北方统一南方的形势不可逆转。

吴魏争淮南

三国对峙,主战场在东线,即魏吴对峙是三国鼎立的主线。而魏吴对峙的主战场却在淮南。淮南争夺,大战役都是围绕合肥而展开。孙权赤壁之战后在江淮抗曹,六次攻合肥不下,前三次是孙权与曹操的对抗,后三次是孙权在对峙时期的北进,尽管孙权拼尽全力,合肥仍牢牢地掌握在曹魏手中。孙权死后,诸葛恪辅政,倾全国之力发动淮南大战,仍不能得手。由此可见合肥在魏吴对峙中的战略地位。

这里只评说魏明帝时期孙权在公元230年、233年、234年的三围合肥。明帝时,曹魏的合肥守将是满宠。满宠是曹操在战阵中提拔的一位战将,他是继张辽之后扬威淮南的又一名将,孙吴将士,闻之丧胆。

满宠(公元174年—公元242年),字伯宁,山阳郡昌邑县(今山东金乡县西北)人。十八岁时,任高平县代理县长。高平县豪强张苞任郡督邮,贪污受贿,枉法乱政,满宠拍案而起,收审张苞,当天将其斩首,然后辞官离任。满宠在青年时期就干出了这等大事,表现了他的非凡才能。

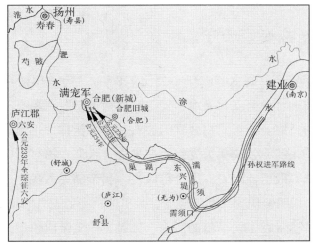

满宠守合肥,孙权三攻不下

明帝太和四年（公元230年），满宠任征东将军，镇守合肥。满宠巡视合肥旧城，见南临江湖，北远寿春，利于吴军进攻，不利魏军解围。公元230年，他在合肥旧城西三十里的险要地势上另筑新城。护军将军蒋济不同意，认为这是魏军无故自退，示人以弱。满宠认为示敌以弱，使敌骄堕，符合孙子兵法，并请示魏明帝，获得批准。同年孙权来攻新城，不克而还。公元233年，孙权派将军全琮征六安牵制魏军，并屏断豫州之敌东援，自率大军再攻合肥新城。这时新城已坚固，又离水较远，孙权逗留二十多天不敢下船。满宠料定孙权要撤军，在撤退前将"上岸耀兵、以示有余"，暗中伏步骑六千袭击吴军。孙权果然上岸，遭满宠伏兵突袭，伤亡数百退走。

公元234年，吴蜀联合大举攻魏，诸葛亮由斜谷北进关中，孙权在东边北上，东西相应。吴兵三路北进。西路陆逊、诸葛瑾向襄阳；东路孙韶、张承向广陵、淮阳；孙权自率中路军为主力，三围合肥新城。满宠招募壮士数十人，以松树枝为火把，灌上麻油，趁夜顺风点火烧了孙权的攻城器械，又射杀了孙权的侄儿孙泰。这时魏明帝曹叡亲征，未至寿春，孙权已退走。

公元235年八月，麦熟收割，满宠料定孙权江北军屯点的士兵出营割麦，可以乘虚偷袭。满宠派长史率领三军，摧破吴军江北屯田据点，焚烧麦场，得胜而还，魏明帝下诏嘉奖。

公元238年，满宠年老，征还朝廷为太尉。五年后，公元242年，满宠病卒，谥曰景侯。

魏明帝果断应变，西守东攻

明帝果断应变。魏太和二年（公元228年），蜀丞相诸葛亮率军大举北伐，关中震响，魏南安、天水、安定三郡叛魏归服诸葛亮。明帝果决地做出了有力的反应。他派大将曹真为关右各军总指挥，迅速集中优势兵力入关。左将军张郃率领骑兵为先锋快速推进。张郃在街亭打败蜀将先锋马谡，诸葛亮全军败退，南安三郡全部收复。明帝随军入关，坐镇长安，魏军士气大增。魏明帝快速果断的应变，大出诸葛亮的意外。曹魏孟达反叛，诸葛亮救援孟达落在了司马懿的后头，失去了一支策应自己的友军。诸葛亮过于谨慎，见事迟疑，这是一个例证。魏明帝决策入关中，当时他只有二十五岁。

青龙二年（公元234年），吴蜀大举联合攻魏，诸葛亮进兵关中，孙权亲统大军三路北伐。曹魏合肥守将满宠上书，要求从合肥撤退到寿春，以避吴军锋芒。明帝致信满宠，要满宠坚守合肥，他将亲征孙权，只怕大军未到，孙权就会撤走。魏明帝命司马懿抵御诸葛亮，派特使辛毗监军，严令司马懿坚壁不战，只是牵制蜀军。明帝还特地颁下诏书说："只需依据坚固的壁垒进行防守以挫折敌军锐气，使对方既前进

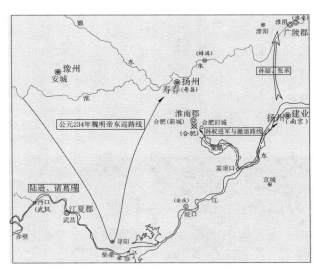

公元234年明帝东巡，孙权退走

不了，又无法和我军决战，等敌军停宿久了，耗尽军粮，只能撤走。趁其撤退，发动追击，以逸待劳，这是大获全胜的策略。"对于东线却不是这样。明帝集中优势兵力东出，御驾亲征。孙权闻讯，胆战心惊，果如明帝所料，不战退走。明帝打破吴蜀的联合进攻，高屋建瓴的决策，对全局形势的把握与发展的分析，超过了在第一线作战的名将。事实生动地体现了明帝果断地执行西守东攻战略所显示的威力。孙权退走，诸葛亮孤立无援，病逝于五丈原而罢兵。从此以后，吴蜀再没有大规模的联合行动。

西守东攻，打破吴蜀的联合进攻 所谓西守东攻，是指曹魏主力用于防吴，取进攻姿态，而用次要力量防御蜀国进攻，不进行主力决战。在统一步骤上是先灭吴，后灭蜀。蜀国小弱，构不成对曹魏的最大威胁，而又偏于西陲，地形险阻，易守难攻。吴国较为强大，与魏国正面相持，战线最长，吴国北进将伤及魏国腹心。所以曹魏的防御战略，西守东攻，先灭吴，后灭蜀，是必然之势。三国统一，实际进程先灭蜀，后灭吴，那是形势变化，顺势制宜的结果。

西守东攻的战略，始于魏武帝曹操汉中败还，经文帝、明帝两代逐渐

完善成为一项防御战略的基本国策。公元220年，吴蜀发生夷陵之战，侍中刘晔向魏文帝曹丕建言与蜀并力灭吴，明确地表明了曹魏谋臣先吴后蜀的战略步骤。魏明帝曹叡即位后，仍是重点防吴。公元229年，在诸葛亮兴师北伐的情况下，曹叡咨问司马懿："二虏宜讨，何者为先？"司马懿明确回答用水陆两路大举伐吴。曹叡完全赞同司马懿的意见，还把司马懿从防蜀的前线关中东调屯于宛以御吴。公元234年，吴蜀联兵攻魏，魏明帝曹叡御驾亲征孙吴，而敕令司马懿在关中不与蜀军接战，坚壁相持。这一战略符合当时形势，吴强蜀弱，吴近蜀远，吴虽有长江之险，不如蜀国崇山之固，所以攻击战略是先吴后蜀，防御重点在东线。

三国魏 砖画《牧马图》

公元227年，魏明帝新立，蜀相诸葛亮屯驻汉中，魏群臣纷纷上言要求发兵征讨。魏明帝咨问中书令孙资。孙资说："先前武皇帝兵争汉中，救出夏侯渊残部，多次说'南郑是一座天牢，去天牢途经五百里长的斜谷，这简直是一条石洞'，说的是蜀道艰险。武皇帝用兵如神，也知难而退。我们现在去讨伐诸葛亮，要用十五六万人，加上后勤转运，东方四州的防守，必定还要征发更多的人，造成天下动乱，耗费太多，这是要认真考虑的。进攻与防守，所需人力物力相差三倍。当今最好的战略就是分命大将，镇守险要，将士安睡，百姓无事，几年以后，国中力量日益增强，吴蜀两国必然衰败。"魏明帝深深赞许。公元230年，魏大将曹真固请伐蜀，明帝于是大举伐蜀，兵分四路，东路司马懿从宛城指向西城，西路雍州魏兵指向汉中阳平关，关中主力两路：东路张郃从子午谷进军，西路曹真从褒斜道进军。诸葛亮坐镇城固御敌，魏兵遇雨退回。此次伐蜀失利，明帝坚定地继续推行休兵息民的防御战略，养蓄国力。不久吴国鄱阳郡豪帅彭绮暴动，有众数万，请求曹魏接应。魏明帝再次咨询孙资，孙资说："彭绮举义江南，看起来响应的不少，实际上众弱寡谋，成不了大气候，我们还是以静观变为好。"魏明帝按兵不动，江南彭绮不久败亡。

三国对峙，吴蜀夹攻曹魏，但两国不靠拢作战，名为联盟，貌合神离，自私打算，战略失策，形成弱国与强国打消耗战。蜀国最弱，疲困最甚。魏明帝对吴蜀两国心态的准确把握，果决地使用西守东攻的策略，打破了吴蜀的联合进攻。诸葛亮与孙权，两位英雄对这个青年后生最终无可奈何！

一代明主英年早逝

明帝外御吴蜀，内修政治，发展和巩固了北方的势力。明帝优礼已废君主汉献帝。青龙二年，故汉献帝山阳公薨，明帝素服举哀，遣特使持节典护丧事。他还约法省禁，减轻肉刑，下诏主管部门修改法律，减少死罪的条目。

明帝不是完人，他生活奢侈，爱好华丽，大修宫殿，妨碍农时，但明帝能宽待谏臣，不妄诛一人。因此，他的过失也能得到及时的改正。

明帝曹叡即位，时年二十五岁，是一个涉世不深的青年。他的两位对手，一是蜀相诸葛亮，四十一岁；二是吴主孙权，四十岁。诸葛亮和孙权，起于乱世，身经百战，而且又是三国时代最顶尖的政治家，还是曹叡的前辈，阅历丰富，他们联手攻魏，携手北进，给以魏明帝很大的压力。由于曹叡把握住了魏国的优势，坚持了"防御拒敌，西守东攻"的正确战略，加上个人的英明果决，挫败了吴蜀的进攻，说他是一代明主，一点也不为过。

曹叡个人小档案

姓名：曹叡

出生：汉献帝建安十年年（公元204年）

属相：猴

卒年：景初三年（公元239年）

享年：三十六岁

谥号：明帝

庙号：烈祖

陵寝：高平陵

父亲：曹丕

母亲：甄后

初婚：虞贵妃

配偶：三人，虞贵妃、毛皇后、郭皇后

子女：二子（养子）

继位人：曹芳

最得意：亲征孙权，不战胜敌

最失意：托孤不得其人，导致大魏颠覆

最不幸：英年早逝

最痛心：母亲被赐死

第六章 曹魏三少帝

曹魏明帝死后,政权落入司马氏集团之手,曹魏政权风雨飘摇地存在了二十六年。二十六年间,走马灯似的换了三个皇帝。曹芳,九岁即位,二十三岁被废为齐王。曹髦,十四岁入继大统,二十岁被弑,死后废为庶人,史称原有爵位为高贵乡公。曹奂,十六岁入继大统,二十岁禅让退位,封为陈留王。三位皇帝都是少年天子,史称三少帝。

齐王曹芳

明帝托孤 齐王曹芳,字兰卿。生于明帝太和六年(公元232年)。明帝曹叡没有儿子,齐王曹芳和秦王曹询,兄弟俩都是曹叡的养子,不知道亲生父母是谁。《魏氏春秋》记载,说齐王曹芳是任城王曹楷的儿子。曹楷是任城王曹彰的儿子,曹彰与曹丕是同母所生的兄弟,明帝曹叡的二叔父。所以曹楷的儿子过继曹叡是至亲骨肉。

曹芳画像

明帝景初三年正月初一丁亥,曹叡病危,宣布立曹芳为太子,当天即皇帝位,大赦天下,尊皇后郭氏为皇太后。由大将军曹爽和太尉司马懿共同辅政。

明帝曹叡最初选定的辅政首席大臣是燕王曹宇。曹宇是曹操的第十子，环夫人所生，曹叡的叔父。曹叡少时与曹宇就很要好。曹宇，文帝封为下邳王，明帝改封燕王，王府建在邺城，受到明帝的特别礼遇。青龙三年（公元235年），曹宇被征入朝，直到景初元年（公元238年）还邺。第二年，景初二年夏，曹宇再次被征入朝。冬十二月明帝病重，拜曹宇为大将军，嘱以后事。曹宇不受命，坚决辞让，到了第四天，明帝改变了主意，于是免了曹宇的大将军职务。景元三年（公元262年），曹宇回到封国，他的儿子曹奂，后来入继大统，是三少帝之一。

曹爽是曹氏宗人邵陵侯大将军曹真的儿子。曹真的父亲曹邵，追随曹操起兵，被州郡长官杀害，曹操收养了曹真，待之如亲子。曹真与文帝曹丕非常友善，也是文帝遗命明帝的辅政大臣之一。曹爽年少持重，从小与明帝曹叡要好，曹叡为太子时，曹爽就是座上宾。曹叡即位，特别爱重曹爽。所以明帝病重，召曹爽入卧内，拜为大将军，假节钺，都督中外诸军事，录尚书事，为首席辅政大臣。太尉司马懿与曹爽同受明帝遗诏为次席辅政大臣。齐王即位，加官曹爽侍中，改封武安侯，邑万二千户，赐剑履上殿，入朝不趋，赞拜不叫曹爽的名字，地位无人可比。

可是曹爽外强中干，遇事迟疑不决，他不是司马懿的对手。明帝选择曹爽辅政，曹爽承担不了这一重任，败在司马懿手中，丢了曹氏天下。明帝选错了人，为曹氏政权的覆败留下了祸根。

司马懿发动正始政变，诛除曹爽 司马懿辅政齐王曹芳是资望最老的重臣，他已是历仕武帝曹操、文帝曹丕、明帝曹叡的三朝元老，辅政齐王是第四朝了。曹爽是后生晚辈，才智平庸，无论资望和玩弄权术，他与司马懿比较，不是一个等级的人物。但曹爽是皇族近亲，在政治上比司马懿优越，所以司马懿在斗争中采取后发制人的策略。

司马懿与曹爽同辅齐王曹芳，共掌朝政，各统军三千。曹爽最初"引身卑下"，对前辈司马懿表示尊敬，办事不敢专断；司马懿则以曹爽为皇族，每事谦让。但这都是表面文章，双方暗地里都在图谋吃掉对方，发展势力，培植死党。

玄学家何晏与曹爽交结。何晏喜欢像女人一样涂脂抹粉，走路都要看一看自己的影子，是个典型的纨袴子弟。邓飏、李胜、毕轨、丁谧等与何晏互相标榜，被称为"浮华派"，他们投靠曹爽，结成死党。何晏、邓飏、丁谧都做了尚书。何晏主管选举，毕轨任司隶校尉，李胜任河南尹。曹爽还安排自己的弟弟曹羲任中领军，掌握中央禁卫军，曹训任武卫将军，曹彦任散骑常侍，也控制一部分军队。这时曹爽认为自己羽翼丰满，开始专断起朝政来。他让其弟出面奏请转司马懿为太傅，明升暗降，削弱司马懿的兵权。不久，又免去卢毓的吏部尚书职。刘放、孙资、傅嘏、何曾、孙礼等司马懿集团的骨干均被罢免。

司马懿对曹爽的专擅非常不满，但是无力清除，他暂时退让。在辅政的第八年，即公元247年，司马懿上书曹芳，说自己年近七十，年老多病，要求退职闲居，得到了批准。司马懿老谋深算，他暗中联络心腹，策划一举扑灭曹爽集团。

司马懿在朝经营多年，朝中势力雄厚。郭太后是司马懿在宫中的代理人。中书监刘放、中书令孙资、吏部尚书卢毓、太尉蒋济等都是司马懿的死党。曹爽逼退司马懿后，又奏请郭太后移居永宁宫，表面上取得了全胜。实际上司马懿是先让一着，表示退避，麻痹曹爽。他安排自己儿子司马师任中护军，掌握了一部分禁军，又阴养死士三千人，伺机而动。

曹爽当然也没有睡觉，他对退职的司马懿仍放心不下。他任命智囊李胜为荆州刺史，以告别为名去看望司马懿，实际观察动静。司马懿心知李胜来意，故意装糊涂，卧病在床，与李胜对话，装聋作傻，神志不清，语言错乱。表演得非常逼真，使李胜信以为真。他回去向曹爽报告说："司马公形神分离，只剩一口气了，不足为虑。"曹爽听了很高兴，不再戒备司马懿。这期间，司马懿紧锣密鼓进行政变准备。

公元249年正月，曹爽同兄弟曹羲、曹训、曹彦和皇帝曹芳一起出城去祭扫曹叡的陵墓。司马懿乘机发动政变控制洛阳。他令司徒高柔行大将军事，占据曹爽军营；令太仆王观行中领军事，占据曹羲军营，解除曹爽兄弟掌握的武装；用郭太后名义关闭洛阳城门，占领武器库，派兵截断洛水浮桥，阻挡曹爽等人入城。然后，司马懿上书天子曹芳，请求处斩曹爽一伙，指责曹爽等背弃先帝遗命，败乱国家法制，排斥旧臣，引用亲信小人，有"无君之心"，因此迫不得已采用兵谏，为国除害。为了稳住曹爽兄弟，司马懿又派人对曹爽说："只要交出兵权，就可以回归府第，保留封爵。"太尉蒋济也致书曹爽，担保他的人身安全。

曹爽的智囊，大司农桓范逃出洛阳去见曹爽，劝他立即与天子南下许昌，调动外地军队与司马懿作战。曹爽兄弟不听，说："司马懿只是要我的权力，我回归府第，不失为一个富家翁。"决定投降。

曹爽等人放下武器，投降司马懿，结果被夷三族。司马懿重新执政，大权独揽。随后司马懿倾全力剪灭曹爽集团残余势力，打击皇族和拥曹派官员。公元251年，太尉王凌在扬州发难，阴谋拥立楚王曹彪为帝，对抗司马懿。由于事机不密，被司马懿觉察，先发制人，突然带兵南征，逮捕了王凌，夷灭了参与者的三族，完全控制了曹魏政权。就在这一年司马懿病死，其子司马师以抚军大将军辅政，第二年迁大将军、都督中外诸军事、录尚书事。司马师注意笼络曹魏旧臣，维持曹操、曹丕、曹叡三祖所定旧制，安定了朝野人心，巩固了司马氏集团的地位。

曹芳被废为齐王　嘉平六年，公元254年，中书令李丰和皇后的父亲张缉密谋除掉司马师，以夏侯玄代替司马师掌政。夏侯玄是曹爽的姑表兄弟，拥曹派中坚人士。由于走漏消息，司马师诛除了李丰、夏侯玄等人，趁机废掉齐王曹芳，另立十四岁的高贵乡公曹髦为帝。

曹芳九岁即位，在位十五年。二十三岁被废为齐王，建王府于河内郡重门，在今河南辉县西北。西晋建立，贬爵齐王曹芳为邵陵县公。西晋泰始十年（公元274年）年薨，享年四十三岁。

高贵乡公曹髦

曹髦字彦士，文帝曹丕的孙子，东海王曹霖的次子。曹霖是明帝曹叡的四弟，曹髦是明帝的亲侄儿。

曹髦入继大统　司马师已下定决心废除齐王曹芳，派郭芝进宫向郭太后报告。郭太后与齐王曹芳正好对座叙话。郭芝毫无避讳当面对皇帝说："大将军要废掉陛下，立彭城王曹据为帝。"齐王曹芳起身离去。郭太后很不高兴。郭芝对太后说："太后你没把儿子教好，现在大将军主意已定，宫门外布置了军队，只能听从，没有商量的余地。"太后说："我要面见大将军。"郭芝说："大将军不见，赶快拿出皇帝玉玺吧。"太后无可奈何，叫身边的侍御取来皇帝玉玺放在座位旁边。郭芝出宫向司马师报告，司马师非常高兴。接着，司马师派人向齐王曹芳授给齐王印，催促立即出宫。齐王接受命令，向太后告别，垂泣上了王车，出了太极南门，群臣送别的有几十个人，太尉司马孚十分悲伤，许多大臣都哭了。

齐王出宫后，司马师再次派人入宫取皇帝玉玺。太后说："彭城王曹据是我的叔父，立他为帝，我的位置怎么摆？再说明帝曹叡要断绝后嗣吗？我认为高贵乡公曹髦是文皇帝曹丕的长孙，明皇帝曹叡的亲侄儿，按照礼制，弟弟的儿子有义务过继给无嗣的大宗，请大将军认真考虑。"曹据是曹操的儿子，

曹髦画像

文帝曹丕的弟弟，明帝的叔父。郭太后的说法很有道理，司马师无法驳回，于是召集群臣传达太后旨意，一致赞成立高贵乡公曹髦为帝，于是派太常到温县迎请曹髦。事情定妥，司马师第三次向郭太后索取皇帝玉玺。太后说："我认识高贵乡公，小时候抱过他。明天高贵乡公来到殿堂后，我要把皇帝玉玺亲手交给他。"

嘉平六年（公元254年）秋九月二十日丁丑，下太后诏书说："东海王曹霖是高祖文皇帝的儿子。曹霖的儿子是皇室的至亲骨肉，高贵乡公曹髦能够成为大器，现在决定由他来充当明皇帝的继嗣。"

十月初五日庚寅，曹髦进入洛阳，在群臣的陪同下进宫拜见皇太后，当天即皇帝位，改元为正元。

正元元年（公元254年），冬十月初七日壬辰，在曹髦即位的第三天，皇帝派出侍中为使者，持节分别到四方郡县，观察风俗，慰劳军民，调查受冤枉的百姓和失职的官员。初八日癸巳，授给大将军司马师黄钺，特许他进殿不必小步快跑，向皇上奏报不必通报姓名，上朝堂可以带剑穿鞋。十九日甲辰，皇帝对废立有功的大臣，按功劳大小增进爵位，增加封邑，提升官位，并给予不同的物质奖励。

曹髦问难经师 曹髦聪明过人，很有悟性。他爱好学习，勤于思考。曹髦继位，改年号为甘露元年（公元256年），正月初十，曹髦临幸太学听讲，向各位儒学经师博士提问题，《易》学、《尚书》学、《礼记》学的经师都被问得张口结舌，很难回答。这年，曹髦只有十六岁。

曹髦首先问《易》学的问题。曹髦问:"圣人伏羲得到神人的帮助作了八卦,神农氏推演为六十四卦,到了夏朝叫《连山》,殷朝叫《归藏》,周朝叫《周易》,为什么有这么多的文本和名称?"易学博士淳于俊回答说:"伏羲依据燧人氏画的一种神秘图形作了八卦,神农氏推衍为六十四卦,到了夏商周三代,质朴或具有文采,顺应时代的变化而有了众多的文本。各种名称的意义,《易》是变易的意思,《连山》是比喻内容就像高山发出和吸入的云气,能够连接天地;《归藏》的意思是说世间悠悠万事,莫不归藏隐没在这本书中了。"曹髦又问:"如果是伏羲氏根据燧人氏提供的图形作了《易》八卦,那么孔子在《易·系辞》中为什么不说是燧人氏死后由伏羲氏创作的呢?"淳于俊对此回答不出来。曹髦又问:"圣人孔子解说《周易》写了《彖辞》、《象辞》是与正文分开的,独立成篇;后贤郑玄注解《周易》,为什么要把《彖辞》、《象辞》打散,附在被解释的正文下面呢?"淳于俊回答说:"郑玄这样做是给学习的人提供方便,使人查阅时一目了然。"曹髦又问:"那么孔子为什么不这样给人提供方便呢?"淳于俊回答说:"孔子担心把自己的解说分散在周文王写的正文下面会产生混淆,同时也表示自己的谦虚。"曹髦问:"如果孔子分开来是表示谦虚,那么郑玄的做法是不谦虚了?"淳于俊又回答不上了,只得说:"古书知识广博,陛下提问深奥,不是臣子能回答得了的。"

曹髦听完《易》学,接着听讲《尚书》学,也提了问题。曹髦问:"《尚

近拓魏石经尚书多士篇、春秋文篇残石

书》第一句'曰若稽古帝尧,'郑玄的解释,说'稽古'一词的含义就是考求同于上天,这句是说唐尧能够效法上天;但是王肃的解释却说是'唐尧能够考察古代的正道'。这两种解释,哪一个更正确?"《尚书》学博士庾峻回答说:"前辈儒家学者的解释,有些分歧和不同,为臣才疏学浅不足以评断是非,按照《尚书·洪范》的占卜原则,三占从二,少数服从多数,贾逵、马融两家的解释与王肃差不多,如此看来,王肃的解释好一些。"曹髦又问:"《论语·泰伯》记载孔子的说法,孔子说:'唯有上天最伟大,而能够效法上天行事的只有唐尧。'这说明效法上天最伟大,考求古代正道是其次。按照王肃的解释,这《尚书》的第一句是舍大求小了,那么作者的真正含义是什么呢?"庾峻说:"臣子只是按照我的老师的讲法传道,没能明白书中的深刻含义,到底哪家的解释更正确,请陛下自己做裁断。"曹髦又提出了一些问题,例如,唐尧用鲧治水失败了,圣明在哪里?庾峻更加回答不上,只好说:"臣子愚笨,陛下的提问,我圆满地解释不了。"

曹髦又对讲《礼记》学的马照博士提了问题。曹髦说:"《礼记·曲礼》上说:'三皇五帝的上古时代,全社会注重道德,乐于奉献而不求回报。其后的夏商周,人们讲求施与,也注重回报。实施政治,为什么会造成社会的道德风尚不一样?应当采取什么措施,才能使全社会注重道德,只讲施与而不求回报呢?'马照博士回答说:"上古时代全社会注重道德,是因为三皇五帝用道德来教化百姓;夏商周三代君主用礼仪来治理社会,讲求有来有往,所以人们讲求施与也注重回报。"曹髦又问:"这两种教化形成的道德风尚有淡薄与淳厚的不同,究竟是君主有优劣呢,还是时代发展造成了不同。"马照博士只好回答说:"确实是时代发展不同,有朴素和修饰的区别,所以产生了道德风尚有淡薄和淳厚的差别。"

曹髦提问,难住了各学科的经师,表现了曹髦读书善于思考,切近现实,有忧世治国之志。曹髦真是一个有天才的少年天子。

曹髦之死 地方拥护魏国的封疆大吏,不满司马氏专政,兴师讨伐,但都失败了。司马氏在朝中的势力不可撼动。

正元二年(公元255年),魏镇东将军毌丘俭与扬州刺史文钦,联兵在寿春起事,发檄于各州郡讨伐司马师,有众六七万。司马师当时刚割掉一只眼睛,他不顾病痛,果断地率十余万大军东征,打败了毌丘俭和文钦,毌丘俭被杀,文钦逃奔吴国。司马师班师,回到半道就病死许昌,他的弟弟司马昭接掌了曹魏大权。

甘露二年（公元257年）镇守寿春的征东将军诸葛诞再次起兵反对司马昭，并东联吴国，据守扬州，有众十余万，声势浩大。司马昭亲自督率二十六万大军征讨，经过几个月的征战，在第二年公元258年二月攻破寿春，将诸葛诞杀死。司马昭平叛并接掌了军政大权。公元260年，魏帝曹髦已长到二十岁，他不甘做傀儡，招来侍中王沈、尚书王经和散骑常侍王业，对他们说："司马昭之心，路人所知，我不能坐等被废掉，请你们和我一起去讨伐司马昭。"王经说："如今大权在司马昭手里，朝廷官员都为他效力。我们掌握的兵甲太少，没有力量对付他，这样做太危险。"曹髦不听，率领左右侍从二百余人去进攻司马昭府第，这时王沈、王业早已飞报司马昭，曹髦的进攻如飞蛾扑火，自取灭亡。但曹髦拍案而起，宁为玉碎，不为瓦全，一个二十岁的青年，做出了惊天地，泣鬼神的大事业。曹髦虽死，重于泰山。

曹髦生于明帝正始二年（公元241年）。正始五年（公元244年），曹髦四岁时封为郯县高贵乡公。十四岁入继大统，二十岁奋起率领左右宫人讨伐司马昭，被司马昭部属成济杀害，死后废为庶人，故史称原官爵高贵乡公。加恩以王礼葬洛阳。

陈留王曹奂

曹髦死后，司马昭又立了十六岁的陈留王曹奂为帝。曹奂，字景明，是武帝曹操的孙子，燕王曹宇的儿子。甘露三年（公元258年），曹奂十四岁，封为安次县常道乡公。曹髦死后，公卿议立曹奂为帝。六月初二日甲寅，曹奂到达洛阳，拜见皇太后，当天在太极殿前殿即皇帝位，布告天下改元景元，大赦。

景元元年（公元260年）六月初四日丙辰，晋升大将军司马昭为相国，封晋公，增加两郡的封地，加上原先的封邑共十个郡，赐以九锡的殊礼。司马昭坚决推辞，暂时搁置。

景元二年（公元261年），夏五月初一日，发生日食。秋七月，乐浪郡边外的韩国、秽貊国，两国遣使来朝贺。九月初十日甲寅，皇帝再次下诏，晋爵大将军司马昭为晋公，升任相国，赐以九锡，与先前下达的诏书内容一样，司马昭又一次坚决推辞，事情再次搁置。

景元三年（公元262年），春二月，青龙出现在轵县井中。

景元四年（公元263年），春二月，皇帝第三次下诏给大将军司马昭加官晋爵为晋公、相国，赐以九锡，与前两次下达的诏书内容完全一样，司马昭第三次坚决推辞不受。

曹奂画像

夏五月，皇帝下诏，魏军伐蜀。八月正式出师，兵分三路，镇西将军钟会率领主力军队由骆谷征伐蜀国，指向汉中。征西将军邓艾领所属各部奔袭甘松、沓中，包围沓中的蜀军统帅姜维，雍州刺史诸葛绪统领所属各部，直奔武街、桥头，想切断姜维的退路，歼灭蜀军主力于沓中。

冬十月二十二日甲寅，皇帝第四次下诏给大将军司马昭晋爵加官，重申前几次诏书的内容。

十月，邓艾从阴平穿行无人之地七百里，绕过姜维守御的剑阁，直达江油。蜀将马邈不战而降。邓艾长驱入成都。十一月，蜀主刘禅投降，蜀国灭亡。

十一月二十四日乙卯，皇太后郭氏去世。蜀国灭亡，功归司马昭，进一步提高了司马氏家族的地位。景元五年（公元264年），二月十九日己卯，晋爵晋公司马昭为晋王，增加封地十郡，连同先前的封邑共二十郡。五月十五日甲戌，改元咸熙。九月初一日戊午，任命中抚军司马炎为抚军大将军。

司马炎是晋王司马昭的嗣子。十月二十日丙午，正式宣布抚军大将军、新昌乡侯司马炎为晋王司马昭的世子。

咸熙二年（公元265年）五月，皇帝下诏书褒扬司马昭的功勋，光辉照耀四海，让晋王戴上有十二根珠串的礼帽，悬挂天子的旌旗，出入称警跸，乘用天子专用的金银车，用六匹马拉车，配上五辆副车，设置皇帝的仪仗，吹奏使用八佾舞队，演奏音乐按天子的规格。晋王的王妃称王后，世子称太子，其余的王子、王女、王孙都用爵号称呼，按照过去的礼仪办理。

司马昭完成了禅代的一切准备，但他还没有来得及登上龙椅称帝，秋八月初九日司马昭去世。八月初十日壬辰，晋王太子司马炎继承父亲的一切官职爵位，总领百官。

咸熙二年十二月十三日壬戌，皇帝曹奂下诏禅位给晋王司马炎，要有关部门准备禅位仪式。十五日甲子，皇帝曹奂正式派使者向晋王司马炎送去禅让帝位的诏书。随后，曹奂搬出皇宫，暂住在金墉城。晋武帝司马炎封曹奂为陈留王，终身居住在邺城。这一年曹奂二十岁。

陈留王曹奂气识才情不及曹髦，司马昭有了前车之鉴，加强了对皇宫的控制，曹奂完全是一个傀儡皇帝。曹奂为帝只不过充当了魏晋禅代的一个道具。可喜的是，曹奂终得善终，二十八年后，于西晋太安元年（公元302年）去世，享年五十八岁，谥号元皇帝。

曹芳、曹髦、曹奂个人小档案

姓名：曹芳、曹髦、曹奂　　　　　　出生：公元232年（曹芳）、公元241年（曹髦）、公元245年（曹奂）

属相：鼠（曹芳）、鸡（曹髦）、牛（曹奂）　　　　　　卒年：公元274年（曹芳）、公元260年（曹髦）、公元302年（曹奂）

享年：四十三岁（曹芳）、二十岁（曹髦）、五十八岁（曹奂）　　　　　　谥号：厉公（曹髦）、元皇帝（曹奂）

庙号：三废帝，均未入庙　　　　　　葬地：邵陵（曹芳）、洛阳（曹髦）、陈留（曹奂）

父亲：曹楷（曹芳）、曹霖（曹髦）、曹宇（曹奂）　　　　　　母亲、子女、配偶等项略

最得意：三人意外得继大位　　　　　　最失意：三人均继位不终

最不幸：曹髦为逆贼所弑　　　　　　最痛心：曹奂禅让失国

第七章　蜀先主刘备

刘备是蜀汉政权的建立者，史称先主。东汉末年，群雄割据，四分五裂，天下生灵，肝脑涂地。刘备以一个匹夫之身，忧天下苍生之不幸，发愿"兴复汉室"，救民于倒悬。虽然他的理想半道夭折，未能实现统一的大志，但他充分发挥了自己的智慧和才能，几经危难，坚忍不拔，终于建立了蜀汉政权，为结束东汉末年的军阀混战作出了重要的贡献。

兵败长坂

公元207年，诸葛亮在"隆中对策"中提出了刘备东联孙氏，北抗曹操的战略路线。但此时孙权是要盘据长江，对抗曹操，两家战略路线冲突，联盟条件尚未成熟。公元208年，曹操南下荆州，发动赤壁之战，推动了刘孙结盟，这是曹操始料未及的。

曹操南下荆州　公元207年，曹操远征三郡乌桓，消灭了袁氏残余势力，形成了独占中原的局面，已占有天下三分之二，处于绝对优势。当时环绕中原还有六大军事集团。北方三大集团：辽东公孙康，雍凉马腾、韩遂，汉中张鲁。南方三大集团：长江上游益州刘璋，中游荆州刘表，下游江东孙权。这六大军

蜀主刘备

事集团中，只有江东孙权有远略，但地处偏远，其余五人都是割据自守的庸主，没有人能与曹操抗衡。天下一统的形势，又一次显露出端倪。长江中游荆州具有极重要的战略地位，伐灭刘表，控制荆襄，早就是曹操多年以来梦寐以求的事。曹操统一北方后，矛头直指荆襄，希望突破长江中游，顺流东下，一鼓作气荡平东南，其他几个军事集团则只有望风归降。曹操按照这一构想做着大规模的战争准备。

公元208年正月，南方孙权移营柴桑，发动了讨伐黄祖的战争，发出了争夺荆州的信号。此时曹操还不能立即南下，他刚刚远征乌桓回来，需要休整，尚未做好政治和军事上的准备。

夺取荆州，迫在眉睫，曹操、孙权、刘备都在和时间赛跑。孙权虽然抢了先，但以他的力量一口吞不下荆州；刘表尚存，刘备夺取荆州的条件还不成熟；曹操力量正盛，机会更多的还是在他手中。于是曹操全面地行动起来。

公元208年正月，曹操下令在邺城玄武苑内开凿了玄武池，训练水军。同时，又命张辽、于禁、乐进各统一军，加紧操练步骑。为了消除侧翼的西顾之忧，曹操派张既到关中招抚马腾，以天子名义征马腾入朝做卫尉，授马腾长子马超为偏将军。张既时为议郎，曾经随钟繇在关中参议军事，与地方官很熟悉，又有智谋。张既大势声张，召凉州二千石以上高官迎请马腾入朝。马腾不得已带家属入都面君，曹操把他安置在邺城，控制了马腾。

为了加强对朝廷的控制，六月，曹操上表汉献帝，罢黜了三公官即太尉、司徒、司空，重新设置丞相、御史大夫，曹操自己任丞相，总揽朝政。为了钳制舆论，排除异己，消除后患，曹操在朝廷上层整齐风俗，以破浮华狡狯之徒的名义，搞了一场以诛杀孔融为目标的政治运动，进一步树立个人的专断权威，以稳固后方。

曹操六月杀孔融，七月宣布正式南征。

刘琮出降 这次曹操南征，不同以往出兵。他想借统一北方的声威，大举南伐，一鼓作气荡平江南，在政治和军事上都做了充分动员。曹操调集三十万大军，用于一个方向，成为曹操用兵史上的高峰，终三国之世，这也是最多的一次用兵。出兵三十万，加上后勤支持，在当时北方残破的情况下，已是全国总动员，既显示了曹操的权威，也表现了曹操的骄矜。

如此大规模的用兵，一定会引起朝野震动，有一番争论。曹操杀孔融，用暴力镇压反对派，把不同意见压制下去了。

刘表有两个儿子，长子刘琦，次子刘琮。按宗法惯例，刘琦为世子应为继承人。起初，刘琦很得刘表喜欢，他的外貌、举止都像刘表，儒雅敦厚，与刘备、诸葛亮都很友好。次子刘琮，结纳刘表后妻蔡氏。刘琮娶蔡氏之侄女为妻。刘表宠爱蔡氏，蔡氏就常在枕边吹风，刘表日益疏远刘琦。同时蔡氏之弟蔡瑁掌握行政实权，与刘表的外甥张允勾结，拥护刘琮。张允掌握了荆州水军。在这种情况下，刘琦深感自身危险，求教于诸葛亮，诸葛亮多次回避不答。有一天，刘琦在楼上设宴款待诸葛亮，让人扛走楼梯。刘琦对诸葛亮说："今天我们在楼上，上不着天，下不着地，话从你口中出来，进入我的耳朵，这样可以出一个主意了吧！"诸葛亮见刘琦诚心请教，于是说："君不见申生在内而危，重耳居外而安吗？"（《三国志·诸葛亮传》）申生是春秋时晋国献公的太子，献公宠爱骊姬，骊姬谗毁申生，申生被迫自杀。重耳是申生之弟，见机出逃在外，周游列国，献公死后，他回国夺取君位，是为晋文公，成为春秋五霸之一。诸葛亮借历史故事，暗示刘琦早日离开是非之地，到外面去占据一块地盘，图谋发展。这时江夏太守黄祖被孙权讨灭，刘琦便要求出镇江夏，离开襄阳到了夏口。诸葛亮的主意也是替刘备联络刘琦。荆州诸将，大部投靠刘琮。

曹操离都时，问计于荀彧。荀彧说："现在中原地区已经平定，刘表知道自己的处境而加强戒备。你可将大部队公开向宛城、叶县一带运动，而暗中从小道派出一支轻装的精兵，快速推进，就可以打刘表一个措手不及。"曹操依计而行，自己率领轻装奇袭荆州。

再说刘表，他喜欢刘琮，又不忍割舍刘琦，优柔寡断，家庭纠纷已使他焦头烂额。现在又面临孙权与曹操的夹攻，忧心成疾。当曹操正式出兵南下，刘表受惊惶恐，八月病死。临终时，刘琦回来探视，被蔡瑁、张允拒之门外，只能流泪离去。刘表死后，诸将奉刘琮继任荆州牧，蔡氏掌握实权。

这时曹操已兵临新野，谋士蒯越、韩嵩、东曹掾傅巽等都劝刘琮归顺曹操。傅巽说："曹公以天子名义征讨，抵抗就是叛逆。公子刚刚继位，内部又不稳，也无力抵抗。即使重用刘备，也未必能对抗曹操。如果刘备打退了曹操，那他就要成为荆州的主人了。两相权衡，还是投效曹操，归命朝廷为上策。"刘琮和蔡氏没有别的办法,也就同意投降,而且对刘备封锁消息,怕他反对。刘表临终,曾托孤刘备辅佐。刘备从新野移屯樊城,与襄阳只有一水之隔。由于消息不通,曹操大军到了宛城,这才发觉,也不见刘琮召开军事会议,觉得奇怪,特派亲信去襄阳问讯情况。刘琮再不敢隐瞒,派宋忠向刘备说明情况,荆州已决定归顺朝廷。刘备听了十分气愤,对宋忠说:"你们办事太荒唐,等到大祸临头才来告诉我,这不是太过分了吗?"说罢抽出刀来就要砍宋忠,但又觉得不值,喝令宋忠说:"砍了你的头,也不解我心头之恨,别污秽了我的宝刀,快给我滚吧!"

刘备兵败长坂 诸葛亮劝刘备夺取襄阳,阻击曹操。刘备觉得自己的力量挡不住曹操,又怕落下乘人之危夺取同宗的不义名声。所以他路过襄阳,派人要刘琮答话,刘琮不敢见面。刘备拜扫刘表之墓,涕泣离去。刘备这样做,是用信义号召荆州士民归服自己。刘琮左右及荆州士民,果然纷纷追随刘备。义阳人魏延率部曲数百人效命马前。行到当阳,追随刘备的民众有十余万,辎重几千辆,一天只能走十几里路。有人向刘备建议说:

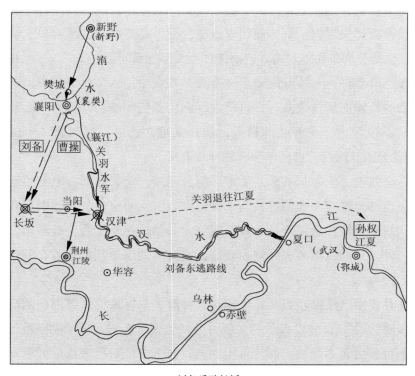

刘备兵败长坂

"主公应该快速去保江陵,现在大众慢行,如果曹兵追到,拿什么来对敌?"刘备说:"成就大事以人为根本,如今在危险之中,大众希望我保护,只能同甘苦共命运,怎么能够抛弃呢?"东晋习凿齿写三国历史,对刘备爱护民众的举动极为叹赏。他说:"刘备愈是在艰难的关头,信义愈是鲜明,即使冒险也不肯背弃道义。他终于成就了大业,不是应当的吗?"

曹操听说刘备逃向江陵,那里是荆州的水军基地和军资基地,害怕被刘备占有。他亲自率领精骑五千,日夜兼程追击,一天奔驰三百里。在当阳长坂,曹操追上刘备,刘备仓促应战,又要保护民众,顾头顾不了尾,一战全军覆没。刘备的妻及子都失散了,只与诸葛亮等数十骑脱身逃走。张飞断后,拆断长坂桥,自己立马横矛在桥头,两眼瞪圆,对追来的曹兵大喝说:"我就是张益德,哪个不怕死的敢来同我决一死战!"曹军早已听说张飞勇猛无比,又不知虚实,担心张飞身后有埋伏,迟疑不敢前进。刘备等人这才逃脱。

长坂之战,刘备丢失全部辎重和本部兵马,两个女儿被曹纯活捉。刘备甘夫人及子刘禅,小字阿斗,在赵云的奋力保护下才得脱险。

刘备没有兵马,只好放弃走江陵,折向东南往汉水方向撤退,恰好与从水道南下的关羽水军会合,渡过汉水,赶往夏口与刘琦会合。二刘会合,保留了荆州残部,有众两万。

刘备东走,曹操没有追击,他按预定计划南进江陵。占领江陵后,下令荆州吏民,与之更始。接

长坂坡遗址

着，特派深孚众望的零陵人刘巴持天子节钺，渡过长江招纳长沙、零陵和桂阳三郡。又委派京兆人金旋为武陵太守。这样，荆州七郡有六郡落入曹操手中，只有接邻江东的江夏郡在刘琦手中，尚未占有。

曹操论功行赏，封蒯越、韩嵩等十五人为列侯。蒯越，字异度，刘表主要谋士。韩嵩，字德高，荆州名士。官渡之战时，两人都曾劝刘表投靠曹操。曹操相见恨晚，当即任命蒯越为光禄勋，韩嵩为大鸿胪。曹操又请韩嵩品评荆州士人，凡韩嵩推荐的一律任用。傅巽劝说刘琮归降有功，赐爵关内侯。

如何安排刘琮，曹操耍了一个花招。他任命刘琮为青州刺史，刘琮请求留在荆州，表示谦让。曹操顺势改授刘琮为清职谏议大夫，下令褒扬，称赞刘琮效法窦融归顺。就这样，刘琮败坏家业，以一州之地换了一顶毫无实权的乌纱帽。

曹操南下荆州，旬日之间，兵不血刃取得一州之地，收揽本州以及外地避难荆州的大批人才，大大增强了实力。这一仗打得非常漂亮，曹操的用兵方略，可概括为四个方面：其一，稳定后方，进行了政治总动员。曹操罢三公官，恢复丞相建制，并亲领丞相，总揽朝政，杀孔融，整肃内部，征辟马腾入侍，拜卫尉。这一系列举措，都是大举南下的政治总动员。其二，军事上做了全国总动员，出兵三十万，占有绝对优势。其三，战前夸张宣传，先声夺人，从心理上瓦解敌方斗志，刘表被吓死，荆州内部分崩离析。其四，战略部署周密，间行轻进，曹操自为先锋，攻敌不备。此外，从荆州方面看，无能的刘琮和荆州统治集团的内部矛盾给曹操帮了大忙。刘琦、刘琮兄弟不协，刘备遭忌，成了三股势力。刘琮手下的蒯越、韩嵩、傅巽等一大帮人，各为自己打算，牺牲刘琮牟取私利。这一切就是曹操兵不血刃下荆州的有利条件。

孙刘结盟

曹操不费气力占有荆州，使形势急转，发生巨变。曹操威震天下，达到了他事业的顶点。益州牧刘璋，主动归顺，派来使者，表示归命朝廷，接受征兵，交纳赋税。另一方面，刘备重新陷入绝境，又没了立锥之地。江东孙权也深切地感到了生存的威胁。物极必反，为生存而战的刘备、孙权，在曹操乘胜东进的凯歌声中，被逼上梁山，携手联合，一举打破曹操统一江南的美梦，反倒给隆中路线带来了曙光。

曹操东进 刘琮出降、刘备兵败、孙权孤军受敌，面对这一新形势，曹操如何决策，内部展开了一场辩论。

曹操的随军主要谋士贾诩、程昱担心孙刘结盟。贾诩提出建议，在政治上发展荆州战役的声威，阻止孙刘结盟，徐图进取，恢复荆州经济，成为前进基地，要不了几年或可统一江东。贾诩说："明公先前破灭袁氏，现在又取得荆州，威名大振，士马精强，如果利用荆州的物资，供应军队，安抚百姓，那么不用打仗江东就会归服。"程昱更明确地提出了警告，他说："孙权在位不久，威名不显著。曹公无敌于天下，又取得了荆州，江东震动，孙权有智有谋，但不能独立抵抗曹公。刘备有英名，又有关羽、张飞这种万人之敌的猛将，孙权一定会支持刘备共同对付我们。如果出现了这种情况，孙刘结盟，那就会难解难分，胜负很难说了。"

但是，曹操已沉浸在胜利中不能自拔，他听不进贾诩、程昱的逆耳之言。诸将寡谋，更看不起败军的刘备。曹操与诸将都认为孙权不敢对抗，一定会杀了刘备来投降，如同公孙康取袁熙、袁尚首级一样。曹操决心已定，下令水陆俱进，造成浩浩荡荡的进军声势，并给孙权下了一道夸张声势的战书："近者奉辞伐罪，旄麾南指，刘琮束手，今治水军八十万众，方与将军会猎于吴。"曹操的意思是说，他是奉天子之命讨伐叛逆，大军南下，刘琮已经投降，你孙权何去何从，早做选择，是否要与我统带的八十万大军做一番较量呢？曹操先声夺人，一副志骄意得之气溢于言表。这是在向孙权逼降，用现代外交辞令说，曹操的这封信，是给孙权的最后通牒。楚汉相争时，韩信攻下赵国，用李左车之计，给燕王臧荼写了一封恐吓信，臧荼就投降了。曹操南下荆州，凭的也是一纸战书，吓死刘表，逼降刘琮。既有历史在前，又有硕果在今，于是曹操志骄意满，如法炮制，想不战而下江东。臧荼，匹夫之勇；刘表、刘琮怯懦庸才，怎能与虎视天下的孙权相比。正由于"孙权新在位，未为海内所惮"，所以曹操不看在眼里，认为天下大势已定，不顾将士疲乏，不顾后勤短缺，冒进赤壁，在不知对手深浅的情况下，打了一场必败的错误战争。表面看是孙刘联军打败了曹操，而实际是曹操发动赤壁之战推动了孙刘结盟，替诸葛亮的隆中路线创造了条件，这是曹操没有想到的。

鲁肃过江，联刘抗曹 江东柴桑行营，孙氏集团又是如何反应的呢？原来孙氏集团的既定方针是据长江之险与曹操抗衡。早在公元200年，鲁肃过江，就建议孙权，"进伐刘表，竟长江所极，据而有之，然后建号帝王，以图天下"。甘宁投吴，亦有此说，曰："南荆之地，至尊当早规之，不可后操。"又说："西据楚关，大势弥广，即可渐规巴蜀。"周瑜更是主张"据襄阳以蹙操，北方可图"。诸葛亮发表的"隆中对"，提出东联孙吴，北拒曹操的三分策略，与孙权集团的战略方针大相径庭。加上刘表与孙权有不共戴天之仇，所以孙权是要吞并荆州，而不是联合荆州。刘备寄人篱下，无立锥之地，没有联吴资本。在赤壁之战前，隆中路线只不过是刘备集团的"单相思"，当时并没有出现孙刘结盟的政治气候。曹操的紧逼，使这一形势发生了改变。第一个敏感的就是江东的鲁肃。

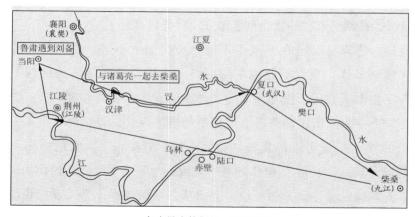

鲁肃吊丧使荆州，联刘抗曹

公元208年八月，曹操大军南下，刘表病死，鲁肃就对孙权说："荆州同我们接壤，江山险固，沃野万里，是建立帝王之业的资本。现在曹操南下，刘表已死，二子不和，军中诸将各怀异心。刘备是天下英雄，与曹操对立，依附于刘表。请主公允许我以吊丧为名到荆州打探虚实。如果刘备与刘表部众同心协力，上下一致，我们就同荆州结为同盟，共同抗拒曹操。如果荆州内部离心离德，我们就可相机图灭。"鲁肃的建议，意味着修正孙氏的立国路线，调整战略，从进攻荆州转向为联合荆州以适应新形势。孙权采纳鲁肃建议，派他去了荆州。鲁肃到了夏口，已听到刘琮投降的消息，他估计刘备一定向江陵撤退，于是日夜兼程，在当阳长坂相遇，刘备已全军覆没。鲁肃问刘备:"现在打算到哪里去?"刘备回答说:"苍梧太守吴巨是我的老朋友,打算去投靠他。"鲁肃说:"吴巨是个凡夫俗子,又地处偏远,他自身难保,怎能去依靠他?我们孙权将军,聪明仁惠,敬贤礼士,江东英雄都归附他,现据有六郡之地,兵精粮足,可以成大事。我替刘将军考虑,最好与孙将军联合,共图大业。"鲁肃又对诸葛亮说:"我和尊兄诸葛子瑜是好朋友。"诸葛子瑜名瑾,字子瑜,是诸葛亮的胞兄,这时在孙权身边任长史。鲁肃之意,邀诸葛亮为刘备使者,过江与孙权结盟。鲁肃的建议正与刘备、诸葛亮的隆中对策吻合,孙刘结盟,共抗曹操。刘备十分高兴,于是与关羽水军会合,撤向夏口,并进驻樊口,向孙权靠拢。

诸葛亮出使江东,刘孙结盟 刘备派诸葛亮随鲁肃过江,到柴桑见孙权。诸葛亮到了柴桑,孙权众臣以张昭、秦松为首,一片主和声,只有鲁肃主战。孙权徘徊犹豫,拿不定主意。诸葛亮欲擒故纵,劝孙权投降以刺激他的决心。诸葛亮说:"曹操已破荆州,威震四海,眼看就要兵临江东。将军估量一下自己的能力,如果能够抵敌曹操,早下决心,一刀两断;如果不能抵抗,也要趁早投降,要不然,大祸就要临头了。"孙权很不高兴反唇相讥:"那么刘豫州(刘备官拜豫州刺史,此为对刘备的尊称)为什么不投降曹操呢?"诸葛亮说:"楚汉相争时,田横只不过是齐国的一个壮士,尚且宁死不肯向汉高帝称臣。刘豫州乃是大汉宗室之后,英才盖世,天下英雄都十分敬仰他,虽然事业不成功,这是天意,力量不够所致,怎能拜伏在曹操脚下称臣呢?"这时孙权年仅二十六岁,血气方刚,听了诸葛亮的话,勃然大怒,说:"你别小看我!我岂能拿全吴之地,十万之众,拱手送给别人,低头称臣。我决心已定,与

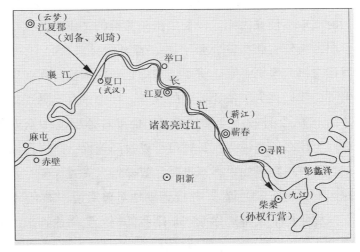

诸葛亮出使江东

刘豫州联合抗曹。只是刘豫州已打了败仗，还有力量吗？"诸葛亮针对孙权的疑虑，分析了双方强弱形势。诸葛亮说：

刘豫州虽然在长坂战败，但还有关羽、刘琦两部水陆精锐部队两万多人。曹军远来疲惫，已成强弩之末，连一层薄绸也穿不透了。而且北方士众不习水战，荆州军民迫于兵势，并没有真心归服。如果将军能够派猛将统兵数万，与刘豫州同心协力，一定可以大破曹兵。

孙权听了诸葛亮的分析，十分高兴，决定召开军事会议，统一认识。

诸葛亮还对孙权说："曹操打了败仗，一定退守北方，到那时，荆、吴的势力增强，鼎足而立的局面就形成了。成败的机会，就在今天啊！"

诸葛亮"受任于败军之际，奉命于危难之间"，在刘备已无立身之地的情况下，还要说服孙权全力抗曹，用江东之众打败曹操，而荆州却要归刘备。诸葛亮的话十分明白，他以荆州使者身份与孙权谈判，要孙权承认刘备是荆州的主人，这样才能形成鼎足之势，这个任务是十分艰巨的。诸葛亮抓住曹操东进，孙权不肯投降这一大好时机，用激将法煽起孙权的抗曹决心，完成了签订鼎足三分的双边同盟的任务，表现了诸葛亮的大智大勇。《三国演义》第四十三回写诸葛亮舌战群儒，就是依据这一史实演义的，成功地再现了诸葛亮的风采。

紧接着孙权召开军事会议，统一认识。鲁肃劝孙权召回周瑜共商大计。当时周瑜奉使在鄱阳。以长史张昭为首的文臣被曹操虚张声势的战书吓破了胆，纷纷主张投降。张昭说："曹操像豺狼猛虎一样，挟天子以令四方，直接对抗，事更不顺。将军依靠的是长江天险，现在曹操占有荆州，水陆俱下，我们丧失了依凭天险的优势，在力量众寡悬殊的情况下，只有投降才是上策。"孙权一度又动摇了。鲁肃对孙权说："众人所论，全为自己打算。为什么这样说呢？我鲁肃可以投降曹操，照样可以当官食俸禄；但将军却不可投降，如果将军投降，曹操怎么安置你呢？希望将军早日定下大计，不要听众人之议。"孙权感慨地对鲁肃说："你的一席话说到我的心坎上，莫非是上天特把你派来帮助我的吗？"周瑜到来，更是坚决主战。周瑜详细分析了敌情，他对孙权说：

曹操南下，后方不稳，马腾、韩遂是他的后患；曹操用北方的骑兵到江南来，在水上与我们较量，是舍长就短；再说现在是十月寒冬，曹军供应不足，不能持久；还有北方士卒不服水土，一定生疾病。这几个忌讳，曹操都犯了。要打败曹操，就在今天啊。

孙权听了统兵大将周瑜这一番有理有据的分析，坚定了抗曹的信心，非常激动，当即拔出宝剑，砍去奏案的一角，厉声说：

曹操老贼早就想篡汉自立，只是害怕袁绍、袁术、吕布、刘表和我罢了。现在二袁等人都被消灭，只有我还在。今天我与老贼势不两立，文武官员谁还敢再说投降的话，就同这奏案一样。

当晚周瑜又去找孙权密谈，主动请缨抗击曹操，分析曹操的军情，对孙权说：

主张投降的人，只看到曹操书信上说的有水陆军八十万，就吓破了胆，不去调查虚实，他们的主张不值得讨论。据我的实际考察，曹操从北方带来的军队，不过十五六万人，而且已经疲惫不堪；所得刘表的部众，充其量七八万人，尚且还抱有疑惧心理。曹操带着疲劳的军队，裹胁着三心二意的降卒，数量虽然超过我军，但没有什么可怕的。给我精兵五万，就足可以打败曹操，请主公放心。

周瑜请战，要求领兵五万破敌，他对曹操军情的分析是可信的。曹操所带北方之兵三十万，留守荆州约占半数，所以是十五六万，加上荆州新附之众七八万，曹操用于第一线的兵力二十余万。加上后勤支持，即北兵三十万与十余万荆州之众，总计四十余万。

孙权对周瑜说："公瑾，你的分析与我的意见正相合。张昭、秦松等人贪生怕死，只顾自己。只有你与鲁子敬两人主战，合我的心意，真是上天派你们两人来辅助我。五万兵一下子难以调集，兵贵神速，现在有三万精兵待命，船粮齐备，你率领为前锋，我随后率大军做后盾。"当即任命周瑜为右都督，全军统帅；老将程普为左都督，全军副帅；鲁肃为参军，助划方略。东吴猛将吕蒙、黄盖、周泰、甘宁、凌统、吕范等，各统本部，皆隶周瑜调遣。

驻军樊口的刘备，得知曹操大军顺流而东，心中非常焦急，天天派人在江边巡逻，盼望孙权援军西上。一日，周瑜战船溯江而来，巡兵飞报刘备。刘备喜出望外，立即派人慰劳，邀请周瑜上岸会谈。周瑜说："军务在身，不可离开岗位。刘豫州若能屈驾到船上一谈，非常欢迎。"刘备对关羽、张飞说："周瑜摆架子，现在是我们求救于江东，为了同盟，我就走一趟吧。"

刘备乘坐一艘小船去拜见周瑜，向周瑜表示了敬意。刘备说："孙刘联盟抗曹，是最好的策谋。周将军带了多少兵马？"周瑜说："三万人。"刘备说："可惜少了一点。"周瑜说："这已经足够了，请刘豫州听我的捷报吧。"刘备敬服周瑜的胆气，但还有疑虑，不大相信三万人能打败曹操。他留了一手，只让关羽、张飞带两千人协同周瑜作战，两万荆州兵掌握在自己手里。周瑜也不想刘备分功，并不在意。

赤壁战后，孙权率十万大军攻合肥，但他只给周瑜三万兵，也是留了一手。当时东吴诸将所领本部兵马，一般数百人，多者两千人，周瑜本部兵只有两千。临阵却敌，委任大督，诸将听其节制。夷陵之战，陆逊统兵五万，这就是较多的了。孙权自统大军，以防尾大不掉。所以联军方面的总兵力，江东之众十余万，刘备荆州之兵两万，共计十五六万，约为曹操兵力之半。联军第一线为周瑜，刘备在樊口为第二线，孙权在柴桑为第三线。联军布置了纵深防线。就这样，孙刘结盟打破了曹操不战而下江东的美梦，一场决定历史命运的南北方大会战拉开了序幕。

东借荆州

赤壁之战的过程，将在本书第七章"吴大帝孙权"中详述，这里评说赤壁战后，刘备借荆州的故事。

赤壁之战，在军事上是孙曹决战，而政治上是曹刘决战。曹孙刘三方的史料记载，对于这次战役的主客形势基本一致，是很明确的。曹方史料，《三国志·武帝纪》说："公（曹操）至赤壁，与备战，不利。备遂有荆州江南诸郡。"蜀方史料，《先主传》记载说："先主（刘备）遣诸葛亮自结于孙权,权遣周瑜、程普等水军数万,与先主并力,与曹公战于赤壁。"吴国史料,《吴主传》记载说:"瑜(周瑜)普(程普)为左右督,各领万人,与备俱进,遇于赤壁,大破曹公军。"陈寿写三国史,并称为《三国志》,说明他分别把曹孙刘三方史料综合后,按国别史的写法以存真,因此有"与备战"、"并力"、"与备俱进"的不同说法,而正是这不同的记载,更加明确地反映了赤壁之战的主客形势,三方皆承认曹刘之战。因为诸葛亮渡江与孙权谈判,是以鼎足之形为先决条件。也就是说要孙权承认刘备是荆州的主人,打败曹操,荆州归刘备。刘备是向孙权同盟借兵抗拒曹操的,而且赤壁也在荆州境内,所以曹方说是"与备战",孙刘结盟,则称"并力"、"俱进"。鼎立之形,也是鲁肃的主张,孙权采纳了。鲁肃从全局态势出发,认为江东之众,不能独立抗拒曹操,极力主张孙刘结盟。周瑜不这样看,他梦寐以求的是全据长江,不承认刘备是荆州的主人,认为江东之众可以独立对抗曹操。所以赤壁之战,周瑜不让刘备全力参战,刘备也乐得保存

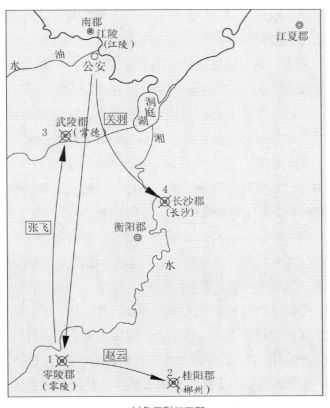

刘备征荆州四郡

实力，只派关羽、张飞带领两千人协助周瑜作战。赤壁之战后，周瑜独立西上争江陵，而让刘备去收拾江南四郡。周瑜攻下南郡，不交给刘备，他要作为西进巴蜀的基地，同时隔断刘备与曹操的接触，以便控制刘备，只让他当一个配角。这样刘备只占有荆州江南四郡：武陵、零陵、长沙、桂阳。周瑜允许刘备驻屯公安。

荆州七郡，江北有南阳、南郡、江夏三郡。赤壁之战时，江夏尚在刘备所控制的刘琦手中，周瑜西进，刘备把它让了出来。江夏郡的北部被曹操占领。南阳、南郡在曹军手中。曹操北还，留曹仁、徐晃镇守江陵，周瑜乘战胜之威，率兵数万攻打江陵，与曹仁展开大战。江陵城池坚固，粮食充足，曹仁英勇善战，周瑜几次攻坚均未破城。有一次周瑜到前沿视察，被流矢射伤右胁，伏鞍还营。曹仁趁势叫阵，多次向吴军挑战。周瑜忍着伤痛，巡视各营，激励将士，稳住了军心。曹仁见周瑜防卫森严，也领兵退入城中，闭门坚守。周瑜无力正面突破，采纳了甘宁的计策，西上攻取夷陵，因此，江陵成了一座孤悬的城池，曹仁坚守了一年多，不得不放弃北撤，把战略重镇收缩到襄樊。这样，南郡为孙曹共有，北部重镇襄樊被曹操占领，南部重镇江陵被周瑜占领。吴军经过如此艰苦得来的江陵，自然不肯轻易给刘备。孙权署周瑜为南郡太守，程普为江夏太守，吕范为彭泽太守，吕蒙为当阳令。江东的精兵强将驻屯在沿江中游一带，随时待命。

刘备攻占江南四郡后，表举刘琦为荆州刺史，这是很高明的策略，既收揽荆州人心，也使得孙权无话可说，真是一箭双雕。不久刘琦病死，孙权表举刘备为荆州牧，刘备表举孙权为徐州牧，显然这是一种互相承认，同时暗示势力划分，荆州归刘备，徐州归孙权。北上抗曹，孙权的方向应是徐州。但周瑜并不把江陵交给刘备。

刘备领荆州牧后，以诸葛亮为军师中郎将，使督零陵、桂阳、长沙三郡，调其赋税，以充军实。刘备有了立足之地，荆州士众依归者日益增多。像庞统、黄忠、马良、马谡、蒋琬、费祎、董允、陈震等人，都先后投归刘备，后来成为蜀汉政权的中坚人物。刘备声名远播，庐江雷绪率部曲数万口归服，给孙权以很大震动。孙权为了加固同盟，把妹妹嫁给刘备。婚姻外交是孙权的惯用伎俩。为了政治大局，刘备认可了这门亲事。

公元211年初，刘备为了摆脱被周瑜锁困的处境，他以大无畏的勇敢精神，闯入虎穴，到京口去向孙权借荆州。诸葛亮苦劝刘备不要东行，认为冒险太大。刘备认为，孙权在合肥作战，接连失利，孙吴要在长江北岸建立防线，还须借重自己牵制曹操，"故决意不疑"，料定东行有惊无险，以探亲为名，打点去东吴。

诸葛亮担心，周瑜等要设置陷阱。还真是这样。周瑜上疏孙权说："刘备是一个英雄，又有关羽、张飞这样的熊虎之将为辅，不会长久屈人之下。最好把刘备软禁在东吴，给他高官、宫室，多置美女玩好，让他无话可说，用这个办法把刘备与关、张分开，各处一方。这样我周瑜就可指挥关、张效命疆场，可以完成大业。如果割让土地给刘备，让他们三个人在一起，就像蛟龙得到云雨一样，不会安心在池中了。"吕范也上书孙权，让他扣留刘备。孙权询问鲁肃意见，鲁肃不赞同，他对孙权说："周瑜、吕范的计谋切不可行。孙将军虽然英明武略，但曹操力量太强大，应当把荆州借给刘备，多一个曹操的敌人，也是给自己多一个朋友，这才是上策。"孙权再三权衡，感到不好驾驭刘备，如果扣留刘备引起内战，曹操南下如何抵敌？他采纳了鲁肃的建议，厚待刘备，决定把荆州借给刘备，把祸水引向荆州。这一消息传到北方，曹操正在写字，大吃一惊，颜面变色，毛笔掉落于地。可见，借荆州给刘备，确是一着妙棋，以至于政治经验丰富的曹操也惊慌失措起来。

鲁肃最早建言孙权夺取荆州，控制长江，这也是孙权集团坚定不移的战略基点。由于形势变化，鲁肃劝孙权借出荆州，表面上是后退了一步，从全局战略看实际是前进了。占领荆州符合孙权集团的最大利益，但在江东之众不能独立抗击曹操的形势下，借出荆州也是符合孙权集团的最大利益。曹刘水火不容，而刘备又是一个英雄，因此借出荆州必然要分散曹操的注意力，减轻东吴的压力。这一全局战略，曹操、刘备、孙权、鲁肃、诸葛亮都看得很清楚。周瑜、吕范等人不识大体，全局战略逊人一等。由此可见，江东诸将全然是周瑜一般的见识。所以刘备东行，仍然是走钢丝，并不是万全的计谋，当时也是出于无奈。数年以后，刘备与庞统谈论此事，还心有余悸地说："我当时处境艰难，为了生存和发展，只有硬着头皮东行。"刘备对左右的人也说："孙车骑身长腿短，一副凌人架势，我再不想见他。"看来刘备东行，是流了几身冷汗的。俗话说："不入虎穴，焉得虎子。"刘备的冒险，带来了丰硕的成果，孙权答应将用江东健儿的生命和鲜血换来的江陵借给刘备。孙权兑现了结盟的诺言，承认刘备为荆州的主人，鼎立形势初见端倪,所以曹操才大惊失色。

《三国演义》写刘备到江东,是接受孙权的假招亲,乔国老作合,弄假成真。赵云护送刘备,按诸葛亮的锦囊妙计,刘备才脱险回到荆州,周瑜赔了夫人又折兵。这些情节都是小说家的艺术虚构。孙尚香出嫁在公元209年,刘备入吴在公元210年。刘备以送夫人回娘家省亲为由向国舅孙权借荆州,诸葛亮认为是一着险棋,刘备是冒难而行,显示了一个枭雄的气概。

镇江甘露寺山门

孙尚香才貌出众,个性刚强,有男儿气概,尚武好兵,训练了一群女战士,是三国时代的花木兰。孙尚香到了公安,带了一百多女护卫,出入环侍左右。久经沙场的刘备,见了这个阵势,也十分敬畏夫人,提心吊胆害怕变生于肘腋之间。于是以赵云为留营司马,监视孙尚香。当时孙尚香还是一个二十来岁的妙龄女子,刘备已年过半百。两人说不上有什么恩爱,完全是一场政治联姻。孙尚香为了孙刘联盟,奉献了青春。

孙刘联姻两年后,公元211年,孙权讨伐荆州,召回了孙尚香。十三年后,公元222年,吴蜀夷陵之战,刘备兵败,死在白帝城,传说孙夫人在吴闻讯,悲痛地在芜湖投江而死。孙尚香这位巾帼英雄,对国家尽忠,对丈夫尽节,是一个德义双全的女子,而个人婚姻却是一场悲剧。京剧《龙凤呈祥》庆贺刘备得人得地,孙夫人美女配英雄,是大吉大利的喜剧。民间富室堂会,节日喜庆,总要上演《龙凤呈祥》助庆,以示圆圆满满之兆。原来这喜庆背后的故事,有着多少辛酸泪,古时的这对政治婚姻龙凤配,对双方都是一场悲剧。

但是,周瑜并不执行孙权对刘备的许诺,他生出一计,整顿军马西取益州,这样南郡作为后勤基地,暂时不给刘备,刘备也无话可说。好像天意在安排三分似的，周瑜不幸病逝巴丘，孙权的西征只好作罢。接着鲁肃接替周瑜为荆州都督，鲁肃践约，把南郡给了刘备。所谓刘备借荆州，实际上是借南郡江陵。刘备打的旗号是北进襄阳，而骨子里却是等待时机西取巴蜀。

刘备借得荆州，取得鼎足的权利，他就希望继续扩展势力，实现隆中路线所确定的目标，跨有荆、益，事业的开拓出现了前所未有的转机。但孙权是"借"荆州给刘备，还保留了所有权，目的是实现全据长江，前据襄阳，争衡中原。因此荆州成为孙刘两家又联合又争夺的契机，彼此战略不能相容，矛盾在暗中潜伏。曹操也看出了这一点，在赤壁尝到了孙刘联盟的苦头，于是转而挑拨孙刘，企图分化和瓦解这一联盟。

公元209年，也就是赤壁战后的第二年，曹操派九江人蒋干前往江陵，游说周瑜北向。蒋干字子冀，能言善辩，是江淮间的知名人士，与周瑜又是旧交。蒋干拜访，周瑜知道他的来意，抢先封住蒋干的嘴，迎面对蒋干说："子冀，你远来辛苦，大概是无事不登门，替曹操做说客的吧？"蒋干没想到老朋友如此单刀直入，开不得口，只好说："哪里哪里，我们是同乡，特来对你的赤壁大捷贺喜的，怎么还没进门就下逐客令？"周瑜哈哈大笑说："我和老哥开个玩笑，我想老哥断不会替曹孟德做卑贱的说客。"于是叙说阔别，设宴赋诗，只谈友情与家常，绝不谈军国大事。周瑜隆重款待了蒋干三天，请他参观军械府库，显示自己的尊荣与江东的实力。周瑜对蒋干说："大丈夫处世碰上知遇的明主，外托君臣之义，内结骨肉之恩，言听计从，祸福与共，在这种情况下，即使苏秦、张仪再生，郦食其复出，也不可能说得动我，这哪是老哥所能办得到的呢？"蒋干听了，无言以对，只得回去报告曹操，称赞周瑜气度不凡，识大体，不是功名利禄能够离间的，曹操听了，也只能默不作声。

但曹操并不死心，他又生一计，写信给孙权，说赤壁之战，因北兵有疾病，是他曹操"烧船自退，让周瑜获得了虚名"，用以贬低周瑜，挑拨江东的君臣关系。

公元211年，曹操命文章高手阮瑀写信给孙权，信中叙旧，提到孙曹之间的姻亲关系，应该加深感情。赤壁之战，受人挑拨，彼此应忘怀。曹操希望孙权内去张昭，外击刘备，恢复友好关系，这样曹操就承认孙权拥有大江以南的全部土地。

与此同时，曹操又让阮瑀代笔写信给刘备，"推心置腹"叙述交情，还给诸葛亮送去五斤丁香。曹操这样做，目的只有一个，就是瓦解孙刘联盟。由于形势所逼，孙权需要巩固长江北岸防务，进军淮南；刘备要站稳脚跟，取得生存空间，所以孙刘联盟进入蜜月。孙权借地给刘备，打破了曹操挑拨离间的幻想。曹操虽然没有达到瓦解联盟的目的，但他极为重视孙刘联盟，不再重蹈赤壁之战的覆辙，无疑是明智的。

西取巴蜀

巴蜀，即巴郡、蜀郡，为今四川及云贵地区，土地肥沃，物产丰富，有"天府之国"的称誉。公元188年，汉宗室刘焉出任益州牧。刘焉见天下将乱，志在割据益州，所以他带了很多亲戚故旧入蜀，同时又把由南阳和长安一带进入益州的流民收编成军队，号称"东州兵"，作为基本骨干，用以对抗益州土著地主集团。刘焉为了树立自己的威信，他找岔子杀了益州豪强王咸、李权等十余人，激起了犍为太守任岐和豪强土著贾龙的武装反抗。结果，刘焉取得了胜利，站稳了脚跟。但客籍地主与益州土著地主之间，矛盾仍然十分尖锐。

公元194年，刘焉病死，其子刘璋继任益州牧。刘璋"性宽柔无威略"，豪强肆恣，小民怨愤。刘璋也不能用贤，别驾张松、军议校尉法正等智能之士，思得明君，他们投向了刘备的怀抱。

公元208年，曹操南下荆州，刘璋不断派出使者向曹操表示归附。张松是第三批使者，他到荆州庆贺曹操的胜利。由于张松个子矮，貌不惊人，曹操没有礼遇他。曹操丞相府主簿杨修是一个博学之士，他早听说张松很有才学，想一睹张松风采，接待了他。杨修初见时也有轻视之意。在谈吐间，张松不俗，杨修敬重起来。他把曹操写的《孙子兵法注》拿给张松看。张松在宴会上边吃边看，过目不忘，宴会席散，张松也看完了兵书。他合上书，一字不差地背诵下来，使得杨修更加刮目相看。杨修向曹操赞誉张松的才学，曹操仍不肯录用。张松一气之下去见刘备，受到热情款待。张松回到益州，竭力劝刘璋拒绝曹操而结纳刘备。曹操从赤壁败还后，刘璋正式断绝了与曹操的往来。不久，刘备阻拦了孙权伐蜀，刘璋更为感激。张松趁势劝刘璋延请刘备入蜀北伐张鲁。刘璋问谁能出使荆州，张松推荐密友法正、孟达两人。两人到荆州，与刘备一见如故，并定下君臣之分。法正向刘备报告了益州虚实，府库钱粮，人马兵器等情报，还画了益州地图献给刘备。刘备让法正回益州复命，将孟达留了下来。后来刘备入蜀，委派孟达任宜都太守。

法正回到成都，与张松两人倾心相结，密谋迎接刘备入蜀。公元211年，张松借曹操进兵关中的时机，劝刘璋派法正迎请刘备入川，巩固益州防卫。刘璋采纳了张松的建议，派法正领兵四千迎请刘备。益州主簿黄权谏阻，认为刘备入蜀，将要造成益州累卵之危。刘璋不听，把黄权贬出成都为广汉长。益州从事王累直陈刘璋"引狼入室"，把自己倒吊在州府门口，以死谏诤，刘璋还是不听。法正到了荆州，见刘备军容整肃，劝说刘备趁机占据益州，建立基业。庞统也劝刘备。刘备十分高兴，以庞统为军师，亲自领兵数万，向益州进发。荆州重镇，为后勤基地，留下诸葛亮主持政务，关羽、张飞、赵云等大将也留守荆州待命。

刘备入蜀，刘璋带兵迎接，两人相会于涪城（今四川绵阳），庞统劝刘备在宴会时擒拿刘璋，可以不用争战交锋，唾手得一州。刘备认为这样太失道义，断然拒绝。庞统又献上中下三策。上策是出其不意轻进取成都；中策是诈称还救孙权，向刘璋借兵借粮，刘璋不借，名正言顺讨伐；下策是退还白帝城，引荆州之援，徐图进取。刘备取中策，等待时机。他与刘璋欢宴百余日，带兵北上攻张鲁。刘璋给刘备荆州军补充了许多物资，又派大将杨怀、高沛统领白水军隶属刘备指挥。刘备到达葭萌关（在今广元

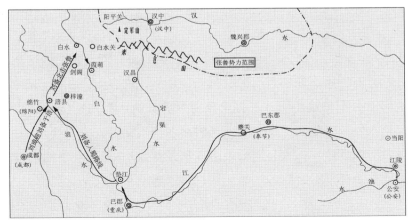

刘备入蜀

西南)停兵不前,在川北一带"厚树恩德,以结众心",培植根基。

公元212年十月,曹操进兵江北,与孙权战濡须,刘备认为实施夺取益州的时机到来,于是给刘璋写信,要求回师荆州。信中说:"曹操征吴,孙权危在旦夕。我与孙将军唇齿相依。还有,乐进与关羽相拒,荆州兵力微弱,如果不回师救援,一旦荆州失守,益州危害更大。汉中张鲁不过是自守之贼,不足担忧。"信中向刘璋借兵一万,以及相应军资粮草。刘璋很不高兴,但又无可奈何,打折扣借兵四千,粮草军资给半数。刘备借此动员全军,宣布刘璋不义,薄待同盟,决定进兵成都。十二月从葭萌关还军攻刘璋。

这时,作为刘备内应的张松,不知刘备借口东行是用计,他写信给刘备说:"如今大事唾手可成,为何放过这机会远走呢?"信还没发,被张松的哥哥广汉太守张肃发现,张肃向刘璋告密,刘璋诛杀了张松,并发下公文,敕令各关口加强戒备,不再听命于刘备。刘备探知消息,抢先召见白水关杨怀、高沛二将,指责他们待客无礼,立即军法处斩。这样,刘备不战进了白水关,收编了蜀军,长驱南下,占据了涪城。

刘璋组织力量在绵竹一带阻击刘备,两军相持一年多。蜀军吴懿、李严、费观等相继率部投降,刘备军势更盛,但一时不能决战胜利,蜀将刘义、冷苞、张任、邓贤等进行顽强抵抗。公元214年五月,刘备攻围雒城(今四川广汉),军师庞统不幸被流矢所中身亡,刘备失去了一只臂膀。接着刘备兵围成都。这时,诸葛亮与张飞、赵云率荆州援军赶到,两军会师成都,刘璋投降。刘备取得了益州。公元214年六月,刘备攻打成都,许诺城破之日,府库财物,任由自取。刘备进入成都,钱粮宝物都被士兵抢光了,得了一座空城,十分忧心。刘备咨问刘巴。刘巴说,赶快铸造一枚值百钱的新币,定出物价,令各官府部门收购物资。刘备采纳了这一建议,数月之后,府库重新充实起来。益州安定以后,许多人主张把成都城内外的土地房屋分配给诸将。赵云提出反对意见。他认为现在国贼祸乱汉室,切不可追求安乐。等到天下安定,诸将再各回本土,安家立业。现在应该把土地房屋归还给本土人民,让他们安居乐业,然后征调赋税。这样既能得民心,又能满足财政军备的需要。赵云这番话很有政治远见,刘备采纳了,把土地房屋归还了益州土著士民,着手蜀汉政权的建设。

刘备取蜀,自称益州牧。追随刘备的文臣武将,以荆州人士为核心,他们反客为主，成为蜀汉政权的中坚。诸葛亮、关羽、张飞、赵云、糜竺、简雍、黄忠、魏延、马良、马谡等都委以重任，诸葛亮为军师。刘璋旧部董和、黄权、李严、吴懿、费观，土著法正、张裔、彭羕等均给以显爵。这样，刘备的荆州集团、刘璋的东州集团、蜀中土著豪强，三者取得了相对的平衡，蜀汉初建形成了一派欣欣向荣的气象。用今天的话说，刘备很重视统一战线的建设。黄权曾经反对刘璋迎请刘备，又在广汉坚守抗击刘备，刘备非但不追究，还任命黄权为偏将军。刘巴，字子初，荆州零陵人，一直不与刘备合作。刘备征讨荆州江南诸郡，刘巴替曹操招降长沙、零陵、桂阳三郡。诸葛亮写信招他，他不听从，辗转流寓入蜀投效刘璋。刘备围成都，专门下达一条军令："谁敢谋害刘巴，诛灭三族。"成都攻破，刘巴谢罪，刘备也委以重任。

　　刘备通过兼顾各方的人事安排，缓和了主客之间的矛盾，蜀汉政权初步稳定下来，只是刘备尚未称王称帝罢了。

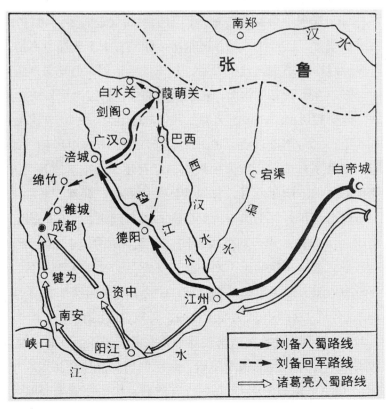

刘备取蜀

南争江南

孙权得知刘备取得益州,气愤地对左右说:"这个狡猾的强盗,欺诈到我的头上了。"这时孙权攻克淮南皖城,曹操举十万之众与孙权相争,无功退回。孙权巩固了江北防线,决定西进,与刘备交涉荆州。

公元210年,周瑜整顿众兵想西取益州,不幸病逝巴丘。接着鲁肃主事,借南郡给刘备。孙权自认为有恩于刘备,于公元211年遣使通告刘备,欲联合西取巴蜀,这是一个难题。刘备若答应孙权的要求,自己将为前部,孙权必定顺势取回荆州,岂不是前功尽弃。荆州主簿殷观给刘备出了一个好主意,解脱了困境。那就是刘备在口头上答应与孙权合兵取巴蜀,同时借口荆州新定,内部不稳,时机还不成熟。孙权是不敢越过荆州孤军征蜀的。但孙权也不示弱,立即提上议事日程,他派孙瑜率领大军西进,驻屯到夏口。孙权致书刘备说:"张鲁称王汉中,替曹操做耳目,图谋夺取益州。刘璋不能自守,如果让曹操取得蜀地,那么荆州就危险了。我打算先攻取刘璋,再进讨张鲁,让长江一线首尾相连,即使有十个曹操也不怕。"刘备当然不答应,回答说:"益州地险民富,刘璋虽然暗弱,但还是有能力守卫。张鲁两面讨好,并不效忠于曹操。现在用兵蜀汉,转运万里,未必能取胜。万一失利,曹操趁机南下,该怎么办?我们同盟之间,不要自相攻打。"孙瑜率水军西上,刘备不准过境。他派关羽守江陵,张飞屯秭归,诸葛亮守南郡公安,刘备亲自坐镇孱陵。孙权不得已召还了孙瑜。这是公元211年正月间发生的事件。同年八月,曹操西征关中马超、韩遂,马韩失败,韩遂西走,马超南奔张鲁。刘璋听说刘备阻挡孙权西进,十分感激,于是采纳张松建议,请刘备入蜀。刘备援助同宗,北讨张鲁,孙权也无话可说。孙权心中不平,遣使迎接妹子(刘备夫人)归吴。孙夫人携刘备之子刘禅还吴,企图为人质。张飞、赵云勒兵截江,夺回了阿斗。孙刘矛盾展开了暗中斗争。三年后,刘备用武力夺了益州,孙权怎能不愤怒。

公元215年五月,孙权派诸葛瑾向刘备索求荆州江南三郡,刘备不许,说:"我正要进兵凉州,等凉州平定后,我把荆州全部还给江东。"孙权说:"这是赖账,用空话拖延时间。"孙权先礼后兵,决定用武力夺取。他为了师出有名,先派出江南三郡的地方行政长官。关羽不承认,全部驱赶出境。

孙权随后进兵，派吕蒙为都督，发兵两万夺取江南三郡。吕蒙致书三郡长官，陈说道理，分析利害，长沙、桂阳两郡不战投降。零陵郡太守郝普（字子太）坚守不降。这时刘备亲率五万大军出蜀，坐镇公安，派关羽统兵南下益阳与吕蒙争江南三郡。孙权也进驻陆口指挥，派鲁肃领兵一万敌住关羽，并急召吕蒙放弃零陵还军支援鲁肃。吕蒙不肯放弃零陵，急中生智，他要在一夜之间夺取。吕蒙不宣布撤军，而是下达战斗动员令，令全军做好攻城准备。同时他找来郝普的好友邓玄之入城劝降。吕蒙对邓玄之说："郝子太想做一个忠义之士，精神可嘉，但是他不识时务。现在左将军刘备陷在汉中，关羽驻屯在南郡，我方至尊孙权亲统大军在后，我明日就要攻城，刘备、关羽哪能救得了零陵。你是郝子太的老友，劝说他不要固执，想一想百岁老母的命运，不要城破之后，绑赴法场。"郝普信以为真，感到外救无望，开门出降。吕蒙立即发令攻城，军队开赴益阳。吕蒙这才把孙权给他的撤军书信展给郝普看，郝普才知刘备在公安，关羽在益阳，后悔得只想往地缝里钻。

鲁肃在益阳与关羽对阵，他从同盟大局出发，写信给关羽要求会谈。关羽要鲁肃前往，鲁肃慨然允诺。东吴诸将恐生不测，阻止鲁肃。鲁肃说："今天的事，应当开导关羽和平解决。刘备对不起江东，是非鲜明，料想关羽不会胡来。"《三国演义》第六十六回写关羽单刀赴会，恰好做了一个颠倒，用以刻画关羽的勇武，把鲁肃写成了一个懦夫。其实益阳会谈，鲁肃才是铮铮一男子，挽救了同盟。

鲁肃责备关羽，江东借荆州给刘备，现在只是索讨江南三郡也不给，于理为亏。关羽说："乌林鏖战，左将军亲临战阵，共同努力破敌，我们也不是平白无故得的荆州，为何来讨取？"鲁肃说："话不能这样说。当时刘豫州兵败长坂，没剩下几个人，走投无路，打算远逃，哪里还想到有荆州？我主孙权同情刘备，借兵借地让他有个资本，想不到刘备损害道义，破坏交情。现在他得了西川，还想赖住荆州，即使是一个平常人也不该这样做，何况是一个要干大事业的人呢？鲁肃听说，贪得无厌的人，一定要遭祸。你关将军身负重任，不用大义扶持刘备，反而要用弱小的军力来争斗，既没理，又无力，后果是不堪设想的。"一席话说得关羽无言以对。

鹬蚌相争，渔人得利。刘备五月率军下公安，曹操七月兵进汉中，蜀中一日数十惊。刘备害怕益州有失，与孙权求和。鲁肃力主和议。孙刘双方以湘水为界中分荆州,长沙、桂阳、江夏三郡属江东;南郡、零陵、武陵三郡属刘备。孙权做出让步,将零陵郡归还刘备。

孙中分荆州,孙权得三郡

孙刘联盟,为了共同抗御强敌曹操。但两家的利益冲突,矛盾不可调和。眼看就要打大仗,由于曹操兵进汉中,又迫使两家握手言和。曹操夺取汉中以后,分兵攻下益州巴郡,而刘备又远在公安,所以成都一日数十惊,纷纷传言曹兵来了。诸葛亮镇守成都,以造谣罪诛杀惊变的带头人,也制止不了人心的浮动。曹操谋士司马懿进言说:"刘备用诈夺取了刘璋的益州,蜀人还未心服,他又远在荆州。现在我们占有汉中,益州震动,如果进兵,必定瓦解。"主簿刘晔也说:"现在乘胜进兵,定能取蜀。如果迟迟不动,等到蜀民安定,据险守要,就难攻打了。"这时曹操却犯了迟疑的错误,他冒进赤壁战败,仍心有余悸,于是自我解嘲地说:"人心不足,得陇望蜀。"他拒绝了谋士的建议,留夏侯渊与张郃守汉中,大军撤回。当然曹操并非不想得蜀,他顾虑后方不稳,怕进兵逼使孙刘结盟更紧密,刘备回西川,孙权犯淮南,与其孙刘结盟,不如挑动孙刘相攻,于是缓进益州。曹操的顾虑也是有道理的。但是曹操仍然没有把握好时机,孙刘未动干戈,他兵进汉中,失之于早;既然占了汉中,不长驱入蜀,又失之于怯。结果孙刘两家还是携起手来。刘备掉头回川,孙权兵进合肥。

从全局看,刘备用武力争江南三郡是失策的,丧失了争汉中的最好时机,后来费尽力气,只得其地而不得其民。蜀人廖立就提出批评。他对蒋琬说:"当年先帝不取汉中,跑去与吴人争夺江南三郡,最终还是把三郡割给吴人,白白地浪费兵力,无功而还。丢失汉中,使夏侯渊、张郃深入巴郡，差点丢失整个益州。后来又去争汉中，导致关羽失荆州，片甲不存，接着上庸又丢失，损失了半个天下。"廖立的批评是相当精彩的。刘备争江南三郡，腹背受敌，假如不是孙权让步，益州肯定不保。当然孙权也不是发善心，他从全局考虑，如果刘备丧失益州，一定迁怒于吴，将以荆州之众全力攻吴，曹操趁机南下，那就是孙权腹背受敌了。孙权见好就收，得了江南长沙、桂阳两郡，让刘备返回西川去牵制曹操。孙权的战略灵活多了。

吴蜀矛盾暂时冻结起来，但它没有消失，它还将在适当时候更激烈、更有力地爆发出来。

北并汉中

汉中郡在今陕南，古属益州，郡治南郑，即今汉中市。汉中四周环山，中间汉水穿过，形成一个小盆地，土地肥沃，物产丰富，是曹操与刘备必争的战略要地。汉中是益州的北大门，进可攻关中，退可守益州。曹操得汉中，使益州无险可守，形成对刘备的直接威胁。汉中是双方前进的桥头堡，对于刘备来说，更是生死攸关的战略要地。

割据汉中的是"五斗米道"头领张鲁。"五斗米道"与"太平道"一样，都是原始道教，在汉末传播，组织农民起义。"五斗米道"的创始人是张鲁的祖父张陵，后世称张天师。信教的人要出五斗米为入教经费，因此称"五斗米道"。公元184年，张角利用"太平道"组织黄巾军起义。这时张陵已死，其子张衡为"五斗米道"道长，他在汉中率教徒起义与黄巾军呼应。张衡死后，张鲁继承基业。张鲁在割据境内交通要道设"义舍"，供给过往教徒酒食，不用付钱，吃饱为止，"民夷便乐之"。刘焉出镇益州，笼络张鲁，封他为镇民中郎将，领汉宁太守。张鲁成了一个合法的封建割据者。

汉中封闭，人才不广，张鲁势单力弱，他要摆脱刘璋的控制，必然与益州交恶。由于刘璋懦弱，才使得张鲁在汉中延命三十余年。所以曹操进军，没费多大力气就攻取了汉中。张鲁不想抵抗，他的弟弟张卫不肯，率众在阳平关坚守，曹操久攻不下，打算退军。张鲁却封闭府库，逃出南郑。公元215年十一月，张鲁投降曹操，拜镇南将军，封阆中侯。

公元218年，益州经过数年休整，士马精强。法正建言刘备北定汉中。法正说：

曹操一举攻克张鲁，兵进汉中，但没有一鼓作气图取巴蜀，只留下夏侯渊、张郃。他们两人的才能谋略，敌不过我方将帅，如果发兵征讨，一定能取胜。占有汉中，广种粮谷，积蓄力量，等待机会，进可讨灭曹操，中兴汉室；退一步说，可以蚕食雍凉，扩大地盘；最低的收获，占据汉中要塞，巩固益州与敌人长期相持。这是上天留下的好机会，切不可错过。（《三国志·法正传》）

刘备得益州，深深感谢法正的辅佐，任命法正为蜀郡太守、扬武将军，外掌成都京畿治安，内为谋主，言听计从。法正建言北定汉中，正合刘备心意。于是刘备亲率诸将往讨，以法正为谋主，张飞为先锋。诸葛亮留镇成都，主持政务，供给军资。曹操闻讯，也坐镇长安，调兵遣将。曹刘汉中之战，正式展开。

刘备分遣将军吴兰、雷铜进入武都为侧翼，两将全军覆没。刘备大军屯驻阳平关，夏侯渊凭险据守，争战一年多，刘备才渡过河水，沿山步步推进。公元219年春，进逼定军山。定军山在今陕西勉县东南，地势险要，

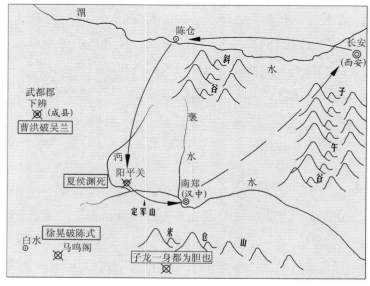

刘备北定汉中

是汉中西面的门户，如果丢失，汉中不保。夏侯渊亲临战阵，借山势建起坚固营垒，在营垒四周围起鹿角栅栏，自认为固若金汤，坚守不出，与蜀军打阵地战。

夏侯渊字妙才，夏侯惇的族弟，是曹军中有名的骁将。夏侯渊在关西败马超、擒宋建，荡平关右，名声很大。曹操称赞他"虎步关右，所向无前"，所以选拔他为汉中督。但夏侯渊有勇无谋，留下张郃为助手。刘备先锋将是老将黄忠。黄忠字汉升，南阳人，曾任刘表中郎将。曹操得荆州，拜黄忠为裨将军，辅助长沙太守韩玄。刘备定荆州江南四郡，攻下长沙，收了黄忠。刘备入蜀，黄忠常为先锋，经常身先士卒，陷阵登城，勇冠三军。刘备得蜀，封黄忠为讨虏将军。刘备派黄忠争定军山。夏侯渊、黄忠两员虎将相斗，这场战斗异常激烈。

蜀军围困定军山，刘备用法正计谋，步步为营，四面紧逼，又出没无常，声东击西。在一个漆黑夜晚，蜀兵偷袭曹军营寨，放火烧鹿角，夏侯渊分兵补修鹿角，张郃在东面，自己挡在南面。刘备集中兵力攻击东面，张郃支撑不住，夏侯渊分南面之兵援助张郃。黄忠率精锐攻击夏侯渊，夏侯渊不敌，临阵战死。蜀军夺了定军山。刘备升任黄忠为征西将军。

曹操留夏侯渊镇汉中，也担心他逞勇寡谋，要出大事。曹操留张郃为辅，又告诫夏侯渊不要蛮干恃勇。夏侯渊没有领悟到曹操的劝诫，果然在定军山逞勇败亡。幸亏张郃智勇双全，他沉稳地收拾散卒，退守阳平关，抚慰将士，固守待援，阻挡了刘备的乘胜推进。

曹操在长安得知夏侯渊战死，大为震惊，亲自督军从长安出斜谷，直奔阳平关前线。刘备一方是得胜之军，曹操一方投入了生力军，数量也多于蜀军。刘备对诸将说："我军已得汉中，曹操亲自来争，也无能为力，汉中必然归我所有。"曹军后勤线太长，千里转输不能持久。刘备抓住曹军的弱点，坚守险要，不与曹操主力决战，还派黄忠、赵云抄劫曹军粮道。一日曹军运粮来至北山，黄忠领兵劫粮，赵云为后援。中途赵云与曹操大军遭遇，且战且退回到营垒。敌众我寡，赵云下令大开寨门，偃旗息鼓，令弓弩手埋伏寨外壕中。曹军逼近寨门，见蜀军不守寨墙，不鸣金鼓，赵云一人单枪匹马立于门外，疑有伏兵，不敢进攻，传令退兵。赵云见势，挺枪招展，壕中弓弩齐发，擂鼓震天，虚张声势，曹军不知虚实，惊慌逃走。这是赵云情急生智使出的真正"空城计"，吓退了曹兵。第二天，刘备率大军来到赵云营寨,察看战场,细问士兵战斗经过,动情地称赞赵云说:"子龙一身都是胆也。"

曹操在阳平关与刘备相持了一个多月,军中粮食供应匮乏,不少士兵开了小差。曹操欲战不得,欲退不能,举棋不定。无意中曹操果然下达军队口令为"鸡肋",全军将士不知其意。主簿杨修却整理行装,做好撤退的准备。大家惊问他为何如此。杨修说:"魏王下达口令为'鸡肋',这意思就是比喻汉中为'鸡肋',丢了可惜,吃起来又没有多少肉。很明显,魏王就要退兵了。"没几天,曹操果然下达了撤军命令,放弃了汉中,回到长安。

杨修识破曹操口令机密,还把它宣扬出来,曹操十分恼怒。后来杨修交结曹植,卷入曹操立嗣之争,曹丕太子地位巩固以后,曹操疏远曹植,惩治朋党,诛杀了杨修。

曹操入汉中在褒斜栈道所书"衮雪"拓片

曹操退出汉中,他把汉中西面的武都、阴平二郡氐人五万余户迁入关中。武都、阴平两郡屏蔽汉中,后来诸葛亮北伐,果然夺了武都、阴平两郡。早在公元215年,曹操攻占汉中,他就做了两手准备,预料刘备将全力争汉中,把汉中之民迁到关中。因此刘备攻取汉中,只是一块空地,不能在短时间建成进攻曹魏的前沿基地。诸葛亮北伐每每苦于粮饷跟不上,只好令军士屯田汉中,费了很大力气,收效甚微。曹操的战略眼光,确实高人一等。刘备与曹操在汉中相持,为了牵制曹操的力量,命关羽北伐襄阳。刘备取得汉中之战的胜利,关羽在襄阳也频频告捷。曹操退兵,刘备扩大战果,派刘封从汉中东出进攻上庸(今湖北竹山西南),又命令驻守宜都的孟达从秭归北上,攻取房陵(今湖北房县),刘、孟两军在上庸会师。

如果关羽攻下襄阳，则汉中、上庸、襄阳将连成一线。蜀军北伐，汉中之兵出关中，襄阳之兵指宛洛，上庸之兵可以两边策应，还可从武关攻入关中，与汉中之兵成钳形之势攻取长安。因此，上庸在三分鼎立的态势下，是一重要军事基地。刘备定汉中，取上庸，军事胜利达于顶峰。

陕西勉县吉阳平关关楼

公元219年七月，刘备在汉中自称汉中王。

刘备取汉中，还得力于孙权在东线发动的合肥之战。公元217年冬，曹操兵出淮南，刘备趁此时机北上汉中。如果没有孙权在东方吸引和牵制曹军主力，刘备非但难以争汉中，甚至连益州都难以确保。反过来，如果没有刘备在西线打击曹操，孙权在东线也难以巩固江北防线。西线的汉中之战与东线的合肥之战，虽然远隔数千里，恰恰是孙刘同盟协同的战斗，兵多将广的曹操，一忽儿往东，一忽儿向西，东跑西颠，顾了东顾不了西，疲于奔命，被动挨打。孙刘联盟从公元208年的赤壁之战，到公元219年的汉中之战与合肥之战，十年同盟，生龙活虎，而强敌曹操只能来回招架。至此，曹操的席卷四海，一统天下的理想，彻底化为了泡影。

建立蜀汉

刘备进位汉中王，全部占有巴、蜀、汉中之地，加上荆州三郡，可说是"跨有荆益"。刘备一生理想实现了一半，而且是重要的一半。"高祖因之以成帝业"，刘备此时的情况却优于当年的汉王刘邦。刘邦只有一条路线，"明修栈道，暗度陈仓"；刘备却可两路出击，荆州北向，秦川东指。只待天下有变，兴复汉室，统一中原的大业就有可能实现。就在这大好形势下，时局突变，荆州失守，关羽败亡。刘备开始从顶峰向下跌落，隆中路线，半道夭折了。

刘备集团迅速发展，孙权很不高兴。荆州在吴国上游，关羽得势，使孙权有腹背受敌之感。孙权不愿夹在两大国之间做一个配角，又由于他在合肥受挫，想把曹操势力引向刘备，于是掉转矛头来争荆州。曹操吃尽两线作战的苦头，总想离间吴蜀。孙曹出于各自的利益，走到了交叉点上。曹操利用孙曹联姻的微妙关系，互相牵起手来。孙刘两家的荆州争夺，就在刘备高奏凯歌声中，重又暗暗地拉开了序幕。

刘备在汉中称王，被胜利冲昏了头脑，他和诸葛亮忙于规划两路北伐的战略，缺乏对全局的分析。孙刘结盟，公元208年的联兵抗曹和公元215年的中分荆州，孙权两次退让是着眼于全局的以退为进，刘备与诸葛亮都错误地视孙权为软弱。至于逞强好胜的关羽，更没把孙权放在眼里，他北伐襄樊，擅自调用孙权在长沙的储粮。关羽作茧自缚，他已腹背受敌，可是仍贪恋眼前的胜利不肯撤离，而且错误地把留守在江陵的部队也调集前线，使后方江陵成了一座空城。公元219年十二月，吕蒙突袭荆州，关羽全军覆没，父子被杀，蜀汉遭到惨重损失。

吴蜀交恶，渔翁得利。公元220年十一月，曹丕废汉献帝，受禅登上帝位，曹魏正式建立，改年号为黄初。有谣传说汉献帝被杀害，汉中王刘备在成都发布讣告，制作丧服，追谥汉献帝为孝愍皇帝。国不可一日无君，刘备以兴复汉室为己任，在汉献帝被篡弑的情况下，理应站出来扛起汉家的大旗，为此正式登祚即帝位。

太傅许靖、安汉将军糜竺、军师将军诸葛亮、太常赖恭、光禄勋黄柱、少府王谋等上表劝进。表文说：

曹丕篡弑，倾覆汉室，窃据神器，迫害忠良，酷烈无道，人神共愤，怀念刘氏。现在上无天子，人心惶惶。群臣士民前后联名上书有八百多人，希望汉中王早登大位，满足四方的人心所望。

刘备经过一番谦虚辞让，于四月初六，祭天即皇帝位，重建汉朝，建元章武。刘备即位，激励士气，振旅东出，企图重新夺回荆州。可以说蜀汉是在非常时期、不寻常的气氛中建立的一个战时政府。这个政权全力以赴动员举国力量发动复仇之战。刘备四月称帝，七月就大举亲征。群臣劝谏，刘备不听。翊军将军赵云说："国贼是曹操，非孙权。只要先灭了魏国，那么吴国自然归服。曹操虽然死了，但他的儿子曹丕篡国，要趁现在人心思汉，及早图取关中，占据黄河、渭水上游形势以讨伐凶逆，关东义士一定会带着粮食，乘着快马来迎我们。不应当把魏国放到一边，选择与吴国作战。战端一开，那就不是一时半时可以了结的。孙权背盟，袭夺荆州，虽然是敌人，但要分清主次。"孙权求和，让诸葛瑾写信给刘备，劝刘备要分清轻重大小。诸葛瑾说："陛下以关羽之亲何如先帝？荆州大小孰与海内？都是仇敌，两相比较，谁先谁后，不是很容易分清吗？"诸葛瑾的话，与赵云所谏，大体一致。诸葛亮的劝谏，《三国志》没有记载下来，但在《法正传》记载了诸葛亮的议论和感叹，认为如法正还活着，就可以制止刘备东征。说明诸葛亮是反对东征的。由此可见，蜀汉群臣都是反对东征的，但都未能阻止刘备东征，看来刘备是一意孤行。旧臣中，张飞由于结义恩重，愤愤不平，起了推波助澜的作用。他整日酗酒，拿士兵部下出气，在刘备出兵前夕，被部将张达、范强杀死，取了首级，顺着长江飞流而下去投奔孙权。张飞之死，使刘备旧仇添新恨，谁也不能阻挡他的东出了。

刘备东出，在夷陵决战，所以史称夷陵之战。

孙权得知刘备即位，大举东出，也把都城从建业西迁到鄂县，改名武昌（即今湖北鄂城县），寓意武运昌盛。孙权都城西移，加强荆州战备。

夷陵败北

《三国演义》写刘备东征，率众七十万，这是小说家的夸张。学术界也认为夷陵之战，吴国陆逊是以弱胜强，以少胜众，其实这是误断。夷陵之战刘备是以弱抗强，他想借复仇与正统地位的激励侥幸取胜，完全是一次丧失理智的冒险行动。

蜀方兵力　蜀国兵力，不过十五六万，四方守境，最大集中也就十万左右。刘备亲征，也正是倾巢出动。总计约十万，赵云统兵两万驻江州为后援，入峡蜀军约八万，这在《吴主传》、《刘晔传》裴注引《傅子》，《文帝纪》裴注引《魏书》中有记载。

蜀军部署以白帝城为大本营，沿三峡推进，前锋兵力四万余人。蜀将冯习为大督，张南为先锋，吴班、陈式统水军，黄权、辅匡、赵融、廖淳、傅彤等各为别督。黄权总督江北诸军，重点防魏，也是掩护江南诸军的侧翼。从巫山至秭归，重点在江北，秭归以下，重点在江南。江北战线，刘备所统中军，突进到马鞍山（在今湖北宜昌西北）。宜昌，当时称夷陵。江南战线，先锋张南突进至夷道（在今湖北宜都）吴军，陆逊所统大众，屯于夷陵。孙桓驻守夷道。蜀军部署沿三峡成一字长蛇阵，从白帝城算起至夷道，缘山逶迤长达七百里。

吴方兵力 陆逊督兵五万人，这指的仅仅是第一线兵力。孙吴部署有诸葛瑾屯公安的第二线，孙权屯武昌的第三线，总兵力显然超过蜀军，最保守的估计也有十五六万。孙权用兵，总是自统大众，这既是孙权持重的表现，也是他"性多嫌忌"的反映，不肯弄险。孙权每次领兵作战，都是十万或七八万。他偷袭荆州，兵不血刃而兼荆州之众，力量大大增强，所统后援当在十万以上。陆逊领众五万已多于当年的周瑜，一方面说明孙权对夷陵之战的重视，同时也是此时力量大增的缘故。陆逊有强大后援，因此他所统五万，可以集中用于一点一线，始终保持优势。

巴蜀三峡险境

《资治通鉴》记载，

刘备遣将军吴班、冯习攻破孙权部将李异、刘阿等于巫,"进兵秭归,兵四万余人"。司马光所言,或有据,或为推断。刘备所统入峡蜀军八万,因沿途留守,集中推进的兵力只有四万余人,这个推断符合实际。陆逊收缩战线,迎敌于秭归以东,近在咫尺的夷道被困,陆逊不分兵救援,他相信孙桓据坚城留守有余,所以集中兵力,在第一线压倒蜀军。刘备从秭归继续推进,沿江建行营于猇亭,布前锋于夷道,置黄权于江北,连营数百里护卫后方,所统中军的机动兵力不足四万,少于陆逊之兵。当然刘备也懂得集中兵力的意义,所以把水军也拉到陆上集中,由此可见蜀兵寡少,刘备捉襟见肘。

夷陵之战,吴强蜀弱 从总体国力来看,关羽丧师,荆州之众七八万人,尽为孙吴所并。陆逊进兵西陵,破秭归、建平及巫,"前后斩获招纳,凡数万计"。由于关羽丧师,蜀将孟达及上庸太守申耽降魏丧师至少又在万人以上。孙权偷袭荆州,蜀汉猝不及防,不仅国土丧失近半,荆州人物兵众全部丧失,国力大大削弱。刘备倾国远征,只有一州之众,故兵力不足,只能使用在一个方向上。黄权建议,由他领水军,顺流长驱直入荆州,刘备由陆上推进,由于兵力不足,没有实施。

刘备所用之将,多为川将,经历战阵较少,不是吴将对手。蜀国的五虎将,关羽、张飞、黄忠、马超、赵云无一人在阵,关、张、马、黄皆亡。蜀汉谋臣,法正已亡,诸葛亮监国,刘备东出,无良弼在旁。因此,刘备连营七百里,犯兵家之忌,也无人指出。

吴国方面,国力盛于蜀汉,兵力多于蜀汉,已述于前。再看领兵之将,大大超出蜀汉。不仅陆逊多智,而且所统多是功臣宿将。徐盛、韩当、潘璋、朱然、宋谦、鲜于丹等都是身经百战可独当一面的老将。徐盛、朱然多谋,潘璋骁勇。崭露头角的青年将领,如孙桓,二十五岁,能得士众心,他驻防夷道,牵制了蜀军的前锋。反攻后奋勇向前,断蜀军归路打阻击战,迫使刘备"逾山越险,仅乃得免"。刘备忿恚叹息说:"我当初到京口,桓尚小儿,而今迫孤乃至此也。"归师勿迫,乃兵家之忌。孙桓初生牛犊,敢断刘备归师,足见吴兵作战骁勇。论兵论将,孙吴之师强于蜀汉。

但是,蜀军也有一定优势。其一,是复仇之师,哀兵必胜,讨伐孙权背义袭盟,全军同仇敌忾,有一股不可阻挡的锐气。其二,刘备刚登皇帝大位,将士受封受赏,正是立功报效之时。加之刘备亲征,将士激动,士气旺盛。其三，人心向背，蜀汉占有优势。刘备在荆州长达十七八年，荆州士民，追随刘备，从之如云，蜀汉政权，荆州人士居当路要冲。孙吴政权中的荆州人士，只有黄盖、潘浚二人而已。蜀将大督冯习、前部张南，都是荆州人，他们为收复故土而战，也必效死力。夷陵之战，他们都誓以马革裹尸还。其四，三峡地区及武陵，都是少数民族聚居区，孙吴的民族高压政策使他们仇吴亲蜀。其五，蜀军居高临下，又善于山地战，占有地利。初战时，蜀军集中，数量上也占有优势。但蜀军的这些优势，没有充分发挥出来，被陆逊的战略大撤退所避开，很快丧失了。蜀军的初战胜利，只是破吴边将，未遇孙权主力。当蜀军推进至夷陵时已成强弩之末，受阻于坚城之下，陷入了进退维谷的境地。这时，初战时的强弱众寡，全都易位，吴军掌握了主动权。

再看，吴军虽强，却有弱点。第一，政治上，刘备已称帝，打着兴汉的正统旗号，具有很大的号召力。何况又是讨伐背盟叛逆者，加之荆州的民心向背，吴军处于被动。第二，陆逊资望较浅，不为功臣宿将所服，若处理不当，有分崩之势。第三，曹魏坐山观虎斗，若吴军战败或疲惫，将趁势夹攻收渔人之利。陆逊十分明白，吴军只能打胜仗，不能打败仗。如果蜀军突破夷陵防线，不仅荆州动摇，而且曹魏必然趁火打劫。所以他上书孙权说："夷陵要害，国之关限，虽为易得，亦复易失。失之非徒损一郡之地，荆州可忧。今日争之，当令必谐。"为此，陆逊初战，十分谨慎。他为避蜀军锋芒，大胆地做了战略退却。可是诸将不明政治形势，求战心切，不听调动，欲与蜀军硬拼，几乎偾事。可惜刘备寡谋，未能抓住战机，利用吴军弱点

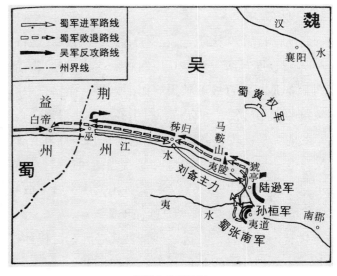

夷陵之战形势图

采纳黄权善计,做迅猛推进。随着相持阶段来临,吴军掌握了主动权,刘备或作相持,或见好就收,也不至于惨败,输光老本。假如刘备临高守险,长期相持,局势必然有变。再拖几个月,曹魏就会出兵,孙权不做让步,只有死路一条。如果法正不死,蜀军恐不致放过吴军弱点的。

综合上述,就吴蜀双方之长短而言,可以说是势均力敌,双方都有胜机和败局,这一形势决定了此役双方谁都不可能取得速战速决的胜利,所以拖了十五个月。这一场持久的斗智斗力的大战役,谁能坚持到最后,谁的谋略优,谁就能取得胜利。刘备谋短而又未能坚持到最后,两条都输了,遭到惨败,这是在情理之中的事。

战役过程 夷陵之战的过程,可分为三个阶段:

第一阶段,公元221年七月至十二月,蜀军进攻,吴军防守。七月,蜀军发起进攻,吴班、陈式率水军,冯习、张南统陆军,水陆齐进,军队密集,攻破吴军前沿重镇巫县,长驱直入秭归。八月,孙权称臣于曹魏,受封为吴王。吴将抚边将军、宜都太守陆逊统兵五万西上迎敌。所统诸将:徐盛,建武将军、庐江太守;潘璋,振威将军、固陵太守;韩当,偏将军、永昌太守;朱然,昭武将军、江陵督;孙桓,安东中郎将;骆统,建忠中郎将;宋谦、鲜于丹,原吕蒙属将。孙吴集四方精英于一线,兵精将猛,遏制了蜀军的进攻。刘备统大军继进,驻屯秭归。双方都在作大战前的部署,沉寂了数月。

第二阶段,公元222年正月至六月,两军相持于夷陵。二月,刘备亲

吉战场猇亭遗址

自指挥蜀军发起第二阶段的进攻。将军黄权谏曰:"吴人悍战,又水军顺流,进易退难,臣请为先驱以尝寇,陛下宜为后镇。"刘备不从,以黄权为镇北将军,督江北军拒陆逊于夷陵,并防魏师。

陆逊继续作战略后撤,分散蜀军之势,并在运动中伺机歼敌。吴军在后撤中歼灭蜀军五营,重兵屯于夷陵坚壁。刘备在江南推进,因前锋受阻于夷道,遂将大军屯驻于夷道北之猇亭。刘备欲诱吴军主力决战,令吴班率数千人在平地立营,另伏兵八千于山谷,吴诸将皆欲进击,陆逊以军法制约,坚守不出。刘备见机关已被识破,引伏兵从山谷中出,撤水军于岸上结营,从巫县、秭归至夷陵,连营树栅四五百里。刘备的这一部署,欲固守已得的峡谷高地,持久以待时变,顾不得犯兵家之忌。刘备出此险棋,他低估了对手陆逊。

第三阶段,公元222年闰六月至八月,吴军反攻,经过三次围攻战,全歼入峡蜀军八万,大获全胜。第一战,陆逊用火攻,并以密集的优势兵力在夷道猇亭打破蜀军前锋,阵斩张南。朱然、韩当、骆统等大将参加了这一战役,与孙桓守城部队配合,夹击蜀军。第二战是涿乡歼灭战,包围刘备所统中军。朱然等趁夷道战胜之威,直插蜀军之后,切断蜀军归路。刘备慌忙撤军,吴军潘璋等猛将紧紧咬住追击,围歼蜀军刘备所统主力于涿乡(在江北夷陵以西)。第三战是马鞍山之战。刘备率残部与黄权江北军靠拢,升马鞍山据高守险,陆逊督诸将四面围攻,蜀军土崩瓦解。刘备退入秭归,欲收合残部,陆逊哪里肯让刘备喘息。孙桓插入夔道断刘备归路。刘备闻讯,逾山越险,弃军而逃。刘备命驿人烧军资铙铠断后,仅得入白帝城。就这样,蜀军全军覆没,舟船器械,一时略尽。吴将李昇、刘阿等直追至白帝城,屯兵于江南。徐盛、潘璋、宋谦等争欲乘胜取蜀,陆逊、朱然、骆统等认为,吴军应撤回防魏。这时赵云已率江州之众入援白帝。八月,吴军班师,夷陵之战结束。孙权改夷陵为西陵。

陆逊的指挥艺术 吴军获得夷陵大捷,除总的形势有利于吴军之外,陆逊优秀的指挥艺术是取得胜利的直接保证。这次战役体现陆逊的战略思想,有以下几个方面:

第一,避敌锋芒,果断地做战略退却,创造战机,趁敌之疲。陆逊节节后退,把三峡险地让与刘备,示敌以弱,诸将不解,以为陆逊胆怯,各怀愤恨。陆逊晓谕诸将说:"刘备统兵东下,士气正盛,何况居高临下,据守险要，难以攻击，即使攻克，也不能保证一一取胜，万一不利，损害全局，不是一战之得失。现在要紧的是鼓励将士，广施计谋，等待机会。如果是在平原旷野，不可避免要发生遭遇战。现在刘备缘山行军，无法展开，自个疲于木石之间，到那时我军再打疲困之敌啊。"蜀军深入三峡五六百里，拉长战线，分散了兵力，在进攻中受到削弱，士气衰损。反之，吴军退避三舍却蓄积了士气。战略退却，进一步改变了吴蜀强弱的对比，在临阵第一线，蜀军也成了劣势。

第二，善于把握战机，运用火攻歼敌。刘备初入三峡，欲趁锐集中优势兵力以求速决，打破吴军，突入荆州。但陆逊大步后撤，不仅分散蜀军之势，而且迫使蜀军屯兵于坚城峻危之地，欲进不能，欲退不得。刘备也是一个久经沙场而又老谋深算的军事家和政治家。他改变策略以守险持久来等待时变。因两军持久不决，曹军必趁其后进攻，这对吴军不利。陆逊要赶在曹魏出兵之前打败蜀军，因此，他必须抓紧战机速决。如果说战争的第一阶段是刘备以求速决，那么，现在却颠倒过来，两军相持以后，吴军要求速决，而刘备未做善计坚持到最后，让陆逊抓住闰六月暑热时机反攻。这时蜀军水陆都集于林荫，又有东南风入峡，便于火攻。陆逊先以小股部队试攻，见蜀军反应无防火准备，抓紧战机全线出击，分割包围，大获全胜。

第三，坚定不移地集中优势兵力用于主攻方向，力争打歼灭战。孙桓被蜀兵围困于夷道，向陆逊求救。陆逊为了捕捉战机保持高度机动而按兵不动。果然，刘备受阻于坚城，久攻不下，士气大损。陆逊知彼知己，知孙桓可恃，才如此部署。即使刘备攻下夷道，将付出重大代价，而陆逊所统夷陵之众则趁其弊而击之，亦必能获胜。刘备之败，还在于他不能"观变出奇"。刘备若采纳黄权建议，命大将统众冒险顺流直下荆州，打乱吴军部署，后事难料。陆逊也忧虑此局。再看，刘备犯兵家之忌连营树栅四五百里，只要防卫有方，也并非必然失败。正如孙桓犯兵家之忌，追迫刘备归师，并未必败。因为刘备沿三峡一条直线部署，不在平原旷野，而是沿山峡居高临下布防，构成一条坚强的纵深防线，吴军要动摇这条防线谈何容易。刘备之失，不仅在于他不能"观变出奇"，疏忽防吴火攻，而且还在于他亲冒矢石居于第一线，把主力暴露在敌人的视线之下。假定刘备把大本营放在秭归，自统大军为后继，这种依险连营数百里的纵深防线未必有失！由于刘备亲临前线，不仅把主力置于险地，而且实际成了大军的绊脚石。天子亲征而深入险地，本身就是一种轻率行动，哪有不败的道理。

当然，刘备亲临前敌，可以起到激励士气、动员民众的政治效果，马良策动武陵蛮夷叛吴就是明证。可惜，刘备没有派出一支正规军去支持，蛮夷乌合之众，很快被吴军讨平，蜀国反倒把一个马良赔进去了，得不偿失。

六十三岁的刘备，惨败于二十九岁的陆逊之手，还差点成了二十五岁的孙桓的俘虏，惭愧、悔恨交加，不久就病死了。此役，蜀国元气大伤，基本决定了隆中路线的夭折，因而刘备也成了一个富有悲剧色彩的英雄人物。

白帝托孤

刘备夷陵败北，全军覆败。蜀军只有千余人逃回。蜀汉连遭大败，元气大伤。刘备无颜回成都见蜀中父老，驻跸白帝城。刘备忧忿成疾，于公元223年四月病逝于白帝城永安宫，年六十三岁。诸葛亮受遗命辅后主，改元建兴。

夷陵之战，蜀国继关羽失荆州之后再遭重创，隆中路线可以说已成泡影。刘备应不应该东征，不仅当时魏蜀吴三方有着尖锐的对立，而且后世学术界争论了近两千年，直到现在仍然没有统一的看法。再把这个问题做一番追究，很有意义，它可以给一个人的行动决策提供历史经验教训，给以无限的启迪。

西晋陆机在总结历史经验的《辨亡论》中说，刘备是"志报关羽之败，图收湘西之地"，这话很有见地。意思是说，刘备以替关羽报仇为名，目的是收回荆州。可以说二者兼而有之。

重庆市奉节县白帝城遗址

这是一个利害问题,并非简单的面子问题。

刘宋历史学家裴松之着重从正统名分驳斥诸葛瑾,认为刘备应该东出,他说:

> 刘备立国益州,以荆州为篱障,关羽扬威下沔汉,志在消灭曹魏,他虽然不一定能达到目的,但声威远震,可以牵制曹魏。孙权暗藏祸心,帮助魏国除去祸害,这是在抵制勤王之师,替曹氏篡汉创造条件,兴复汉室,到此为止。由此看来,义旗所指,首先应当是讨伐孙权。诸葛瑾用大义责备刘备,强词夺理,也能找点理由。再说刘备与关羽,亲如手足,关羽被害,断了刘备臂膀,愤痛填膺,岂能是说几句空话就能平复心理的呀?(《三国志·诸葛瑾传》裴注评语译意)

裴松之的这段议论,极为精彩。孙权背盟,夺人之地,已属过分,而杀关羽父子,天理难容,这哪里还有一点同盟情义。孙权借荆州给刘备显示了大度,刘备争江南三郡,未免小气。因此,孙权袭夺荆州,可以理解,刘备一方也可以说是贪而弃义,咎由自取。但孙权夺了荆州还不算,又深入蜀境,杀关羽,献首级于曹操,大概也是利令智昏,未计后果。如果孙权还存有同盟之心,处理荆州战后绝不会如此霸道,不给刘备留一点余地。

裴松之所驳,是针对诸葛瑾。而诸葛瑾的立论与诸葛亮、赵云的劝谏是大同小异,所以也不能说诸葛瑾是强词夺理。以今天的眼光来评判,裴松之的论点,立足于理与义;诸葛瑾的论点,立足于形与势,双方各有所偏。陆机最为公允,兼论理义与形势,这就是刘备骑在虎背,不得不东出的道理。因为,蜀国失去荆州,不仅丧失了北伐曹魏的一个重要基地,而且还丧失了一个重要的物资供应基地,益州虽然险塞,但蜀汉政权坐困益州,"处孤绝之地",只是坐等待毙。所以刘备东出,不仅仅是显示用武有余,而是要夺回荆州,这才孤注一掷,成为临终遗恨。

历史事件也和许多事物一样,有着两面性。夷陵之战,本是刘备发动的一场复仇伐吴之战,它破坏了隆中路线的孙刘联盟。孙权破坏于前,刘备加剧于后,两国做了拼死角斗,似乎联盟已彻底毁灭。但恰恰又是夷陵之战造成了三分的地理均势,巩固了吴蜀联盟。第一,夷陵战后,蜀弱吴孤,曹魏的优势得到增强,随之对吴的压力增大,迫使孙权回到联蜀的立场主动求和。夷陵战后,刘备眼见收回荆州无望,也回到了现实的立场。孙权遣使求和,刘备允许,亦派使报命,为两国恢复联盟铺平道路。第二,夷陵之战,吴得荆州,稳固了上流门户,不再担心西边的威胁,可以专力对魏,促使孙吴下决心与魏决裂。第三,夷陵之战,蜀国惨败,国力削弱,比任何时候都更需要寻求盟友。于是吴蜀联盟很快恢复。

吴蜀两国,经过生死相拼后,又握手言和,这是形势使然。汉家十三州土地,魏得其九州,占天下十分之六七,吴得三州,蜀得一州,吴蜀两国相加只占天下十分之三四。天下户口,魏占十分之八,吴蜀两国共占十分之二。三国之中,吴蜀无法单独与魏抗衡,两国唇齿相依,谁也离不开谁。夷陵之战,吴得荆州,蜀国小弱而四塞险固,东西形成了地理均势。吴蜀联盟,减少曹魏优势,形成南北均势。曹魏虽大,既不能专力对蜀,也不能全力对吴,势力分散,西守祁山,东固合肥,南镇襄阳,立于守势以恢复经济,吴蜀得以喘息共存。也就是说:夷陵之战最终解决了荆州的归属,形成了三分的地理均势,才正式确立了三分鼎立之局。

夷陵之战,对于刘备,无疑是一场悲剧。夷陵败北,使刘备兴复汉室的理想破灭,饱经风霜的老人经不起这样的打击,身体很快垮了下来。刘备病重,召丞相诸葛亮、尚书令李严嘱以后事。刘备对诸葛亮说:"丞相才能十倍于曹丕,一定能安定国家,完成大业。如果嗣子可以辅佐,你就辅佐成业,如果不可造就,丞相可以取代。"诸葛亮痛哭失声,拜伏于地,对刘备说:"臣敢不尽心竭力,效忠贞之节,以死报效陛下。"刘备又写下手

刘备白帝城托孤(塑像)

书,告诫后主刘禅说:"人活到五十岁就不算短命,我已活了六十多岁,死了没有什么遗憾,只是非常挂念你们兄弟,有些放心不下。你要努力上进,不要以为小恶就不在意,也不要以为小善就不去做。只有加强品德和才干的修养,才能使人心服。你要勤奋读书,《汉书》、《礼记》、诸子、《六韬》、《商君书》,既能增长人的智慧,又可锻炼人的意志。听说丞相已把《申子》、《韩非子》、《管子》、《六韬》等书抄写一遍,要认真学习,多多请教。"刘禅有庶弟两人,刘备即位后封为王。刘永为鲁王,刘理为梁王。刘备把两王叫到床前,谆谆教诲,说:"我死之后,你们兄弟,要像父亲一样对待丞相。"对李严,刘备遗命加官中护军,统内外军事,留镇永安。白帝为三峡上游峡口,形势险要,刘备改名永安,由李严镇守,以防御东吴。

诸葛亮等扶刘备灵柩回到成都,五月安葬在南郊。

刘禅即皇帝位,时年十七岁,政事无分大小,都裁决于诸葛亮。从此,诸葛亮全面肩负起了蜀汉的治国重任。

刘备的历史贡献

刘备的一生,可分为三个阶段:从公元184年镇压黄巾起家到公元207年三顾草庐得诸葛亮相辅,为第一阶段。逐鹿中原,屡仆屡起而战斗不息。从公元208年赤壁之战到公元221年于成都即皇帝位,为第二阶段。执行隆中路线,事业发展,成天下三分鼎足之形。公元221年七月伐吴到公元223年四月病逝于永安宫,为第三阶段。伐吴失败,晚景悲凉,成为三国时代最令人叹息的悲剧英雄。

刘备对于历史的贡献,主要有两个方面:一是他为救世所做的努力,建立蜀汉而成就英雄业绩。二是他的悲剧结局所捍卫的道与义给予历史的影响。

刘备起自微贱,没有什么凭借,完全靠他不屈不挠的主观努力,打出一片

诸葛亮制造木牛流马处

天下。西晋历史学家陈寿倾心折服，喻之为高祖。陈寿在《三国志·先主传》中用了许多特写之笔，来点画刘备是天定的皇位继承人。如：刘备相貌非凡，"垂手下膝，顾自见其耳"；刘备的神奇有自然征兆，"屋舍东南有一棵长着车盖形的大桑树，征兆贵人出世"。这和《史记·高祖本纪》写刘邦的笔法一样，无非是在刘备的头上加上一道五彩光环。这是古人在探索微贱英雄人物时的一种普遍认识，既是历史局限性，也是史家倾注的一种感情。陈寿把刘备与曹操进行对比，明显地是褒扬刘备而贬抑曹操。《武帝纪》写曹操身世说他"莫能审其生出本末"，与刘备出身"汉景帝子中山靖王胜之后"，也形成了鲜明对照。曹操"少机警，有权数，而任侠放荡，不治行业，故世人未之奇也"；刘备"少语言，善下人，喜怒不形于色，好交结豪侠，年少争附之"。事实上，"任侠放荡"与"交结豪侠"是一样行为，但品格有高下。曹操放荡无节，被世人看不起；刘备豪爽有城府，被视为英雄。在逐鹿中原中，曹操"所过多残戮"；而刘备所居，人心归附。但是刘备才干不如曹操，"机权干略，不逮魏武，是以基宇亦狭"。陈寿一褒一贬的对比写法和评论，说明这位西晋史学家很看重历史人物的道德信义对于历史的影响。我们说刘备的悲剧最令人叹息，原因也正是如此。

　　刘备的政治品格，有别于汉末所有军阀，确实具有救世济民的用心，许多方面值得肯定。举其大要有以下三点：

四川阆中张飞庙

其一，兴复汉室，终生为之奋斗，百折不挠 东汉政权，极其腐败。如果刘备以帝室之胄来光复这个腐败的政权，那当然不值得肯定。刘备与诸葛亮论及两汉政治，认为"亲贤臣，远小人"是西汉"所以兴隆"的原因；反之，"亲小人，远贤臣"，是东汉"所以倾颓"的原因。每论及此，刘备"未尝不叹息痛恨于桓、灵也"，说明刘备"兴复汉室"，不是维护东汉的腐败政治，而是维护统一，要恢复西汉的盛世政治。所以他临终托孤，对诸葛亮说，嗣子可辅则辅，如不可辅，君可自取。把政权毫无保留地交给一个贤能之臣来治理，在中国封建皇帝中是没有先例的，也无后来者。诸葛亮感念刘备的托孤并效法刘备的精神，所以他安定国内以后，亲自主持北伐，北驻汉中，鞠躬尽瘁，死而后已。后世人民颂扬刘备和诸葛亮，并不是颂扬他们维护正统的思想，而是颂扬他们百折不挠的奋斗精神。

湖北当阳关陵

其二，知人善任，尽其器能 刘备领益州牧后，以宽宏的器量，做了积极的人事安排，长期追随刘备的有功之臣、刘璋的旧部、益州的知名人士，曾经反对过自己的仇人，刘备都做了恰当的安排，调动了各个方面的积极因素，使新建的蜀汉呈现一片兴旺气象。刘备拔魏延为汉中督，用李恢安抚南中，临终托国诸葛亮，都说明了他的识人卓见和用人气度。

其三，恭谦下士，抚爱百姓 刘备因其一生坎坷十分注意争取士心民心的归附。他招揽英雄以至于三顾草庐。他取得益州后，有人建议把成都城中的屋舍及城外的园田桑地分赐诸将。刘备采纳了赵云的建议，将田宅皆归还原主，令人民安居乐业。

成都刘备墓寝殿

以上三点是刘备独具的政治魅力，也是他成功地建立蜀汉的根本原因。刘备数十年颠沛流离，关羽、张飞、赵云都紧紧追随，得人死力。但是，刘备作为一个封建政治家也并非完美无缺。他执行隆中路线，夺取荆州、益州，本质上就是运用权谋，"伐人之国以为乐"，却又要不露权谋手段，讲求宋襄公式的仁义，失去最好的战机。夷陵之战，更是一次不可救药的失误。刘备用人唯亲，蜀将多不睦，如既用孟达取上庸，又用刘封去监军，造成二将不睦，对关羽坐视不救。马超、赵云都未尽其才。这与上文所说的刘备知人善任，尽其器能并不矛盾，封建时代的专制体制使任何一个开明之主都具有两面性。刘备，包括诸葛亮都不例外。至于刘备以言语不逊诛杀张裕，和曹操杀边让与孔融没有两样。刘备身上由于有这些弱点，而失去了"问罪曹氏之津"，令人感慨！但是，大节上刘备与曹操是两种类型的人物，刘备的宽仁信义影响历史，远及后世，这是没有疑义的。

刘备个人小档案

姓名：刘备　　　　　　　　　　出生：汉桓帝延熹四年（公元161年）

属相：牛　　　　　　　　　　　卒年：蜀章武三年（公元223年）

享年：六十三岁　　　　　　　　谥号：昭烈皇帝

庙号：史失载　　　　　　　　　陵寝：惠陵

父亲：刘弘　　　　　　　　　　母亲：史失姓氏

初婚：史失姓氏　　　　　　　　配偶：六人，昭烈皇后甘氏追封穆皇后

子女：三子　　　　　　　　　　　　　吴氏、孙夫人、元配、永母、理母

最得意：三访诸葛得贤辅　　　　继位人：刘禅

最不幸：两得徐州两失徐州　　　最失意：被刘琮出卖，兵败长坂

最擅长：韬晦　　　　　　　　　最痛心：夷陵败北

第八章　蜀汉后主刘禅

公元221年蜀汉建立，在三国鼎立之中存在了四十三年，公元263年灭亡。后主刘禅在位达四十年，差不多与蜀汉相终始，刘禅历经四位宰辅，即诸葛亮、蒋琬、费祎、姜维。蜀汉的四位宰辅都是忠贞贤良的大臣，后三位又都是诸葛亮亲自选拔的接班人，所以蜀汉虽然国弱主暗，却也政治稳定。诸葛亮大权独揽，刘禅只是一个无为之君，近似傀儡。刘禅一生，无大恶大过，也无善政可述，刘禅只是蜀汉政权的一个象征和见证人罢了。

蜀汉后主一朝的政治、经济、军事，全系先后四位执政宰辅之身。刘禅不问政事，乐得逍遥，他并非痴呆，而是难得糊涂的一位平庸之君，也是明哲保身的一位活命智者。

嗣位皇帝

刘备有三子，刘禅是嫡子，小妾生有刘永、刘理。由于刘备在北方转战半生，颠沛流离，先后娶了几个夫人都死了。一直没有子嗣。刘禅生母甘夫人，是沛国沛县（今属江苏）人，刘备为豫州牧，驻屯小沛时纳以为妾，也多年没有生育。公元200年，刘备南下荆州，寄寓刘表，屯驻新野，身边还无子嗣。刘备收养长沙刘氏之甥寇姓儿子为养子，取名刘封，年约十余岁。刘封成人，骁勇善战，随从刘备征讨，多立战功。赤壁战后数年之间，刘封已成长为刘备随身的一员心腹大将，年少有为，甚得刘备宠信。

公元207年，刘备双喜临门，一得诸葛亮出山相助，二得甘夫人喜生贵子，就是刘禅，小名阿斗。公元208年，刘备兵败长坂，突围而走，甘夫人和刘禅散失在乱军中。幸亏赵云左冲右突，将一岁的刘禅抱入怀中救出。甘夫人死于乱军中,安葬在南郡。章武二年,公元222年,刘备思念甘夫人,追谥为皇思夫人,迁葬蜀地。甘夫人的灵柩还没到蜀,刘备就病逝永安。刘禅即位,追尊甘夫人为昭烈皇后,与刘备合葬成都惠陵。

公元209年,孙权将妹妹孙尚香嫁给刘备,以加固同盟。刘备把三岁的刘禅交给孙夫人抚养。公元211年,刘备入蜀,孙权怨怒刘备阻挡周瑜进兵西川取蜀,而要自个独占,于是召还孙夫人。孙夫人带上阿斗,想把他扣作人质。张飞与赵云率水兵截江阻拦,夺回阿斗,时年五岁。

刘禅画像

刘禅婴提失母,遭逢乱世,年幼坎坷,这些生活经历,一定给他幼小心灵打上了深深的烙印。

公元219年,刘备进兵汉中,击斩夏侯渊,关羽北伐威震荆襄,蜀汉事业达到顶点。刘备命宜都太守孟达北上夺取上庸。上庸东连荆襄,西接汉中,即使东西呼应连成一线,又是北进的一个前沿阵地,还可北出武关直指咸阳,地理位置十分重要。孟达,蜀国上将,足可胜任。刘备不放心,又从汉中分兵,由刘封率领,入援孟达,并由刘封节制孟达。孟达不服,两人闹矛盾。吕蒙偷袭荆州,关羽向刘封、孟达求救,两人正闹得欢,谁也没去救关羽。关羽被孙权杀害后,孟达感到事态严重,劝刘封与自己一起投降曹魏。刘封不听,兵败回到成都,上庸于是又为魏所有。

刘封不顾大局,不救关羽,窝里相斗,逼反孟达。通过这件事,诸葛亮感到刘封桀骜不驯,难以驾驭。这时刘禅已是十三岁的少年,刘备又有了刘永、刘理两个儿子。百年之后,谁来嗣位?刘禅继位,刘封不服怎么办?按宗法制度,嗣君立嫡不立庶,在和平环境,没话可说,但战乱之世,庶子立功,嫡子无能,嫡庶争位,局面不堪设想。诸葛亮劝刘备趁机灭了刘封。刘备采纳,刘封被赐死。刘封后悔没听孟达劝告投降曹魏。刘封死,蜀国丧失了一员大将。

蜀汉章武三年,公元223年,刘备病危,在白帝托孤,亲手把太子刘禅及其两个弟弟鲁王刘永、梁王刘理托付给诸葛亮。刘备谆谆教诲刘禅兄弟，希望刘禅与诸葛亮君臣和谐，守成家业。诸葛亮是刘禅兄弟的老师。刘禅就是在这样的背景与先帝嘱托之下，登上了帝位。

父事诸葛

刘禅不呆不傻，是一个极有自知之明的人，甘于平庸。诸葛亮大权独揽，事无巨细，都要过问。刘禅即使心有不甘，倒也乐得轻闲，整天只在后宫玩乐。

成都武侯祠楹联

诸葛亮感激先帝刘备的知遇之恩，以兴扶汉室为己任。建兴五年，公元227年，诸葛亮率诸军北进汉中，临出发上奏《出师表》，安排成都政务，向后主推荐七位大臣主持宫里宫外事务。诸葛亮说：侍中及侍郎郭攸之、费祎、董允，掌理宫中之事；将军向宠，掌理军事；尚书陈震、长史张裔、参军蒋琬等掌理丞相府中事务。诸葛亮告诫后主："陛下你确实应当广泛听取臣下的意见，以显示先皇帝遗传的美德，激励有志之士的气概，不应当随随便便不尊重自己，说话引用的比喻不合道理，从而堵塞了忠言进谏的途径。"又说："皇宫与丞相府，本是一体，所以皇上对两处的官员进行赏罚或褒贬，不应当有厚此薄彼的差别，要一体看待。"看一看诸葛亮的这些话，作为臣子，有不恭之嫌，未免跋扈；但作为老师和长辈，对任性的晚辈进行教诲，把话说重点，也无可厚非。刘禅也的确是把诸葛亮当做父亲，所以诸葛亮推心置腹，不顾嫌疑，该怎么说就怎么说，于是君臣和谐，上下一心，弱小蜀国，居然能多次出师北伐。

内修政理

后主刘禅垂拱，委政大臣，起到稳定与监察作用，对于蜀国的治理也是有贡献的。诸葛亮治戎讲武,率众南征,北伐中原,耗去了他的主要精力。治蜀政务是蒋琬、费祎按丞相诸葛亮的方针实施的。诸葛亮死后,蒋琬、费祎相继主政,所以蜀国的治理与政策有延续性,几十年没有受到干扰。尽管后主刘禅平庸,由于蜀国有贤相主政,因此在三国时期,蜀国是治理得最有条理的国家。蜀国丢失荆州后,只有益州一个州的地方,它的经济恢复与发展系一国之安危,诸葛亮及其继任者励精图治,使蜀汉政权雄踞西陲达四十余年之久,还支撑了南征北伐。诸葛亮治蜀的方针,大要有三,分述于次。

其一,务农殖谷 诸葛亮在"隆中对策"中规划的三分蓝图,以益州为王业之本。诸葛亮治蜀,开发益州经济,是其核心内容。

诸葛亮曾"躬耕陇亩",深知富国安家的根本就是务农殖谷,足食足兵。他受遗诏辅政,针对现实,提出"务农殖谷,闭关息民"的方针,使百姓安其居,乐其业。具体措施,一方面实行轻徭薄赋,保护小农;另一方面威之以法,抑制豪强。汉中地空,诸葛亮命李严移民两万充实汉中,终于使荒芜的汉中重新得到开发,出现"男女布野,农谷栖亩"的繁荣景象。诸葛亮平定南中,将居住山林的少数民族人民"徙居平地,建城邑,务农桑"。诸葛亮在自己家里,种了十五顷桑树,身体力行以劝农。

其二,兴修水利 为了发展农业,诸葛亮十分注重兴修水利。在成都平原上,秦李冰所修都江堰,是当时中国最大的人工灌溉工程,诸葛亮以此堰为农本,视为国之所资,设置了专职堰官管理,又征丁一千二百人专

今日都江堰

职维护。成都府城西北隅，地势低下，诸葛亮修了一条九里长堤，以防冲蚀。金齿（今云南保山）南面的大诸葛堰、小诸葛堰和漓水渠等，都是诸葛亮兴修或续修了汉初萧何开创的"山河堰"等水利工程。这些水利工程，有力地推进了蜀汉农业生产的发展，使蜀汉"封域之内"，户口繁息，栋宇相望，桑梓毗连，呈现一派兴旺景象。刘备建国时，有户二十万，蜀亡时户增至二十八万。

其三，工商并举 秦汉重本抑末，只奖励耕织，而打击工商。诸葛亮重视重农传统，为补国用，也实行盐铁官营，但不抑末。蜀地素产盐铁，东汉末罢盐铁之禁，令民煮铸。诸葛亮恢复盐铁专营，以资国用。他任命王连为"司盐校尉，较盐铁之利"；又以张裔为"司金中郎将，典农战之器"；又以吕乂为司盐校尉，统管煮盐与运销。铁器供军国之用，诸葛亮至为关注。

蜀国货币

成都铁溪河，泸水西岸的打箭炉，陵州始建县、蒲亭县、崇宁县铁钻山等处都有诸葛亮的冶铁遗址。诸葛亮发明连弩。铁匠郭达，一夜打箭三千支，称为能手，诸葛亮封他为将军。西曹掾蒲元是一个炼钢能手，"熔金造器，特异常法"，能熟练地运用清水淬火的热处理技术。他在斜谷为诸葛亮造钢刀三千把，专门从成都取水淬火，锋利异常。试刀时，用竹筒装铁珠，以刀砍筒，竹断珠裂，被称为"神刀"。

蜀国弩机和扎马钉

诸葛亮还注重发展商业，制铸"蜀钱"，加强流通，平抑物价，稳定货币。为便利交通，诸葛亮大修道路。著名的有石牛道三十里，又修复剑门道以通行路,开辟凉山北境的小相公岭,自麓至顶,凡十五里,商旅往来称便。南中望城坡,两山陡立,中夹一溪谷,是诸葛亮运粮时所开凿。又修复漓江水渠以行舟。水陆交通的开辟与修复,为发展商贸创造了有利条件。

和吴北伐

后主时期,蜀国的内政外交,兴复大业,都由诸葛亮主持。作为一代贤相的诸葛亮,他可以放开手脚,按照他自己制定的"隆中路线"大干一番了。"东联孙吴,北抗曹操","内修政理,和好民族",这些都是诸葛亮的追求,他可以尽心尽力去做了。

邓芝使吴重结盟好 公元225年,诸葛亮南征悉平,想派一位能干的大使通吴,团结好孙权,没有找到适合的人选。这时邓芝请见,他对诸葛亮说:"现今主上幼弱,又刚登大位,应派遣大使到吴,重申盟好。"诸葛亮说:"我考虑很久,没找到合适的人,今天找到了。"邓芝问:"选定谁人出使?"诸葛亮说:"远在天边,近在眼前,就是邓使君啊。"邓芝字伯苗,义阳新野人,入蜀官至广汉太守,故诸葛亮称为"使君"。这时邓芝任尚书,后官至将军,封侯。其为人清廉,死时,家无余财。

邓芝画像

邓芝到了吴国,孙权徘徊不定,拖延时间,不见邓芝。邓芝上表求见,他剖析利害,对孙权说:"臣今天来到吴国,也是为吴国考虑,并不只是为了蜀国。"孙权动了心,召见邓芝,也袒露胸怀,诚恳地说:"我实在愿意和蜀国和好,但是担心蜀国君主幼弱,国家又小,被魏国趁虚而入,不能保全,所以犹豫再三。"

邓芝说:"吴蜀两国联合有四州之地,大王一世之英雄,诸葛亮为当今豪杰。蜀国有崇山险要的坚固，吴国有三江环绕的险阻，集合二长，唇齿相依，进可兼天下，退可鼎足而立，这是自然之理。大王如果今天送人质去魏国，魏国必定是得寸进尺要大王入朝，退一步也要求吴国太子上殿侍奉。如果不听从号令，魏国就有了讨伐的借口，蜀国也一定顺流而下，适可而进，这样一来，江南之地不再归大王所有了。"

孙权沉默一阵，对邓芝说："你说得很好。"于是派辅义中郎将张温使蜀，并断绝了与曹魏的联系。

蜀国再次派邓芝使吴通好。孙权对邓芝说："如果天下太平，两国君主分地而治，不也是很快乐吗？"邓芝回答："天无二日，地无二王。假如兼并了魏国，大王还未识天命，那时候两国君主将各自修养德性，臣子各尽其主，将军各自提桴击鼓，战争刚刚开始罢了。"

孙权听后，哈哈大笑说："你竟是这样的诚实啊！"邓芝的回答十分突兀，似乎与欢好的气氛不协调。但细想起来，人各为其主，讲的又是大实话，孙权不由得笑起来。

邓芝使吴，重新修好两国，使命重大，孙权尚有疑虑，邓芝以诚恳打动。他陈说利害，站在吴国立场，设身处地为孙权剖析，吴国无蜀，将陷入称臣曹魏的困境，这唤起了孙权的自尊。赤壁之战，诸葛亮使吴，也是激发孙权的自尊。邓芝的说辞与当年诸葛亮的说辞有异曲同工之妙。邓芝再使，回答孙权诚恳坦率，使孙权看到了蜀国结盟的诚意，所以非常高兴。送别时，孙权依依难舍，动情地对邓芝说："你是国家栋梁，将受大用，恐怕没时间来吴国了。"孙权又致书诸葛亮说："和好二国，功在邓芝。"给予了很高的评价。

从此，吴蜀两国，遣使往来不绝。公元229年，孙权称帝，陈震使吴，吴蜀两国订立中分天下的盟约，魏蜀吴三国正式进入对峙阶段。

诸葛亮北伐中原 诸葛亮北伐，前后六次，五次进攻，一次防守。公元228年春，诸葛亮从汉中大举出祁山，志欲一举平陇右，由于马谡违亮节度，兵败街亭退回。同年冬，出散关，围陈仓，粮尽退兵。公元229年，第三次出兵蚕食魏境武都、阴平二郡。公元230年魏国分兵进攻汉中，诸葛亮防守，魏兵遇雨退回。公元231年，诸葛亮再出祁山，粮尽退军。诸葛亮鉴于后勤不继，在汉中实行大规模军屯，经过两年的充分准备，于公元234年再度大举北伐。诸葛亮出兵斜谷，屯田武功，欲与魏军做持久战，因积劳成疾，病逝五丈原而罢兵。由于诸葛亮北伐，第一次进兵祁山，所以习惯上称为六出祁山。

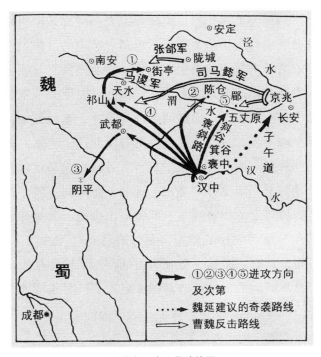

诸葛亮五次北伐路线图

饮恨五丈原 诸葛亮北伐以失败告终，这不是意外。因为战争是政治、经济、军力的综合较量，无论哪一个方面蜀汉都是劣势。曹魏据有整个黄河流域，兵强马壮，有雄兵四五十万，人才济济，勇略兼备，力量超过吴、蜀两国的总和，应付东西两线作战绰绰有余。蜀汉偏据一州，兵弱将寡。诸葛亮惨淡经营，才养成一支不到二十万人的军队，既要留守后方，又要东防孙吴，还要维持粮运，所以每次用兵不过十余万人，投入第一线的只有数万之众，因此只能在

五丈原遗址

一个方向使用,不能数道并出。蜀军在一个方向作战,形成了与曹魏打消耗战,弱小之蜀注定了要失败。粮运不济就是一个明显的例子。在政治上魏明帝不失为一个明主。他刚毅果断,察纳雅言,决策正确,反应迅速,这是暗弱的后主刘禅不能相比的。但诸葛亮要竭尽忠诚以报知遇之恩,明知山有虎,偏向虎山行。用诸葛亮《后出师表》中的话来说,与其坐以待毙,不如死中求活。不北伐就是坐以待毙,而北伐尚有一线生机。诸葛亮第一次出师,曹魏关中震响,陇右天水、南安、安定三郡叛魏应亮。此役出其不意,确实是一次机会。但魏明帝反应迅速,亲镇关中,紧急地调兵入援,挽救了关中不备的危局。诸葛亮第五次北伐,这是一次难得的吴蜀步调一致的协同作战。四月蜀军入秦川,五月孙权大举攻魏,亲率十余万大军向合肥,使陆逊、诸葛瑾向襄阳,孙韶、张承向广陵,三路齐出,来势凶猛,甚至智勇双全的魏将满宠也准备退出合肥。魏明帝果断地采取了西守东攻的战略,使辛毗杖节监军,令与诸葛亮对阵的司马懿坚壁不出,自己亲率大军东征。魏明帝这一坚强有力的行动,使孙权闻风丧胆,不战而退,打破了吴蜀的联合进攻。诸葛亮又陷入了孤军作战的困境,欲进不能,欲罢不忍,一筹莫展而病逝五丈原。这正是:

出师未捷身先死,长使英雄泪满襟!

定军山诸葛亮墓

大权旁落

后主刘禅，是一个可以为恶，可以为善的平庸人物。诸葛亮、蒋琬、费祎，相继执政三十年。这一时期的刘禅与善人为伍，垂拱无为，不干预朝政，其行为善，蜀国称治。君主无为，臣子贤良，君臣一体，不能叫做大权旁落。君主有为，事事过问，而听信奸佞，祸国殃民，这就是大权旁落。

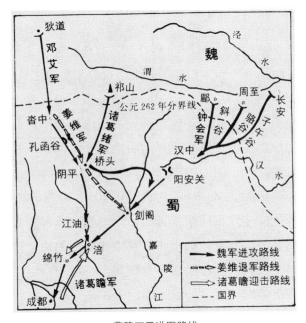

曹魏灭蜀进军路线

专制政体，有它先天的顽症，那就是个人独裁，皇帝权力至高无上。君主开明，国家称治；君主独断，肆行无忌，国家遭殃。诸葛亮主政，一心为公，后主刘禅垂拱，然心有不甘。诸葛亮死后，各地都要求立庙祭祀，言事的百官也多次报告，后主就是不准为丞相立庙。于是老百姓四时在道路野外祭祀。直到蜀国灭亡的景耀六年（公元263年），步兵校尉习隆、中书郎向充等联名上奏，颂扬丞相诸葛亮的功德，要求在成都立庙，后主仍不同意，但迫于情势，允许在汉中沔阳立庙。此事或许表现了后主内心的隐情。延熙九年（公元246年），蒋琬死，费祎执政，后主开始亲政。后主的心腹宦官黄皓开始染指政务，但受到侍中董允、丞相费祎的节制，尚不能专政。

延熙十六年（公元253年），费祎被曹魏降人、实为刺客的郭修所杀，大将军姜维主政。姜维常年征伐在外，董允亦死，黄皓权力日益增大。到了景耀元年（公元258年），后主大权独揽，实际是黄皓专政，后主与小人为伍，开始作恶，行为不检，生活奢靡。黄皓结党营私，货贿公行。无行百官，争相依附，于是朝政日废。大臣奏章，要经过黄皓之手，应急事务，往往被搁置。右大将军阎宇投靠黄皓，阴谋取代姜维。姜维得到消息，到成都入宫启奏后主，请求诛杀黄皓，政归大臣。后主说："黄皓只是一个侍奉朕的家奴，没有大作为。先前侍中董允要除掉黄皓，这件事使朕很不开心，大将军何必又来提这件事。"姜维见话不投机，连忙说了一些别的好话出宫。后主要黄皓到姜维面前谢罪，姜维趁机寻求脱身之计，他对黄皓说，现今军粮紧张，他将去沓中主持屯田。黄皓也巴不得姜维远离成都。黄皓报告后主，姜维去沓中屯田。姜维为了免祸，他抽走了几万精兵强将驻屯沓中，数年不回成都。姜维此举，如同后世太平天国石达开西走，分散了国力。姜维驻屯沓中，使得汉中空虚。曹魏侦知，立即着手伐蜀准备。

后主景耀六年（公元263年），钟会治兵关中，即将大举伐蜀。

姜维报告后主，建议朝廷派张翼、廖化，督率诸军分头加强阳安关口和阴平桥头的防务。如此重要的报告，黄皓扣下，他祷告鬼神，向后主报告说，天下太平，没有敌人侵犯。等到魏兵大举进攻，后主才匆忙派出廖化、张翼、董厥诸将领兵赶往前线。廖化等军还未到达，魏兵就攻下了阳安关口，汉中丢失。姜维与救援诸军退守剑阁，邓艾趁势偷渡阴平，奇袭江油，直指成都。诸葛亮之子诸葛瞻与儿子诸葛尚父子迎战邓艾，兵败绵竹，父子皆死于阵中。诸葛氏祖父孙三代，效力蜀汉，满门忠良。

后主刘禅得知诸葛瞻败没，邓艾兵临雒城，非常惊慌。刘禅召集群臣会议，文武皆噤若寒蝉，拿不出主意，光禄大夫谯周倡言投降。后主刘禅命秘书史郤正起草投降诏书，当天就送往邓艾军中。后主第五子北地王刘谌义愤填膺，主张背城一战，为国死节。后主不从。刘谌哭于昭烈之庙，然后先杀妻与子，而后自杀，算是给不战而降的后主争回了一丝脸面。

乐不思蜀

曹魏延熙元年（公元264年）正月，钟会在成都谋反，卫瓘奉司马昭之命讨贼，成都大乱，钟会、姜维等都死于乱军。刘禅太子刘璿也被乱兵杀害。刘禅暂住于旧宫，安然无恙。乱兵被平息后，刘禅奉命东迁进京到洛阳。蜀汉旧臣，没有几个跟随，只有秘书史郤正和殿中督汝南人张通二人抛妻别子，陪伴刘禅。刘禅叹息惭愧，恨自己没有及早发现郤正，没有提拔郤正做大官。当时的人都很敬佩郤正。

刘禅到了洛阳，被封为安乐县公。郤正被赐爵关内侯。

有一天，曹魏主政大臣司马昭宴请刘禅，故意演奏蜀地音乐舞蹈，暗中察看刘禅的表情。刘禅嬉笑自若，而跟随刘禅的人都触景伤情，偷偷流泪。司马昭对贾充说："刘禅真是一个无情的人，一点也没有故国的情怀。即便诸葛亮不死，也没法辅佐他，何况一个姜维呢！"贾充说："刘禅如果英明，殿下怎么能够俘虏他呢！"又一天，司马昭问刘禅说："你想念蜀地吗？"刘禅回答说："洛阳这里很快乐，一点也不想念蜀地。"成语"乐不思蜀"就出在这里。郤正知道了，请求见刘禅，指导他说："如果司马昭以后还提这个问题，你应当流着眼泪说：'先人坟墓远在故乡陇蜀，想起来就心痛，无时无刻不在思念，说完就闭上眼睛不说话，显现出沉痛的样子。"过了一阵，司马昭果然又问刘禅，"想不想念蜀地。"刘禅按照郤正的盼咐回答了司马昭。司马昭说："你这话好像是郤正的口气。"刘禅吃惊地说："你怎么知道，正是郤正教给我的。"周围的人听了这话，无不哈哈大笑。

刘禅这样呆傻，真是头脑不健全吗？当然不是。刘禅举动，说不上是大智若愚，但至少是装呆装傻，他的韬晦保身之术不减乃父刘备。

晋泰始七年（公元271年），刘禅去世，得以善终，享年六十五岁，谥曰思公。安乐公爵位，由第六子刘恂继承。

刘禅有七个儿子。太子刘璿死于成都钟会之乱中。次子刘瑶封安定王。三子刘琮封西河王，在蜀汉灭亡的前一年病死。四子刘瓒封新平王。五子刘谌封北地王，蜀亡，自杀。六子刘恂封新兴王，入晋继承刘禅安乐县公。第七子刘虔封上党王，刘虔，又作刘璩。刘瑶、刘瓒、刘恂、刘虔四个儿子随刘禅入晋，均死于晋末的永嘉之乱。郤正入晋，官至巴西太守。

刘禅个人小档案

姓名：刘禅　　　　　　　　　　出生：汉献帝建安十二年（公元207年）

属相：猪　　　　　　　　　　　卒年：晋武帝泰始七年（公元271年）

享年：六十五岁　　　　　　　　谥号：思公

庙号：国亡，无　　　　　　　　陵寝：葬洛阳

父亲：刘备　　　　　　　　　　母亲：甘夫人，追尊为皇后

初婚：张皇后，张飞长女　　　　配偶：史载两张皇后、王贵人、李昭仪等

子女：七子

最得意：国亡而得善终　　　　　最失意：亡国之君

最不幸：幼失母爱　　　　　　　最痛心：群臣不战主降

最擅长：韬晦如痴

第九章 吴大帝孙权

孙权字仲谋,三国时吴国的开国之主。他十九岁承父兄之业,尊礼英贤,抚纳豪右,镇抚山越,立足江东;继而诛黄祖,走曹操,出濡须,战合肥,北面争衡;又能忍勾践之辱,称臣于魏,袭关羽,败刘备,于是据有荆、扬、交三州之地,立国江南,与魏、蜀鼎峙而立,在历史上占有重要的一页。

亲贤贵士

公元200年,十九岁的孙权,从其兄孙策手中接过江东之众,面临着动荡不安的险恶形势。孙权在张昭、周瑜的尽心辅佐下,团结旧部,招延俊秀,讨不从命,站稳了脚跟。但是,当时孙吴所辖只有会稽、吴、丹阳、豫章、庐陵、庐江六郡之地,偏安在江东一隅,而且在深山险阻之地,宗部林立,没有完全服从,孙权要保有江东并向前发展,任务是十分艰巨的。"业非积德之基,邦无磐石之固"《三国志·孙策传》,孙权要走的路,正远方长。

一个纵横天下的英雄,善于识人和用人是成功的两个最基本条件。曹操、孙权、刘备都善识人而又能用人,故能为一世之杰。若将孙权与曹操、刘备相

吴主孙权

比较，在用人上孙权兼曹刘之长而避其短，显得更善于识人、用人和培养人才。曹操用人，权谋巧伪，独步当时。但曹操生性多疑忌，"持法峻刻"，像忠心耿耿的程昱、贾诩、刘晔等许多智士，都十分谨小慎微，未能充分发挥其才能。刘备思贤若渴，宽仁待士，但后期刚愎自用，用人唯亲，所以蜀将多不睦，坏了许多大事。孙权亦工于权术，但不似曹操之险诈；孙权也宽仁，但不效刘备之用人唯亲。《三国志·吕范传》记载了一个生动的事例，很有教益。孙权十五岁做阳羡长时，手下有一个功曹叫周谷，他工于逢迎，善造假账欺瞒上司，多支钱财以供孙权的私求，很得孙权欢心。吕范主管财计，孙权每有所求，他都一一记载下来向孙策报告，惹得孙权很生气。但到孙权统事时，却反过来重用吕范而罢黜了周谷。更为难得的是，孙权不袒护宗族。孙皎是孙权叔父孙静之子，战功卓著，为征虏将军，督夏口，因酒醉侵侮甘宁，孙权知道后，写亲笔信责备孙皎。孙权语重心长地说："甘宁性情粗鲁，却是一个真正的男子汉，我非常亲爱他，绝不是个人私情。我亲爱的人，你却憎恨，违背我的心意，怎么能够长久呢？希望你谦虚宽厚，得人死力保卫国家，切不可盛气凌人。"言词恳切和以大局为重的利害深虑，打动了孙皎。孙皎上疏检讨，并主动与甘宁和好，消除了矛盾。对比诸葛亮不分是非的和稀泥，不是高明得多吗？

下面我们具体概括孙权的用人策略，以供评说：

其一，孙权用人，求其所长，弃其所短，不求全责备。他曾与陆逊书，从容谈论周瑜、鲁肃、吕蒙以及陆逊等人的功绩和长短得失，很有雅量。孙权在信中明确提出"不求备于一人"的用人原则。孙权认为鲁肃有两长一短，但一短不足以损其两长。吕蒙少时，果敢有胆气，而学问不足，孙权劝其读书，后来学问大长，筹略奇谋可与周瑜比肩。其他诸将如甘宁、潘璋两人骁勇忠勤而粗猛好杀，潘璋更是骄奢淫逸而屡犯法禁，孙权惜其才而谅其短，二人感其知遇之恩而效死力，立了无数战功。孙权所用丞相，如顾雍、陆逊，都具有王佐之才。孙权遣使

张昭画像

曹魏的外交人才，如徐详、赵咨，都堪任专对，不辱君命。

其二，孙权从多方面破格起用人才，并能用人以专，信而不疑。他"纳鲁肃于凡品"，"拔吕蒙于行阵"，"识潘浚于系虏"，深为臣下所折服。吕蒙粗疏而又身微，孙权劝他学文读书，智慧大增，成长为一员儒将。这说明孙权用人，授之以方，扶之使长，很得人心。孙权用人以专，信而不疑，也十分感人。周瑜赤壁建功，引起曹操与刘备的忌惮，二人说周瑜坏话，孙权不为所动。曹操写信给孙权，说赤壁之战，因军中有疾病，是他自己烧船撤退，"横使周瑜虚获此名"。刘备到京口见孙权，挑拨离间，说周瑜"文武筹略，万人之英"，"恐不久为人臣"。孙权信任依旧。周瑜死后，孙权流涕说："公瑾有王佐之资，今忽短命，孤何赖哉！"刘备东伐，诸葛瑾在南郡，有人告发他与刘备交通，孙权处之泰然，把信转给了诸葛瑾。孙权对人说："孤与子瑜有生死不易之誓，子瑜之不负孤，犹孤之不负子瑜也。"陆逊镇西陵，孙权委以结和吴蜀的重任，刻了一个自己的印章交给他。孙权每次给诸葛亮和刘禅的书信，都要陆逊过目删定，然后盖印发出。

其三，孙权深得用人之法，君臣和谐，结之以情。孙权与群僚相处，礼仪随便，常与群臣喝酒行令，调笑取乐，充满哥儿们义气，而又有节制分寸。他对文武重臣各有不同，待张昭以师傅之礼而兄事周瑜。张昭是孙策敬重的大臣，临终托为辅臣。他容貌矜严，性刚辞厉，不苟言笑，常与孙权冲突。最为严重的一次，是公孙渊遣使称臣，张昭认为有诈，反对孙权结纳，孙权不听，派张弥、许晏带兵万人入辽东，封公孙渊为燕王。果然如张昭所料，公孙渊杀吴使张弥、许晏，劫掠吴国兵船，"自明于魏"。张昭因孙权不采纳自己的意见，称病不朝。事后证明孙权错了，张昭对了。孙权后悔，多次派人慰问张昭，请他上朝，张昭固执不起。孙权亲自去请，张昭仍然闭门不出。孙权没有办法，放了一把火恐吓张昭，谁知张昭把门关得更紧。孙权只好让人灭火，站在门外久等。这时张昭的儿子们才强拉老头子出门，孙权与张昭共坐一辆车回朝，并做深刻检讨，才算了事。像这样的君臣关系是前无古人，后无来者的。难怪赤壁之战，周瑜对曹操所遣说客蒋干说："大丈夫处世，碰上知己的明主，既有君臣之义，又有骨肉之恩，言听计从，同甘共苦，即使苏秦、张仪转世，郦食其复出，也不能说动我万一。难道老兄还能动我的心吗？"一席效忠之言，使得蒋干佩服得五体投地，话到口边被噎回去了。

对于战功卓著的将领，孙权不只是封邑赏赐，而且更重视给予政治礼遇，使之光耀于人前。赤壁之战后，鲁肃归来，孙权大请诸将相迎，并亲自下马接待。孙权问鲁肃，这等礼节，是否够气派。鲁肃回答说："这还不够。鲁肃要的是至尊统一四海，总括九州，完成帝业，以朝廷安车征召鲁肃，那才是最高的荣耀。"鲁肃的回答，语惊四座，君臣大笑，一片和乐。吕蒙平定荆州，孙权在公安大会，庆贺胜利，当众赠给吕蒙步骑鼓吹，会后用兵马导从，选虎威将军官属为仪仗，前后鼓吹，光耀于路。陆逊击退曹休魏兵，孙权召见，假黄钺，亲自执鞭相迎，礼遇之高，达于极限。贺齐征讨，立功还郡，孙权亲自出郡迎接，作乐舞象，以示隆重。孙权又赐给贺齐骈车骏马，让贺齐罢骑就车，贺齐推辞不敢，孙权让左右扶贺齐上车，令仪仗导从。孙权目送着贺齐坐车远去，离开百余步才转身起行，并对左右说："一个人做事，应当努力建功，不然得不到这样的殊荣。"这可以说是一语道破天机。

鲁肃画像

孙权亲贤贵士，懂得尊重他们，调解矛盾的同时也注意保护他们的自尊。公元196年，孙权在宣城被山越所困，短兵相接，身陷重围，敌人的刀剑砍中了孙权的马鞍，情势万分危急。周泰死命冲突，身受十二处大伤，才保护孙权死里逃生。事隔十八年，公元213年孙曹濡须之战，孙权用周泰为濡须督，东吴名将朱然、徐盛为周泰部将，心中不服。孙权不动声色，为诸将举行宴会，他亲自给周泰敬酒，让周泰脱下衣服，亮出累累创伤，一一讲述每一疤痕的战斗事迹。君臣二人一问一答，说到动情处，孙权拉住周泰的臂膀，泣不成声。孙权当即把自己用的头巾和车盖赏赐给周泰。宴会结束，孙权奏军乐，在一片肃穆的鼓角声中，让周泰做前导，诸将簇拥，散出宴会场。孙权动之以情，使诸将和睦，朱然、徐盛心悦诚服。假如孙权简单地陈说周泰功绩，用以表明自己的决断正确，朱然、徐盛一定不会心服。孙权摆酒设宴，在和睦、轻松的气氛中，巧妙地处理矛盾，任何一方都不受伤害，真是一个调解纠纷，驾驭部下的能手。

孙权对文武大臣的生活起居、生老病死极为重视。吕蒙等人生病，孙权派医送药，为之减膳。张昭、顾雍、朱然、吕范等的丧礼，孙权亲临吊慰，素服举哀。周瑜、鲁肃、吕蒙、甘宁、凌统等虎将死后，孙权为之痛惜，流涕哀伤，厚待家属。凌统死后，留下两个儿子，孙权养于宫中，待之如同亲子。每宴宾客，孙权叫他们来会客，夸奖说："此吾虎子也。"又延请师傅，令其修文习武，长成还承其父兵。孙权如此对待诸将，孙吴臣工，自然乐于效命了。

顾雍画像

在孙权"亲贤贵士，纳奇录异"（《三国志·鲁肃传》）的推诚用人政策下，远近奇士，争相效命，使得孙吴人才济济。虽逊于曹魏，却远远超过了蜀汉。虞翻，曹操征之不去。甘宁，蜀将，冒难来投。由孙权举拔的文武大臣如银汉星光，灿烂夺目。顾雍、诸葛瑾、步骘、严峻、阚泽、薛综、士燮、鲁肃、吕蒙、周泰、凌统、徐盛、潘璋、丁奉、朱然、吕范、朱桓、陆逊、陆抗、吕岱、周鲂、钟离牧、潘浚、陆凯、是仪、胡综、陆绩、诸葛恪等，都得到了效命的机会，各尽其能。父兄孙坚、孙策留下的功臣宿将有程普、黄盖、韩当、蒋钦、陈武、董袭、朱治、张昭、张纮、太史慈、周瑜、虞翻、贺齐、全琮等，亦倾心折服，辅弼孙权。纵观江东才俊，近四分之三为孙权所举拔。如此众多的人才，效命孙权，他怎能不据有江东！所以王夫之说："蜀汉之义正，魏之势强，吴介其间，皆不敌也，而角立不相下；吴有人焉，足与诸葛颉颃，魏得士虽多，无有及之者也。"（《读通鉴论》卷十）

扶植部曲

公元200年，孙权统事，着手建立吴国。《吴主传》有如下一段记载："待张昭以师傅之礼，而周瑜、程普、吕范等为将率，招延俊秀，聘求名士，鲁肃、诸葛瑾等始为宾客。分部诸将，镇抚山越，讨不从命。"这段话概括起来是两项基本国策：一是扶植部曲，二是镇抚山越。这里先说扶植部曲，具体措施如下。

其一，抚纳豪右，扩大立国基础 东汉末年，"天下大乱，豪杰并起"。当此时，"家家欲为帝王，人人欲为公侯"，地方豪强组织的私兵部曲，遍地林立。有宗兵，有部党，有亲兵、义从，有招募。宗兵以宗室亲族为主体，部党以乡里附从为主体，亲兵、义从以宾客或豪侠少年为主体，招募以流民或强附的平民为主体。江东地区、平原山谷的汉族聚居区豪强部曲林立；山岭地区遍布山越宗部。强大的宗部势力与豪强势力，既是孙氏集团立足江东的主要障碍，又是孙氏集团的立国基础。孙坚起自寒微，在江东社会基础不厚，孙策渡江大开杀戒，尽诛江南名豪，为立足江东铺平道路。吴郡太守许贡就是孙策所杀的地方豪强之一。许贡幼子与宾客复仇，刺杀了孙策，给孙权敲了警钟，要站稳脚跟，须取得地方豪强的支持。在战乱之中，江东大族也希望有一个强大的军事集团来保护他们的利益，孙氏势力在江东的迅速发展成了他们的理想人物。此外从江北流移到江南的外籍部曲希望在江东建立根基；一方面竭诚拥护孙氏，另一方面也希望与江东土著豪强和平共处。孙氏一方面要保护土著豪强，一方面要发展外来部曲在江东立足，扩大统治基础。这样扶植部曲就成为必然的施政措施了。据《三国志·吴书》所立专传人物，将孙氏宗室除外，共五十九人。北方立传人物三十一人，其中徐州九人：张昭、诸葛瑾、步骘、张纮、严畯、鲁肃、徐盛、吕岱、诸葛恪；豫州六人：程秉、薛综、吕蒙、吕范、胡综、楼玄；青州五人：刘繇子刘基、太史慈、是仪、刘惇、滕胤；幽州二人：程普、韩当；兖州二人：潘璋、濮阳兴；司州一人：赵达；扬州江北六人：周瑜、蒋钦、周泰、陈武、丁奉、王蕃。南方立传人物二十八人，其中荆州仅二人：黄盖、潘濬；益州一人：甘宁；交州一人：士燮；扬州江东二十四人，其中吴郡十四人：顾雍、陆逊、陆绩、陆瑁、陆凯、朱桓、朱据、张温、凌统、吾粲、全琮、周鲂、韦曜、华覈；会稽八人：阚泽、虞翻、贺齐、贺邵、钟离牧、董袭、骆统、吴范；丹阳二人：朱治、朱然。上述五十九人可分为三个系统：一是江东大族，如吴郡吴县之顾、陆、朱、张四姓，钱塘之全氏，阳羡之周氏，丹阳之朱氏，会稽之虞氏、贺氏。二是北方南渡大族，有张昭、张纮、诸葛瑾、步骘、周瑜、鲁肃、严峻、程秉、薛综、胡综等人。三是追随孙氏的南北庶族将领，如吕蒙、吕范、程普、黄盖、韩当、周泰、陈武、董袭、甘宁、凌统、徐盛、潘璋、丁奉等人。孙氏立国初期，南渡世族及部曲将领占主导地位，他们希望有一个前程和立足点，富有进取性。鲁肃南渡时就对宗族徒附说，北方混乱，江南富庶，可以避害，你们"肯相随俱至乐土，以观时变乎？"其属三百人随鲁肃南渡。三国鼎立形成后，江东大族日益占了主导地位。孙权为了取得三个系统的人员支持，用领兵与镇抚山越的办法，大力扶植部曲，这就是孙吴部曲迅速发展的根本原因。换句话说，为了共同的政治经济利益，江东大族与江北世族、孙氏部曲联合起来组成了江东政权，外御强敌，内抚山越。孙氏江东政权的这一性质，在陆凯的上疏中说得十分清楚。陆凯说："先帝外仗顾陆朱张，内近胡综、薛综，是以庶绩雍熙，邦内清肃。"

其二，授兵奉邑制与复客制　授兵、奉邑、复客是孙吴部曲领兵制的三个环节，这是新形势下的宗族领主制。孙权统事，命张昭与孙邵、滕胤、郑礼等人"采周、汉，撰定朝仪"。周代分封诸侯，汉代是中央集权郡县制。江东林立的豪强宗部，事实上是半割据状态的封建部曲，宗主与部曲之间有很强的人身依附关系。孙权承认这一现实，给予诸将授兵、奉邑、赐复客，既不同于周代的分封，又不是汉代的中央集权，是杂糅周、汉制度的混合体，姑名之宗族领主制。也可以说是孙氏政权结纳豪右在政治经济上的一种分利。

授兵制，又称给兵。《吴书》中有大量记载。如吴奋拜将，封侯、授兵。周瑜拜将授兵。程普、陈武、蒋钦、周泰、太史慈、董袭、甘宁、徐盛、朱然、吕范、朱桓、陆绩等传，都记载了拜将授兵的事例。一般四五百，最多两千人，宗室将领授兵多于异姓将，多至三千人。东吴将领只要拜将或封侯，都可授兵，父死子继，兄终弟及，世袭领兵。

奉邑制，是伴随授兵所划定的军赋食邑。如孙皎拜护军校尉，领众两千，赐沙羡、云杜、南新市、竟陵为奉邑，自置长吏。孙韶为将军，食曲阿、丹徒二县，自置长吏。奉邑与封爵采邑不同。采邑是分封的私邑，奉邑属国有，只是租税供军赋。领兵将领无奉邑者，往往兼太守、县令，以地方租赋供军食。功多者，既为太守、县令，又赐奉邑。

复客制，此是政府赐给有功将领的私属。他们对国家不出租役，所以称为复客。《吕蒙传》载，孙权嘉蒙功多，"别赐浔阳屯田六百户，官属三十人"。吕蒙死，又赐"守冢三百家，复田五十顷"。《蒋钦传》载，钦死，"以芜湖民二百户，田二百顷，给钦妻子"。《潘璋传》载，潘璋死，赐"复客五十家"。

其三，联姻结缘，巩固统治集团 授兵制、奉邑制、复客制，在政治经济上保护了豪右的利益，孙权认为还不够，还在思想感情上建立起密切的关系，就是用联姻手段来巩固世族的联盟。在封建社会，婚姻从来就是一种政治行为。孙权要把孙氏皇族与江北世族、江东大族三方拉在一起，荣辱与共，联姻是一种很好的手段。孙策与周瑜拜盟为兄弟，又同娶乔玄二女：国色天香的大乔、小乔，传为佳话。大乔配孙策，小乔配周瑜。周瑜又与孙权结为儿女亲家。

孙权的宠妃步夫人，是江北世族步骘的同族，她给孙权生了两女，长曰鲁班，小名大虎；次曰鲁育，小名小虎。鲁班先嫁周瑜长子周循，周循死后改嫁江东钱塘的大族全琮。鲁育，前配朱据，后嫁刘纂。周瑜有两男

岳阳二乔庙

一女，女配太子孙登，男循尚公主鲁班，可以说是亲上加亲。孙策有三女，皆由孙权择婿。一女嫁丞相顾雍之子顾邵，一女嫁名门陆逊，一女嫁朱治次子朱纪。顾陆两姓是吴郡大族，朱治是丹阳大姓。这种以婚姻关系的拉拢，以血缘为纽带，有力地把江东、江北、皇权之间的利益与关系焊接起来，有利于孙吴政权的巩固，也有利于世家部曲势力的发展。如《朱治传》就记载说："公族子弟及吴四姓多出仕郡，郡吏常以千数。"

综上所述，孙权立国江东，起自寒微，没有什么凭借，他依靠江北、江东的大族支持打天下，所以采取了与北方曹操相反的政策，大力扶植部曲发展。曹操统一北方，挟天子以令诸侯，抑制部曲发展，世家豪族的私兵部曲被统编在国家控制的士籍或屯田民中。江南世族发展方兴未艾，江东大族，也可以说是在孙权的扶植下才壮大起来的。孙氏政权施行的封授领兵制度，使江南部曲人数迅速膨胀，发展成为一个且耕且战的兵户阶层，为两晋南北朝江南世族庄园的发展铺平了道路，对历史产生了深远的影响。

镇抚山越

镇抚山越，是一个民族政策问题。孙吴全盛时据有荆、扬、交三州之地。少数民族，在荆州西部有武陵蛮，交州有南越，扬州有山越。武陵蛮和南越处在孙吴的边远地区，山越处在腹心地带，即孙吴统治中心扬州。山越遍布于扬州各郡山岭地区，人口居扬州之半，

因此如何镇抚山越是立国的头等大事，孙权用了五年时间才大体稳定了局势，直接影响了全据长江的战略方针。公元200年至公元205年，孙权全力镇抚山越，无法在曹操用兵河北时抽出手来争夺荆州。因此，镇抚山越与三国鼎立也有着密切的关系。

孙权镇抚山越的措施 山越以农耕为主，"白首于林莽"，不入平地，不进市邑，不对长吏，不输租赋。汉末大量逃避赋役与避罪的汉民，即所谓"逋亡"、"宿恶"，大都逃入山区与山越结合，推举宗帅，恃险自守，抗拒向政府交纳租赋和服徭役。所谓山越，就是居于深山的越人，他们是秦汉时大量内迁的半汉化越人的后裔，是带有浓厚的氏族制遗俗与封建性相结合的社会组织，形成同一宗族、同一乡里聚居的习惯。他们以"宗"为组织骨干，故称宗部，部曲称宗伍，首领称宗帅。山越宗部与"逋亡"、

"宿恶"结合,往往有数千数万之众。他们为了扩大声势,接受曹操所给予的印绶。如鄱阳彭绮、尤突,丹阳费栈,就接受了曹操所封印绶,众数万。福建境内的宗部,如洪明、洪进、苑御、吴免、华当等五人,"率各万户",吴五、邹临各有六千户。因此,山越割据,成为孙权的心腹大患,又欲驱略其民补兵垦田,所以自始至终贯彻了一条强征压服的路线,而不是招抚。高压征服的具体措施,主要有以下几项。

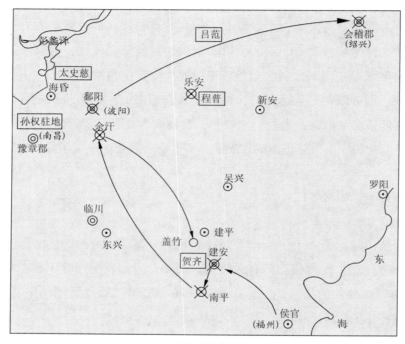

孙权平山越

其一,分割郡县。孙吴不断设置新郡,目的就是"立郡县以镇山越"。分割郡县,用能征惯战的高级将领担任郡守县令,将山越分割征讨。如黄盖"凡守九县,所在平定"。贺齐讨伐丹阳郡黟、歙二县山越,孙权分歙县为始新、新定、黎阳、休阳和歙五县,加黟县共六县,置新都郡,以贺齐为太守。孙权黄武五年(公元226年)所立东安郡就是为分割丹阳、吴、会稽三郡险要地设置的,黄武七年罢置。江东五郡,经孙权、孙亮、孙皓相继分割,共置十四郡,即丹阳、吴、会稽、吴兴、新都、东阳、临海、建安、豫章、鄱阳、临川、安成、庐陵、庐陵南部。郡县增多,分割山越,便于控制。

其二，分部诸将镇抚。孙权趁北方多事之秋，于公元200年到公元207年，集中全力镇抚山越，将能征惯战之将下到郡县做太守、县令，分片包干剿抚。计《吴书》所载，孙吴征讨山越的将领有四十人之多。诸将兼任郡守或县令、县长，以便安置被驱逐的山越人"强者为兵，羸者补户"。陆逊、骆统、诸葛恪等人，在他们征讨山越的疏令中都明确地说，取其精锐，扩充部伍。据《三国志·吴书》贺齐、周瑜、陆逊、张昭、凌统、全琮、诸葛恪、顾雍、钟离牧诸传记载，孙吴征讨山越，斩杀两万余人，俘获、诱纳的强者，被编为部曲为兵的有十五六万人。以一兵一户计，山越人被编为兵户的前后有十余万户。诸将征讨所得，孙权就承认征讨者据为部曲。难怪孙吴大大小小的将领都去征讨山越，这可以说是利益均占。也不难看出，孙权镇抚山越与扶植部曲这两项基本国策，实为一体。

其三，围困山越，驱赶下山。孙吴镇抚山越采取高压政策，前期与后期手段略有不同。前期以贺齐为代表，主要用驱赶、杀掳的办法，"拣其精健为兵，次为县户"。如公元208年，贺齐讨丹阳黟、歙二县山越，凡斩首七千；公元216年，贺齐与陆逊讨伐鄱阳尤突，斩首数千。后期以诸葛恪为代表，主要用围困、招诱，威恩并施的办法，驱赶山越人下山。公元234年，诸葛恪自荐讨山越，孙权以诸葛恪为丹阳太守，至公元237年，三年得甲士四万，"恪自领万人，余分给诸将"。诸葛恪的办法是长期包围山越，不与交锋，等到谷稼将熟，纵兵芟刈庄稼，使之无遗种。旧粮吃完，新粮不收，于是山越民饥穷，老幼相携而出。在围困的同时，诸葛恪出布告招抚，山越人下山，不允许捉拿办罪。臼阳县长胡伉将出降的山越中曾下山为恶的人抓获缚送丹阳，诸葛恪以违反军法为由将胡伉斩首，而释放被抓的山越。诸葛恪用此办法向山越民表示，政府无恶意，只是要他们下山而已，于是山越民纷纷下山。诸葛恪的围逼招降，比起贺齐等人的征讨杀掠是轻一等的压迫，但宗旨则是一样，就是要驱使山越人强者为兵，弱者补户。结果是诸葛恪的围逼招降比所有将领的征讨收效都大。

孙权镇抚山越的影响与意义　孙吴的高压掠夺政策，给山越人民带来深重的苦难，激起山越人民不断的反抗。他们凭借深山险阻，经常揭竿而起，攻没郡县，杀掠官吏豪强。据林惠祥《中国民族史》的统计，山越反抗孙吴政权的斗争，地域范围先后有六十余县，遍及江东各郡。反抗首领称"帅"的有十二人，称"名"而无衔的二十三人，不出名的首领有十人。

鄱阳彭绮自称将军,众数万。山越的反抗常常牵制了孙吴问鼎中原的力量。公元203年,孙权西征黄祖,"破其舟军,唯城未克",由于"山寇复动",只好功亏一篑,还军讨伐山越。公元207年和公元208年,孙权行营柴桑,又两次征黄祖,虽然力征歼灭了黄祖,仍然由于山越的牵制,而未能动摇荆州。所以陈寿评曰:"山越好为叛乱,难安易动,是以孙权不遑外御,卑词魏氏。"吴蜀重新结盟,孙权令吴国使臣张温对诸葛亮解释说:"若山越都除,便欲大构于丕。"这也说明讨服山越是孙吴内政的头等大事。孙权迟至公元229年才正式称帝,与这时山越问题基本解决,国内政治较稳固,孙吴力量增强有关。

三国时期,周边民族分别与魏、蜀、吴三国政权发生关系,由于三国具体环境不同,民族政策有很大的区别。曹魏在北方,国境线长,民族问题最复杂。从东到西,国境内有乌桓、匈奴、氐、羌;塞外有鲜卑及东夷、西域诸民族。乌桓、匈奴、氐、羌还有一部分散居塞外。曹魏对国境内的乌桓、匈奴、氐、羌采取先征服,而后迁徙分散,调其租赋,征其兵役的政策,可称之为强制同化政策。对塞外鲜卑实行分化怀柔和招诱内附的政策,历史上称为羁縻政策。曹魏对东夷、西域各部族政权主要用赐与贡的经济外交手段使之宾服,在鞭长莫及之地也辅之以征讨迁徙。公元246年,幽州刺史毌丘俭征高句丽,就移其降民数百家于荥阳。曹魏施行强制同化的民族政策,征调其兵役租赋以增强国力,效果立竿见影。这一政策是曹操在统一北方的过程中制定并付诸实践的。其后田豫、梁习、牵招等人在推行中也获得了很大的成功。消极后果是曹操招诱内徙于关中、并州的各族人口过多,关中几乎过半是氐、羌,奠定了西晋时北方民族大混战的基础,这是曹操所始料不及的。

三国吴"大泉当千"铜钱

蜀汉的民族政策早在立国之前就确定了和抚的方针,即"西和诸戎,南抚夷越"。诸葛亮制定的民族政策是针对蜀汉的地理环境和民族地区经济文化条件提出的。蜀汉的统治中心在四川盆地，四周都是险峻的山地，居住着许多民族，两汉时总称西南夷。巴蜀以西以北为西夷，主要为氐、羌；以南即今云贵地区和川西南西昌地区为南夷，有青羌、叟、寓僚、襮等多种民族，史称南中。汉武帝开通西南夷，虽然设置郡县，终因交通不便，汉文化难以深入夷人村寨，所以大体是依其"故俗治"(《史记·平准书》)。诸葛亮平定南中，不留汉人做基层官，不留汉兵防夷人，实质是仿汉武帝的依其故俗治，笼络少数民族上层人物赐以王侯之印，使其归附，调其财赋，征其兵役。从阶级观点来看，蜀国民族政策最平和，但从历史发展来看，不利于民族融合，直到明清改土归流，西南夷才真正渗透了汉文化，促进了这一地区的进步。但在三国时期蜀国弱小的情况下，诸葛亮的和抚政策也是最明智的。

孙吴政权以江东六郡之地当中原百万之众，兵源不足，劳力缺乏，而山越占人口之半，在这种背景下，孙吴驱掠山越人下山，强制编入部曲和户籍，也是必然之势。孙吴的高压民族政策，带来政局不稳，尤其是孙权执政之初，全力镇抚山越，丧失了夺取荆州的最佳时机，以至孙刘结盟，改变了全据长江的立国路线，这也是迫不得已。从民族本身的客观情况来看，山越已是半汉化的民族，所以孙吴将汉民族政策和生活习俗直接施之于山越也就有了现实基础。从历史发展来看，最有利于民族融合。正由于山越已经半汉化，所以他们接受汉族豪族地主和曹魏的挑动，孙吴的民族高压政策也就更带有阶级压迫的性质，扫荡山越强宗，如尤突、彭绮辈，可以说是讨逆平叛。因此随着孙吴国势的发展和统治的巩固，山越反抗的事件和规模也就日渐减少和减弱。从史籍记载来看，山越之名始见于《后汉书》，到了《旧唐书》只偶有提及。《三国志》、《晋书》、《南史》等书记载较多，而《三国志》记载最为突出。这说明魏晋南北朝是江南汉人、越民族大融合时期，而孙吴的民族政策将汉人、越人强制统一编户，给大融合奠定了政治基础。山越人从山上被驱赶到平地，宣告了他们原先分散、闭塞、隔绝于世、老死林莽这一落后保守生活习俗的结束，客观上有利于山越民族的进步、进化。山越人强者为兵，弱者补户，使社会组织与汉族一体化，十分有利于语言习俗的交流，不仅加速了民族融合，而且两族混同杂居，有利于生产技术的交流，共同推进了对江南地区的经济开发。通过与魏、蜀两国民族政策的比较，可以看出，三国时期，魏蜀吴三国施行的不同民族政策，都符合自己的国情,各自采取了正确的方法。三国鼎立,生存竞争的严峻形势迫使各国统治者都要施行成功的民族政策。在这个意义上,孙吴的镇抚山越,是适合于当时环境的成功的政策,这是应当肯定的。

赤壁败曹

发生在公元208年的赤壁之战,在中国军事史上是一场以少胜众,以弱克强的典型战例。这场大战的政治意义更大于军事意义,它是曹孙刘三家拉开鼎立序幕的一场大会战,因此是人们喜欢评论的一个热点问题。历史小说《三国演义》用了八个回目(第四十三至第五十回)的巨大篇幅来描写赤壁之战,威武雄壮,精彩动人。这场大会战的特点是"群英会",经过几十年征战锤炼的三方英杰会聚一堂,做决定历史命运的大决斗。结果孙刘联军取得胜利,曹操大败亏输,退回北方,从而定下三分鼎立之局。

周瑜火烧乌林　公元208年十月,曹操与周瑜率领的孙刘联军在赤壁相遇。赤壁在今湖北蒲圻长江南岸,与北岸乌林相对。

曹操顺流东下,水陆并进,夹岸而行,也占有长江天堑。但是曹操水军是刚刚归附的荆州水军,它原本就不是孙吴水军的对手。北方士兵不习惯乘船,夹岸推进,已经染上疾病。周瑜利用水上优势,夺得序战胜利,灭敌威风,壮己士气。史称周瑜西上,与曹操"初一交战,操军不利,引次江北"(《资治通鉴》卷六十二)。由于联军在内线作战,曹军不敢屯军江南,收缩在北岸乌林与南岸赤壁联军隔江相峙。为了训练北方士卒习惯乘船,曹操下令把战船用铁链首尾连接起来,以减轻船身的摇晃,并形成水寨,防止敌军偷袭。北方士兵走在连接的船上,如履平地。但这样一来,使船舰丧失了机动性,被联军先锋大将黄盖探知,向周瑜提出了火攻的建议。为了麻痹

周瑜画像

曹操，周瑜让黄盖秘密写投降信献给曹操。投降书说：

我黄盖在江东深受孙氏厚恩，担任将帅，理应效命。但天下大势归一统，用江东六郡的兵力来抗拒中原百万之众，寡不敌众，全天下的人都看得很清楚。江东的将帅，无论智愚，都认识到不能对抗。只有周瑜、鲁肃褊狭浅薄，不明大势。现在我黄盖归顺曹公，真心实意。周瑜所领的军队，是容易打败的。等到双方交战之日，我愿利用先锋的便利，相机行事，以效命曹公。

曹操收到投降书，本来怀疑黄盖有诈，但看到信中所讲合情合理，东吴将领一派主和的声音似乎还响在耳边，便深信不疑。于是曹操与送信人约定黄盖来投降的时间和信号。

黄盖画像

到了约降之日，黄盖带领十只大战船，船上装满干草，又浸上油液，外面用布幕遮裹起来，插上旗号，然后在大船后面拴上机动小舟。这一天，东南风吹得很急，船到江心，张起船帆，战船飞快向北驶去。快到曹军水寨，黄盖命兵士一齐大喊："黄盖投降来了。"曹军都走出船舱观望。这时黄盖让军士放起火来，然后跳上小船退走。十只战船，一齐燃烧起来，火借风势，风助火威，顷刻之间，火船接靠曹军水寨，大火很快吞没了曹军水寨，不久又蔓延到岸上营寨。曹军大乱，孙刘联军趁势猛扑过来。曹军本是疲惫之卒，遭到这突如其来的攻击，大火漫天，完全丧失了抵抗能力，被杀得尸横遍野，全军溃散。

在战斗中，黄盖翻身落水，被吴军救起，混乱中不知是黄盖，被放置在厕所中。当时天寒，黄盖落水，全身透湿，很快冰冻，全身僵直，奄奄待毙。这时韩当路过，黄盖拼命喊叫一声，韩当听得是黄盖呼唤，连忙脱衣包裹，黄盖才得救生还。由此可见当时战况之激烈。

在寒风烟火中，曹操带领残兵败将，匆忙从陆路经华容（今湖北监利东北）逃向江陵。途中满是泥泞，战马士兵陷入泥泞中，死亡无数。曹操派兵收束柴草填路,艰难前进,士兵争先恐后,互相践踏。联军紧紧追击,曹军一路败逃,狼狈不堪。

曹操吃了败仗,头脑冷静下来,立刻显现出他的睿智与政治远略。他预料孙权将进军合肥,令骑将张喜领兵驰援。曹操深恐许都不稳,留下征南将军曹仁、横野将军徐晃守江陵,折冲将军乐进守襄阳,自己率军迅速退回北方。曹操深深痛悔,他顿足长叹,呼喊着郭嘉的表字说:"如果郭奉孝还活着,我不会打败仗。哀哉奉孝!痛哉奉孝!惜哉奉孝!"

赤壁之战,将双方主谋人物做一下年龄对比,是很有意思的。曹操五十四岁,周瑜三十四岁,鲁肃三十七岁。签订孙刘结盟的两位主要人物,诸葛亮二十七岁,孙权二十六岁。赤壁之战不仅是以少胜众,而且是后生战胜前辈。后来的夷陵之战,也是后生战胜前辈。当时刘备六十三岁,陆逊四十岁。三国时风云人物,闪光的年华都在中青年时代,曹操本人建立功业最辉煌的时期也正是他的中年。

孙刘联军主将周瑜虽年轻资浅,但他智谋深广,心胸开阔,谦虚宽厚,善于团结长幼,这也是取得胜利的原因。周瑜团结程普的故事十分感人。程普字德谋,右北平土垠(今河北丰润东)人,是东吴三朝元老宿将。他

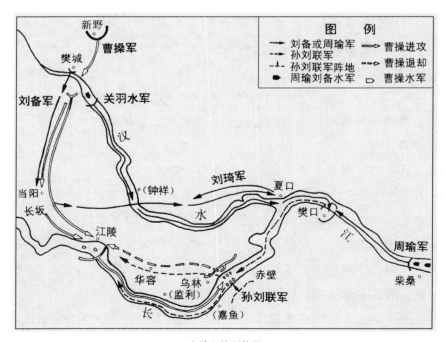

赤壁之战形势图

早年随孙坚南征北战,是孙坚的左右手;后来佐孙策渡江,忠心耿耿而又作战英勇。孙策攻打祖郎,陷入重围,程普匹马单枪,向敌人疾呼冲杀,救出孙策。他佐孙权镇抚山越,从征江夏黄祖,多立战功。他年龄大,资格老,战功卓著,全军将领尊称他为"程公",有极高的威信。孙权用程普为副统帅佐周瑜,他心中很不服气,用语言讥讽,不服调度,找岔子,闹矛盾,差点坏了大事。周瑜以大局为重,"折节容下",逐渐尊重程普,并虚心向程普请教。周瑜以豁达的心胸感动了老将,二人逐渐亲近起来。程普改变态度,也尊重周瑜,还时常对人说:"和周公瑾交朋友,如同饮美酒一样,不知不觉让人陶醉。"这一来,新老结合,发挥各自的长处,全军团结如一人,大大增强了联军的战斗力。

结局和影响 赤壁之战,曹操败北,给人们留下了许多思考。一惯能以少胜众的曹操,为什么在优势情况下打了败仗?胜败乃兵家之常,为什么曹操一战败北,就被长江锁住了脚步,而形成鼎立局面?这是一个问题的两个方面,用一句话来说,为什么赤壁之战拉开了鼎立的序幕?

吴国弩机

我们不妨从分析双方的战略得失入手,找到它的答案。

从曹操方面来看,冒进赤壁,谋略失算。曹操发动赤壁之战,是他一鼓荡平江南总战略思考的组成部分。荆州虽然不战而得,但数十万大军的奔袭,是需要强大的后勤支持的。刘表保境安民,在军阀连年混战形势下,荆州是一方乐土,深得民心。刘琦是正宗代表,荆州士众迫于兵势,并未心服。在这种情况下,曹操应该听取贾诩和程昱的建议,缓进东南,阻止孙刘结盟。然而曹操急于东进,早在公元207年春二月发布的《丁酉令》上就按捺不住地显露出来。令文说:"天下虽未悉定,吾当要与贤士大夫共定之……其促定功行封。"一个"促"字表现了曹操的紧迫感。他大封功臣二十余人为列侯,其余依次授封,又抚恤死事之孤,是预演着开国大典的帝王之礼,收买人心,鼓励军心。当然,曹操"要与贤士大夫共定之",早日完成统一大业是无可非议的，是正义的事业。但是，曹操和袁绍一样，由于他篡汉之心的过早萌动使他急于求成，冒险发动赤壁之战，葬送了统一的大好形势，这就无可讳言了。

诸葛亮和周瑜分析曹军必败，其因有四：第一，北土未安，操有后患；第二，不习水土，必生疾病；第三，战线太长，供应不济；第四，北方步卒，不习水战。曹军的这些败因，都不是根本性的。曹操之败，失在于"急"，如果多做休整，这些不足都可克服。由于急于东进，也就是冒进赤壁。具体说在战略上犯了以下四个错误，赤壁战败，也就不足为奇了。

赤壁之战遗址

其一，不知彼己，低估对手，推动了孙刘结盟。曹操给孙权下战书，虚张声势。吓到了庸人，但对于刘备、孙权、诸葛亮、鲁肃、周瑜这一班纵横天下的人物，适得其反，恰好给孙刘结盟添加了催化剂，这是曹操的最大失策。

其二，气量狭窄，骄傲轻狂。曹操南下，益州牧刘璋接连派遣三批使臣向曹操致敬。第一第二两次，曹操厚礼相待。第三次刘璋派了张肃之弟张松使曹，这时曹操已得荆州，打败刘备，就目中无人，不礼遇张松。张松转身投效刘备，回到成都后诽谤曹操，称誉刘备，劝刘璋结纳刘备抗御曹操。东晋习凿齿对此评论说："从前齐桓公骄傲，有九个诸侯背叛了齐国，曹操自高自大而导致了天下三分，这是把几十年的辛劳在一眨眼之间毁掉，真是可惜啊！"（《三国志·刘二牧传》）。

其三，不听劝谏，刚愎自用。曹操在艰难环境时能听得进谋士意见，当机立断，用兵如神。但他本性权诈机变，认为荆州到手，"天下已定"，就听不进谋士意见了。王夫之评论说:"曹操自诩任用天下的智力,靠的是权术而不是道义。耍权术,听与不听,决定于主观,合心意的就听,不合心意的就不听,这样一来,他不能采纳的好意见就多了。"(《读通鉴论》卷九)曹操赤壁之败,正是如此。他在大好形势下重蹈了袁绍的覆辙,走上了恃众欺寡、恃强凌弱的失败之路。

其四,受阻大江,以短击长。曹操所领北兵,不习水战,退屯江北,扎营乌林,隔江与孙刘联军相持,被动挨打。孙刘联军占有水上优势,恰似当年曹操在官渡占有地利一样。设若曹操发挥自己地广兵多的优势,分路出击,令淮南之众指向京口,再令长沙之众迂回孙权后方,使联军首尾不能相顾,或许战局会是另一番模样。

曹操屯兵,乌林遗址

再看联军方面,孙刘结盟,产生一加一大于二,甚至大于三、大于四的效应。政治上刘备奉有衣带诏讨"贼",是人们心目中的正统所在。曹操打出的旗号是"奉辞伐罪",联军则以牙还牙,揭露曹操"托名汉相,其实汉贼",在政治上压倒曹操,师出有名。在军事上,孙刘联盟,联军既战于境外,又处于内线。联军主力是江东士众,所以赤壁大战,实质是孙曹主力决战。对孙权来说是外线作战,赤壁在国境之外,而对联盟来说又在内线。孙刘以小敌大,以寡敌众,若待敌深入,战于境内,必定人心惶惶,军队望风瓦解，刘备兵败长坂，就是这一情况。周瑜迎敌于境外，表示了必胜的信心，而又置敌军于内线，使其孤军深入，后勤远离。联军供应线短，水上交通便利，军资充足，不怕持久。这与官渡之战比较，曹操地位正好相反。官渡之战，曹操在内线，袁绍在外线；赤壁之战，联军内线，曹操外线。官渡之战，袁绍军供应充足，利于持久，曹操军供应困乏，宜于速决；赤壁之战又颠倒过来，曹操兵多供应不足，处于袁绍的地位而无袁绍的物资实力，不能持久，联军在内线有江东后援。所以王夫之说：联军"愈守则兵愈增，粮愈足，而人气愈壮"，即使没有火攻，"持之数月，而操亦为官渡之绍矣"。可以说，曹操发动赤壁之战，天时地利都处于不利境地。孙权正是洞察了这一切，所以委屈联合刘备，在战略上就具有以下四个方面的优势：

蒲圻赤壁之战纪念馆外景

其一，联合刘备，既战于境外，又处于内线，掌握战场主动权，已如上述。其二，联合刘备，占据长江中游战略要地。刘备重兵所驻夏口是保卫江东的西疆门户，具有极其重要的战略地位。孙刘联盟，周瑜才可长驱上溯，阻敌于赤壁一带。其三，争取序战胜利，夺回天堑。其四，联合刘备，构成纵深防线，大军留为机动。赤壁之战后，周瑜长驱西上争江陵，刘备率荆州之众平定江南诸郡，孙权指向合肥。

综合上述联军的战略，无一不是孙刘联盟造成的优势。所以孙权说："除了刘豫州没有人能够与我联合抵抗曹操。"诸葛亮也说："只要荆吴联合共力，一定能打败曹操。"可以说大政治家所见容易达成共识，只有相对平衡才能共济患难。于是孙权让步与刘备平等结盟，同意鼎立，这既是赤壁之战联军胜利的基础，也是赤壁之战拉开鼎立序幕的原因。

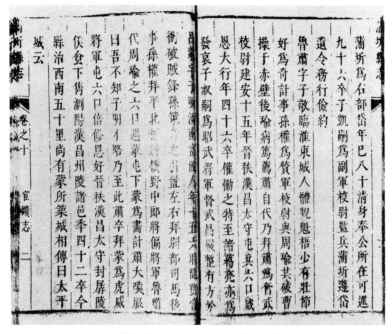

《蒲圻县志》中有关赤壁之战的记载

此外，我们从三方人才智谋上来看，曹操远征，智囊人物分散；而孙刘结盟，人才荟萃一时。诸葛亮、周瑜、鲁肃、刘备、孙权等人智力结合起来的总和大于赤壁的曹操。孙刘联盟，固然有曹操之逼，但洞察形势，决策妙算还得靠自己主观判断。决定联盟的中心人物是孙权，他表现出了超人的智慧与气度。王夫之归功于诸葛亮与鲁肃，这也没有错，没有诸葛亮与鲁肃的推动与策划，也就没有孙刘结盟。总之，只有这样孙刘结盟才演出了历史三分的杰作，才有用兵如神的曹操败北。对此王夫之的总结很富有哲理，试引述如下：

在汉末群雄斗争中，曹操挟天子以令诸侯，四面的敌人都不是他的对手，根本原因就是群雄自相诛灭，不能团结。吕布反复无常，忽彼忽此，遭到大家的嫉恨；袁术、袁绍兄弟分离；袁绍又与公孙瓒对立；袁谭、袁尚同室操戈；韩遂、马超互相怀疑；刘表交好袁绍却又坐山观虎斗。这都是群雄互相诛灭，才给曹操以取胜的机会。结果，只剩下孙权、刘备两家，如果他们自寻干戈，也必将自我崩溃为曹操所灭。鲁肃和诸葛亮结交定计，合力抗曹，同曹操争存亡，在当时是最好的办法（《读通鉴论》卷九）。

王夫之的总结，说理透彻，符合实际。袁曹官渡相持，刘备策应于徐州，袁绍借口小儿有病不救，结果被曹操各个击破。刘备不等袁曹两军咬紧胶着之时发难，宣布衣带诏，声讨曹操，用意是抢在袁绍之先树立扶义的大旗，争取政治主动权；袁绍不救刘备，是借曹操之手打击刘备，自信趁曹操之疲，独家也能稳操胜券。袁绍、刘备各自打着小算盘，忘了大局，是一叶障目不见泰山。孙权十分高明，从全局棋盘中首先考虑生存，所以能在刘备惨败时伸出援助之手，答应打败曹操，荆州归刘的条件，携手联盟，演出赤壁之战的生动活剧。可以说，孙权是推进三国鼎立最关键的人物。

江淮抗曹

魏吴两国之间的军事角逐，主战场在江淮之间的淮南地区，以合肥为中心展开。

合肥形势　合肥地处江淮平原的中心，是淮南重镇，背靠中原，前横大江，是长江中段的江北重镇。长江从鄱阳湖迂曲北流，再折曲东流入海，因此长江下游分为江东、江西地区。合肥在江西，孙策创业江东立都在京口（今江苏镇江），孙权定都建业（今南京）在江东长江南岸。合肥处在上游，建业、京口都在下游。魏吴对抗，合肥的战略地位极为重要，东可迫建业，西可胁武昌，广阔的平原，有利于发挥曹魏的骑兵优势。赤壁之战后，刘备在江陵，北向襄阳；孙权在京口，以江北扬州为重镇北指徐州。而合肥在江西，从侧翼保卫了徐州，把战线南移靠近了长江天险。最终三国鼎立，孙吴兵锋始终未达徐州之郊，合肥据点起了重要作用。

合肥原本是淝水和施水相合的意思，《水经注》载："盖夏水暴涨，施合于肥，故曰合肥也。"早在春秋时期，这里就是吴楚两国争夺的战略要地。两汉时期，合肥为九江郡治，在西汉已经是淮南大镇，为江淮物资集散地。东汉末袁术据淮南，合肥残破。曹操灭袁术，能吏刘馥治淮南，刘馥招抚流亡，治州城，兴水利，办学校，数年之间恩化大行，合肥又恢复为淮南重镇，储粮筑城为战守。

曹魏巩固北方，沿吴蜀之边，设置三大军事重镇与吴蜀对抗。这三镇是，东为合肥，中为襄阳，西为祁山。而合肥直接威胁孙吴都城建业，犹如一把利刃直插心腹。孙吴方面集全力来争，孙权多次亲临前线，定欲拔之而后快。合肥如此重要，曹操也两次进兵淮南，这里成了魏吴对峙最激烈的战场。

孙曹大战合肥　公元211年，孙权就从京口徙至秣陵，次年改名建业。孙权采纳吕蒙建议，在江西长江北岸濡须水入江两岸修筑坞堡，这就是三国时著名的濡须坞（在今安徽无为县），既是孙权建立江北防线的重要据点，又是进攻合肥的前哨基地。濡须坞，在孙曹对抗中起了重要作用。孙权攻不下合肥，曹操拔不掉濡须。

公元212年，曹操征陇右班师，已无西顾之忧，决定用兵淮南进攻濡须。出兵前，曹操命阮瑀致书孙权，劝其归顺朝廷。书信说：

我几年前已经在谯县制造了大批舟船，训练水军，目的你是清楚的。你不要认为我势少力乏，不能远征，想划江据守，以求平安，这很难办到。你想用水军扼守长江险要，使王师不能渡江，这是打错了算盘。长江虽然宽广，但东西战线很长，是难以守卫的。你如果抗击刘备，用行动来表示归附，我将永远委托你治理江南广大地方，给你高位和重爵。这样，你享其荣华，我得到不劳兵锋之利，双方受益，难道不好吗？（《文选》卷四十二，此为语译）

孙权没有屈服于曹操的压力，临江拒守。但这封信为后来孙权称臣曹魏，袭夺荆州开了方便之门，留了活口，它的影响是不可低估的。

公元213年正月，曹操率领号称四十万的大军进兵淮南，发动了第一次孙曹的濡须之战。曹军攻破孙权江西营，俘获都督公孙阳。孙权带领七万大军来迎战，曹军水兵攻水上孙吴阵地，渡到一个沙洲上，被孙权包围，丧失数千人。曹操受挫，坚壁不出。孙权亲自坐船挑战，观看曹军大营。曹操令弓弩手放箭，万箭齐发矢如雨下，不多时孙权军船上就射满了箭，船体倾斜，快要翻船。孙权把战船掉过头来，以另一面受箭，箭均船平,乃鼓乐齐鸣而返。《三国演义》写诸葛亮草船借箭,即取材于此。孙权的胆略和勇气,使得曹操非常佩服,不禁感叹:"生子当如孙仲谋。"

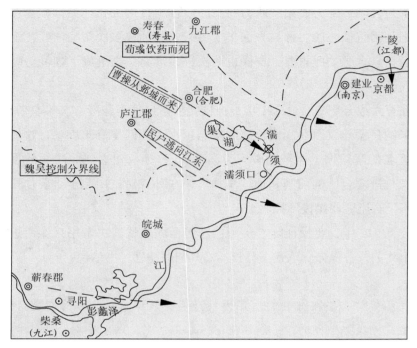

公元213年孙曹第一次濡须之战

两军相持了一个多月,二三月雨水转多。孙权写信给曹操说:"春水方生,公宜速退。"意思是说,春天一来,水势高涨,气候转暖,便于东吴水军作战,还是早日退去为好。孙权在另一页信纸上还写下"足下不死,孤不得安"两句话,算是给了曹操一个台阶。曹操对诸将说:"孙权没有欺骗我。"于是退兵,四月回到邺城。

曹操退兵,担心孙权掳掠淮南百姓,下令内迁淮南民众,引起恐慌。结果江北十多万户害怕内移为屯田民,纷纷渡江归了孙权,长江西面一带便成了一片空地。

公元214年五月,曹操用兵羌、胡,西征入关,孙权率军攻皖(在今安徽潜山)。皖城为合肥的南边外围据点。曹操派庐江太守朱光屯皖,大开稻田屯垦,这对孙权的江北防线不利。孙权亲征攻皖,合肥张辽来救,行至半道,皖城已破,张辽退回。此役,孙权俘获了庐江太守朱光。

公元215年八月,曹操进兵汉中,他预料孙权必攻合肥,留下密计派护军薛悌送到合肥,信封上写"贼至乃发"四个字。孙权大军十万来攻合肥,合肥守军只有七千人,形势紧迫。合肥守将张辽、李典、乐进三人与薛悌一起打开信封,曹操的指令如下:

若孙权至者,张李将军出战,乐将军守,护军勿得与战。

张辽勇略高于李、乐二将,但张辽是吕布旧将归曹,而李典、乐进是曹操旧将,两人不服张辽。曹操派护军薛悌节制,临阵拆信,大敌当前,便于团结对敌,给张辽留下应变余地。曹操不让薛悌参战,示意主力守城。当时李典、乐进、薛悌不明曹操的意思,果然是张辽首先领悟。张辽说:"曹公的意思,让我们趁敌人未合围时,即主动出击,挫其锐气,以安众心,才能坚守。"张辽怕李典不服调度,就又说,如果大家对曹公的信理解的不同,还有疑虑,我愿意一个人出战。李典见张辽如此顾全大局,深为感动,慨然赞同说:"这是国家大事,我怎能以个人成见忘掉公事呢?今日之事,我听将军指挥。"曹军将士,万众一心。当夜,张辽挑选八百壮士,杀牛宰羊饱餐一顿,只等天亮出城与吴军决一死战。

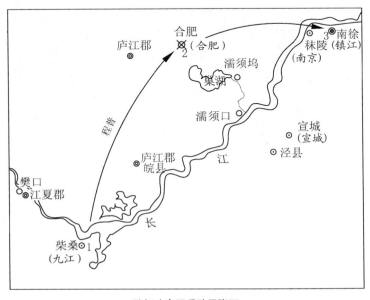

孙权攻合肥兵败于张辽

第二天一早,张辽与李典突然出战,张辽一马当先,大喊着自己的名字冲入敌阵,连斩孙权两员战将,直至孙权麾下。孙权措手不及,大惊失色,诸将也不知如何是好,便向高处撤退,以戟自守。张辽直呼孙权下山决战,孙权不敢动。后来见张辽人数不多,吴兵团团围上来,张辽左冲右突,杀出复又杀入,一直战到中午,大挫孙权士气,而后突围而去。此战大长合肥守军士气,于是"众心乃安,诸将咸服"。

孙权围攻合肥十余日不下,军中生了疾病,只得引军撤退。吴军大部队撤退到合肥东北逍遥津南岸,孙权及一部分军队还留在北岸,没有料到张辽追击,再一次受到突然打击。在短兵相接中,已来不及召回逍遥津南岸吴军,在慌乱中陈武战死,宋谦、徐盛败走。吕蒙、蒋钦、凌统、甘宁、潘璋拼死抵挡也没能阻挡住张辽的冲锋。凌统率三百亲兵保卫孙权逃奔到桥头,见一丈多长的桥板已拆掉,孙权情急,用鞭猛抽战马,才跃过河去,差点丢了性命。凌统受重伤,泅水渡过南岸,三百亲兵全部战死。张辽立功被曹操升任为征东将军。

合肥逍遥津公园

公元216年冬,曹操再次南征孙权,发动了第二次孙曹濡须之战,曹操路过合肥,巡视张辽打败孙权的地方,赞叹了好一阵,给张辽增加了军队。第二年正月,曹操进兵到居巢(今安徽巢县东北),二月进攻濡须。孙权在濡须口筑城拒守，以吕蒙为都督，在城上设强弩万张。当时甘宁为前锋，趁曹操前营扎寨未稳之时，率领敢死队一百多人趁夜突袭曹军，取得初战胜利。孙权高兴地说："曹孟德有张辽，我有甘霸兴，可以说旗鼓相当了。"双方对峙，都难以一时取胜。孙权遣使求和，曹操北还，留下伏波将军夏侯惇等屯驻居巢，孙权留平虏将军周泰守护濡须，双方形成了对峙的局面。

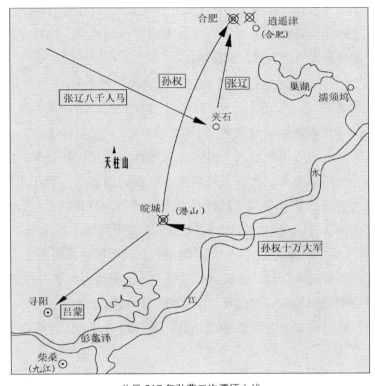

公元217年孙曹二次濡须之战

孙权建立江北防线 孙策评论孙权，决机于两阵之间，不是他的长处。事实证明，孙权确实短于临阵突敌，他经常率十万大军出征而战功不著，直接影响到他争天下的进程。孙权临阵指挥的对曹战役，集中在争合肥、战淮南，有时深入敌境达数百里，但败多胜少，举其较大的战役就有十一次。除攻克皖城一役外，有十次均未取得胜利。排列如下：

公元209年，赤壁之战后，孙权乘胜率十万之众围合肥，攻百余日不能下。

公元213年，孙权与曹操相拒于濡须坞，曹操破孙权江西营，获都督公孙阳。

公元214年,孙权征皖城,克之,获庐江太守朱光及参军董和,以及男女百姓数万口。

公元215年,孙权以十万之师围合肥,被张辽七千守军击退,津桥遇险,差点当了俘虏,这是孙权历史上最严重的个人危机。公元216年至公元217年,曹操再度进军濡须,孙权退走。公元219年,孙权围合肥,无功返。

公元226年,孙权趁魏文帝曹丕死,征江夏,围石阳,不克而还。

公元229年,孙权趁陆逊夹石之战大败曹休的声威,扬声出江北而潜袭西阳,魏将满宠为之备战,孙权退还。

公元230年,满宠筑合肥新城,孙权攻围,不克而还。公元233年,孙权再征合肥新城,败还。公元234年,孙权三围合肥新城,又败还。孙权倾注全力于淮南,六攻合肥不下,两次濡须之战被阻击不前。以上十一战,孙权十败一胜。既然疆场不胜,孙权为什么还要屡攻合肥,鏖兵淮南呢?这有一个战略考虑,那就是孙权要在长江北岸建立一条江北防线,不让曹魏势力突进至长江岸边,这样长江天堑才不为敌我共有。公元225年冬,魏文帝曹丕率十万大军至广陵,见长江波涛汹涌,不由得望江而叹:"嗟乎!固天所以隔南北也。"又说:"魏虽有武骑千群,无所用也。"只好掉头北还。吴魏淮南争夺战,孙权虽败多胜少,但稳稳占据了沿江战略要点,领有江西合肥以南地区,筑起了江北防线。孙权在江北建立了庐江郡和蕲春郡。庐江郡治皖城,在今安徽潜山县;蕲春郡治蕲春,在今湖北蕲春西南长江北岸。

孙权为了减轻曹操对淮南江北孙吴占区的压力,确保江北防线的建立,所以在赤壁之战后,为了树曹操之敌,借荆州给刘备。也可以说,孙权借荆州是为建立江北防线而付出的代价。当孙权攻围合肥不下,而蜀国关羽在荆州得志,孙权感到了西边的威胁,于是掉转矛头西指荆州,欲从更大范围建立长江防御体系。吴蜀争荆州之战,就不可避免地要发生了。

袭夺荆州

公元215年,孙权、刘备中分荆州,鲁肃为荆州督,吴蜀保持友好的联盟关系,曹操陷入两线作战之中,东西首尾不相顾,是吴蜀两国取得发展的最好时机。刘备北进汉中，孙权争合肥。东线孙权的战略目标是把江东的防线推进到淮水一线，取寿春，图徐州。关羽北上襄阳，策应东西。如果孙刘两家坚持这一战略，三路北伐，或许三国鼎立将不在历史上占有一章。可惜鲁肃于公元217年病故，吕蒙为荆州督，形势急转，联盟裂痕迅速扩展，很快达到破裂边缘。

关羽守荆州，一介武夫，刚愎自用，不懂外交。孙权欲与关羽联姻，巩固同盟，要娶关羽之女为儿媳，关羽说："虎女岂能嫁犬子。"幸亏鲁肃调解，大事化小，小事化了。吕蒙镇荆州，上陈擒关羽之策，他认为孙吴取了徐州也守不住，还不如取荆州，全据长江，形势益张。刘备在汉中得势，孙权在合肥受挫，关羽又得志荆襄，孙权感到西强东弱，于是接受吕蒙献计，改变战略，矛头西指，密谋袭夺荆州。

关羽威震荆襄，后防空虚 公元219年七月，刘备在汉中称王，下令驻守荆州的关羽向驻守襄樊的曹仁进攻，又令驻守宜都的孟达从秭归北上攻上庸，与汉中东出的刘封会合。公元218年，南阳吏民因赋役过重，在宛城守将侯音率领下反抗曹操。曹仁率兵镇压，公元219年正月攻破宛城，大肆杀戮，平定了骚乱。但是人心浮动，余波未静，这给关羽的北伐创造了条件。

曹操征张鲁，原马超旧部勇将庞德投降曹操，曹操派他到襄阳协助曹仁，又派徐晃驻宛城。关羽北上，曹操又派于禁率军支援。曹仁让于禁和庞德等七军人马屯驻在樊城以北，与襄阳、樊城形成掎角之势。

八月连降大雨，汉水暴涨，溢出堤外，平地水深数丈。于禁等七军被水淹没，避于高冈之上，关羽乘船猛攻，于禁投降。庞德死战，专找关羽对阵，曾一箭射中关羽前额。他常骑一匹白马出战，关羽军都称之为白马将军。提起他，人人为之变色。在这场战斗开始时，军中有人议论他不会与关羽尽力作战。因为当时马超在蜀汉成为五虎将之一，庞德堂兄庞柔也在刘备处任职。庞德听到议论发誓说："我受国家厚恩，义在效死疆场，今天不是我杀死关羽，就是关羽杀死我！"果然他在战斗中英勇无比，不幸乘船向樊城撤退时，船翻落水被擒。关羽劝他投降，他坚决不肯，大骂关羽，从容赴死。曹操得知于禁投降，庞德战死的消息，慨叹良久说："我信用于禁三十年，没想到临危处难，他反不如庞德！"曹操下令抚慰庞德家属，封他的两个儿子为列侯。

关羽乘胜猛攻樊城，城墙在洪水冲击下不断崩坍，随时可能被攻破。关羽为了扩大战果，尽调江陵守城之兵北上，把襄阳也围困起来。这时许都以南不少地方响应关羽，梁、郑、陆浑一带的地方势力公开反抗曹操，接受关羽印信旗号，一时间造成了关羽"威震华夏"的声势。曹操所置荆州刺史胡修、南乡太守傅芳，都投降了关羽。曹操曾一度打算迁都洛阳或黄河以北，避开关羽锋芒。曹仁与诸将准备放弃樊城撤退。江南太守满宠反对，他说："山水来得快去得也快，我们不必惊慌。我军如果退出樊城，不是丢一座城，而是黄河以南大片土地不保，将军应当坚守。"曹仁深感责任重大，于是一面沉白马祭河，祈祷洪水早日消退，一面激励将士决心与城共存亡，这才稳定了军心。

孙权谋取荆州，早就做了规划。公元217年吕蒙为荆州督，就向孙权献策说："东方西方虽是一家，但关羽实为熊虎，不可不防备。如果我们夺回荆州，让征虏将军孙皎守南郡，潘璋守白帝，蒋钦率领一万水军机动，我吕蒙领兵去占襄阳，这样的话，我们何必怕曹操？又何必去依赖关羽？"孙权非常赞同，只是等待时机。

关羽一向惧惮吕蒙，留有戒心。他北攻襄阳，留下一半军士守江陵。吕蒙看出了门道，为了麻痹关羽，他称病回建业，推荐当时尚未知名的陆逊代替自己。孙权任命陆逊为偏将军、右都督代吕蒙。

陆逊来到陆口，立即写信给关羽，恭维备至，大灌迷魂汤。信中说："樊城一仗，于禁被俘，远近无不佩服将军的功勋，足可以流芳百世。但曹操十分狡猾，他不甘心失败，还会增兵来战。希望将军不要骄傲轻敌，多方面考虑方略，以获全胜。我是一个书生，没能力担当重任，幸而同将军为邻，只是心直口快说说我的意见，不一定合适，敬请将军多加指教。"关羽得信，十分得意，他没把陆逊看在眼里，再也不防备，还调江陵守军增援前线，后方成了一座空城。

陆逊画像

吕蒙偷袭荆州　正当襄、樊战斗激烈之时，曹操丞相府军司马司马懿与西曹掾蒋济进言曹操说："刘备与孙权表面亲近而实际疏远，关羽得志，孙权一定不愿意。我们派人劝说孙权，从背后打击关羽，答应事成之后，大江以南土地封给他。这样樊城之围自然解除。"曹操采纳了这一建议，一面派使者去见孙权，一面命徐晃驰援，曹操也统率大军前进到摩陂（在今河南郏县东南），就近指挥。

孙权见了曹操使者，十分高兴，立即回了一封密信，表示愿称藩效命，希望曹操允许他讨伐关羽立功报效。孙权要求曹操为他保守机密，以防关羽有备。

吕蒙画像

孙权要偷袭荆州，曹操非常高兴，但是否替孙权保密，曹操拿不定主意，众谋士产生分歧，绝大多数人主张保密。司空祭酒董昭力排众议，他对曹操说："用兵打仗，讲究权谋，怎样合算怎样做。我们表面答应孙权保密，而暗中把消息报告给关羽和襄、樊守城将士。关羽相信，立即解围，去和孙权算账，我们坐收渔人之利。替孙权保密，他独得好处，这不是好计策。再说，我军被围困在襄、樊，日夜盼救兵，替孙权保密，他们不知就里，万一坚守不住，岂不是因小失大。关羽这人争强好胜，他自以为公安、江陵防守坚固，不会轻易撤退。在这种情况下，应将内情泄露，以鼓舞士气，这才对我们有利。"曹操认为有理，命徐晃将信用箭射入樊城，同时也射入关羽营中。在樊城被困的曹军将士，得知消息，果然勇气倍增，坚定了守城的决心。关羽得到消息，将信将疑，不肯立即撤退。不久传来消息，江陵失守。曹军徐晃反攻，关羽无心恋战，打了败仗，这才撤军回到江陵，为时已晚。

这时，孙权将吕蒙任为前锋，孙权自统大军继后。吕蒙为了瞒过荆州巡江的哨兵，他把兵船装扮成商船，兵士穿上白衣扮作商人，昼夜西上。遇到关羽所置江边巡哨，全部俘获，一直到兵临城下，荆州守军才发觉。蜀汉南郡太守糜芳守江陵，将军士仁守公安。二人与关羽不睦，于是不战而降吕蒙。陆逊另取宜都、秭归、枝江、夷道等城,还屯夷陵,守住峡口,以防刘备出蜀。吕蒙入江陵,厚待荆州将士家属,严令军中秋毫无犯。这一攻心战取得了实效,一传十,十传百,瓦解了关羽军的斗志。关羽回军,还没到达江陵,队伍已经散去大半。关羽势孤,向西退守麦城(今湖北当阳东南)。关羽遣使到上庸向刘封呼救,刘封与孟达闹矛盾,两人顾不上救关羽。关羽在麦城被吴将潘璋围困。关羽突围,西至漳乡(今湖北当阳西)被吴军活捉。

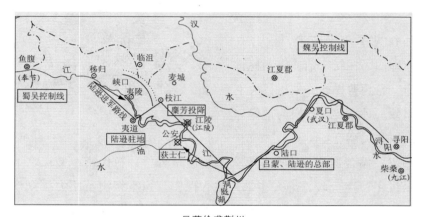

吕蒙偷袭荆州

公元219年十二月,孙权斩杀关羽父子,将其首级献给曹操。曹操按照诸侯王的隆重礼仪在洛阳安葬关羽。曹操这样做是把刘备的仇恨转移到孙权身上,继续挑动吴蜀相斗。

孙权夺回荆州,将势力延伸到了三峡以东、长江以南广大地区。夷陵之战,刘备败走,孙权巩固了对荆州的统治,三国地理均势形成,三国的疆域从此奠定,三国鼎立的局面正式确立。

灵活外交

三国时期的外交与军事一样,惊心动魄,风云变幻,波澜起伏,气象万千。

如果说孙权在军事上是第二流的,那他在政治和外交上无疑是一流的。在外交上,孙权比曹操、刘备、诸葛亮都要略高一筹。孙权在不失安吴原则的前提下，奉行灵活外交策略，在每一个历史关头，都做出了惊人的选择，一步步导向三国鼎立，使处在长江下游的孙吴立于不败之地，不负孙策所托。孙权是一个有魄力、有远见的杰出政治家和外交家。

孙权灵活外交，表现在以下三个方面。

第一，修正立国路线，借荆州给刘备，树操之敌，屏蔽东吴 当曹操南下荆州，在当阳长坂打败刘备，逼迫刘备奔吴之时，其众零落，计穷虑极，不被人看重，孙权却认为"非刘豫州莫可以当曹操者"，采纳了鲁肃和诸葛亮的建议，毅然与刘备结盟，在赤壁打败曹操。更表现出孙权果敢的是他在赤壁战后借荆州给刘备，使曹操大吃一惊。

孙权原本的立国路线是全据长江，进伐刘表，西取巴蜀，而联刘抗曹则意味着修正立国路线，谋求鼎足三分，这是在新形势下的一种以退为进的策略。孙权全据长江的前提是"北方多务"，而现在曹操已统一北方，志在吞吴，应时变化，修正立国路线，正是识时务的俊杰。孙权联刘，资以土地，这是向弱者做出的让步，没有卓识明睿的战略眼光，是难以做到的，这正是孙权的不平凡处。

孙权的睿智来源于他的好学，善于总结历史经验。他劝吕蒙读书，尤其是读《史记》、《汉书》、《东观汉记》等三部著作，表现了孙权对于历史的重视。现实斗争、历史斗争等经验，孙权熟记于心，所以周瑜、吕范等大臣都不能乱其心，移其志。

第二，不失时机袭杀关羽，夺回荆州，全据长江形势 赤壁战后，孙权借荆州给刘备，为的是树曹操之敌，屏蔽江东，赢得时间，建立江北防线。当刘备主力陷入汉中与曹操鏖战时，孙权不惜同盟破裂而袭杀关羽，夺回荆州，建立完整的长江防线，基本实现了全据长江的立国路线，这一果断决策完全出乎刘备、诸葛亮预料之外，显示了孙权卓越的才智。刘备入蜀，孙权就招回其妹孙夫人，为讨回荆州埋下伏笔。刘备取得益州，孙权只索讨江南三郡，极有分寸。相形之下，刘备、关羽不识大体，不做丝毫让步，兵戎相见，给了孙权以口实，直斥刘备为"猾虏"，即无赖。两相对照，刘备道义和手腕均输孙权一筹。

第三，称臣于曹魏，避免两线作战，这更是一个果敢行动 公元217年，孙权就派都尉徐详向曹操请和，再约婚姻，做夺取荆州的准备。公元196年，孙策平定江东，孙曹联姻。曹操把其弟的女儿许配给孙策之弟孙臣，又为其子曹彰娶孙策叔父之子孙贲的女儿。公元 200 年，袁曹官渡相持，孙策阴谋袭许，丝毫不以婚姻为念。虽然此事由于孙策遇刺未果，但显示出孙氏集团以婚姻为手段，掩盖其图谋，给孙曹之间的关系投下了阴影。曹操控制对方的最拿手策略是征质。公元 202 年，曹操下书孙权，要求遣子入侍，孙权果断拒绝。所以公元 217 年的徐详请婚，曹操没有表现热情。但孙权并不止步，公元 219 年，关羽北伐，威震荆襄，孙权认为时机已到，上书向曹操称臣、劝进，要求讨伐关羽立功报效。司马懿、蒋济、董昭等纷纷向曹操建言，许割江南给孙权以挑动吴蜀相斗，摆脱了东西两线作战的困境。孙权已经袭杀关羽，得了荆州，但吴蜀交战状态还没有结束，所以孙权继续向曹丕称臣，主动释放被关羽俘获的于禁，接受曹丕敕封的吴王称号，以殊礼接待魏使邢贞。

　　孙权称臣曹魏，不是消极的，而是积极的进取，麻痹曹魏，使吴国赢得时间与蜀国决战。为了达此目的，孙权使出了高超的外交手腕。于禁的护军浩周被俘在荆州，孙权放还时还特意拉拢。浩周回洛阳后以合门百口担保孙权诚心效顺。公元 222 年一月吴蜀夷陵之战正在相持，曹丕遣邢贞使吴，让浩周随行，给孙权带去口信征质，封孙登为万户侯。孙权借口孙登年幼，稍长即送京都为质。等到把浩周打发走后，孙权立即宣布孙登为太子，以此来杜绝曹丕征质。公元 222 年六七月间，吴蜀夷陵之战进入了决战，孙权为了稳住曹丕，又遣使上书，卑辞谢罪，表示十二月送质子入魏。九月曹丕遣侍中辛毗、尚书桓阶使吴征质，随即派出三路大军征吴。这时吴蜀战争业已结束，孙权有恃无恐，临江把守，曹丕只好望江兴叹！

　　质子之争，终于以干戈相向告一段落，但它为孙权赢得了时间，保证了夷陵之战的胜利。孙权发动的荆州之战，前后三年，全力对蜀，未受两线夹击，反而使刘备征吴还要北防曹魏，这是孙权在外交上的最大成功。而三国外交，其特点就是围绕荆州归属产生军事争夺而创造出有利的形势。荆州归吴，三国鼎立的地理均势最后形成。我们可以毫不夸张地说，诸葛亮隆中路线规划的三分蓝图只是一个剧目的脚本，导演三分戏成功演出的不是诸葛亮，而是孙权。

　　孙权奉行的灵活外交路线，在三方争斗中掌握了主动权，他无疑是三国时代外交家中最杰出的代表。

定都建业

今江苏省南京市为九朝故都，即吴、东晋、宋、齐、梁、陈、南唐、明初、太平天国。第一个王朝定都南京的就是孙权，他取名建业，东晋改称建康，明初称为南京，太平天国称为天京。

南京是一座古邑，历史悠久。公元前473年，越王勾践灭吴后，在秦淮河以南筑城，后人称为后越城，这是南京最早的古城。公元前333年，楚威王灭越，在石头山北置邑，取名"金陵"，孙权改称石头城。石头山今名清凉山。公元前221年，秦统一六国，改金陵邑为秣陵县。

南京石头城遗址

孙策平定江东，定都于吴（今苏州市），孙权迁到京口（今镇江市），在今南京以东。吴与京口两地位置太东偏，又无险可守，若有紧急，赴救为难。吴尚书张纮建议置都秣陵。诸葛亮出使东吴，观睹秣陵形胜，慨然称赞说："钟山龙盘，石城虎踞，帝王之宅也。"刘备去京口亦劝孙权定都秣陵。孙权说"智者意同"，于是在公元212年，改秣陵为建业，取义在此建立家业，定立为国都。公元221年，孙权西上争荆州，一度迁都鄂城，改名武昌。公元229年孙权称帝，吴蜀通好，还都建业。

建业城北依覆舟山和玄武湖，南近秦淮河，东枕钟山西麓，西靠冶城山。地形险要，易守难攻，的确是江南最理想的天子之都。孙权定都后，进行了大规模的城市建设。他最初在金陵旧址上修建石头城，随后在城东扩建建业城，仿东汉洛阳城规模，周长二十里。城内有华丽的宫城，沿秦淮河两岸是商业区和居民住宅区，有七里多长。为了便利水军行动和水上运输，公元211年，凿城西开沟入秦淮，通吴越运船。建业成为水上交通发达的商业城和军港，是孙吴的政治、经济、军事和文化中心，为尔后各朝定都打下了基础。

孙权定都建业，宣告江南政权成立，对长江流域以及广大东南地区的经济开发，具有划时代的意义，对历史产生了深远的影响。

孙权立国江南，安抚了南移的北人，促进了越汉、蛮汉人民的大融合，意义深远。东汉末，中原大乱，荆扬二州相对安定，北人南移，带来中原先进的文化与耕作技术，这是江南经济得以飞速发展的先决条件。南下的北方人口都是质量较高的一部分，这是由战乱的客观条件所决定的。愚钝无能的人大多在就地待死，只有远见卓识之士而又富于冒险精神的人才能远徙。例如董卓入京，颍川名士荀彧就对乡亲父老说，颍川四战之地，常为兵家所必争，赶快外走，后来果然被凉州兵所掠杀。临淮鲁肃南下时也是整族人数百口避难南迁，可以说是一个整体小社会的搬移。江南地广人稀，物产丰富，被中原士大夫视为避乱的"乐土"。孙权立国江南，给这些举族南迁的流民提供了保护。依《三国志》的记载，东汉末的北人南移，是整个社会的大迁移，南下人口如潮水般涌入。主要有以下五种方式：

其一，士大夫举宗避难南迁。前举鲁肃南渡是其例。士大夫南迁，不仅举宗而徙，往往带动许多人依附。

其二，逐鹿中原失败的军阀南下，带有大量部曲和裹胁的男女人口。

其三，流民南下。这是底层劳动人民的大量南迁，也就是难民潮的南下，无法统计。史载，关中之民流入荆州的就有十万余户。

其四，战争掳掠。如公元199年，孙策破皖，掳掠袁术残部"百工及鼓吹部曲三万余人"。

其五，曹魏民为逃避苛政酷刑而南渡，以及叛将南投。主要有两次：公元213年，淮南民众反对内迁，庐江、九江、蕲春、广陵等郡户十余万东渡江，江西地空。公元255年，魏淮南镇将毌丘俭、文钦起兵反司马师，兵败，文钦降吴，淮南余众数万口来奔。

上列北人南移的五种类型，多有数字记载，累计已达一百四五十万人口，差不多占江南人口的三分之一，十分惊人。南下的人口，有士兵，有农民，也有文武将相人才，所以说是整个社会的大迁移。孙吴政权对江南经济的开发，南下的北人是最重要的一支生力军，他们作出了不可磨灭的贡献。

江南土著居民，过半数是山越和蛮夷。山越主要分布在扬州各郡，荆州西部有武陵蛮，交州有南越。孙权采取强迫山越和蛮夷下山的同化政策，客观上加速了越汉、蛮汉人民的融合。

以上两个方面，安置南移的北人与推进越汉、蛮汉人民的融合，可以说是三国鼎立的对峙战争推动了江南经济的开发，它通过孙吴政权的组织而实现。这就是孙权定都南京，立国江南的重大政治意义。

晚年昏聩

孙权的晚年和他的前期相比，判若两人，可以说历史上有两个孙权。

好大喜功　登上皇帝宝座后，孙权的猜忌之心和自以为是的恶习逐渐暴露出来。首先表现出来的就是好大喜功，违众加封辽东公孙渊，使吴国遭受惨重损失。嘉禾元年（公元232年），割据辽东的公孙渊向吴称臣。孙权大喜，为之大赦天下，并派太常张弥、执金吾许晏、将军贺达等将兵万人，携金银珠宝去授公孙渊为燕王，并赐九锡。满朝文武以张昭、顾雍为首，纷纷进谏，认为公孙渊乃反复小人，不可轻信。孙权固执不听。张昭力谏，孙权竟拔刀在手，要杀张昭。后来，公孙渊斩杀吴国大臣，倒向魏国。孙权受骗后，不思自己不听规劝之过，反而迁怒于公孙渊，要发兵征讨，被群臣劝止。

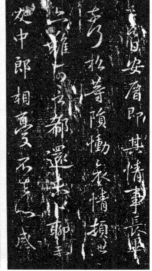

三国吴　皇象章草书《文武帖》、《顽暗帖》

宠信奸佞 孙权即位后猜疑心加重，设置校事、察战两职，监视文武官员。吕壹为中书校事时，滥相纠举，使"无罪无辜，横受大刑"，而孙权却十分宠信他。丞相顾雍无故被举罪，遭到软禁；江夏太守刁嘉被诬陷，几乎受诛。太子孙登屡次劝谏，孙权不听。大将军陆逊见吕壹"窃弄权柄，擅作威福"，无人可禁止，与太常潘濬"同心忧之，言至流涕"（《陆逊传》）。骠骑将军步骘多次上书，揭露吕壹罪行，希望孙权改变"虽有大臣，复不信任"的状况，信用顾雍、陆逊、潘濬等忠贞股肱之臣（《步骘传》），而孙权置若罔闻。潘濬见孙权如此不听忠言，意想借宴会袭杀吕壹。孙权宠信奸人吕壹的程度，致使东吴群臣无法忍受。后来吕壹虽因陷害左将军朱据，事情败露被杀，但校事之官仍然不废。

吕壹被处死后，孙权也引咎自责，承认过失，还派中书郎袁礼去向大臣们征求对时政的意见，但大臣们不再畅所欲言了。诸葛瑾、步骘、朱然、吕岱推说不掌民事，缄口不言。而陆逊、潘濬"怀执危怖，有不自安之心"，也不愿说什么。孙权得知，下诏责备他们，替自己辩护。孙权后期的刚愎自用和日益发展的猜忌心，使东吴前期那种君臣和睦、上下同心的局面一去不复返了。

废立太子，举国中分 公元221年，孙权为吴王，即立长子孙登为王太子。称帝后，又以登为皇太子。孙登不幸于赤乌五年（公元242年）夭亡。其时次子孙虑早亡，便立第三子孙和为皇太子，以第四子孙霸为鲁王。孙权偏宠鲁王，使他与太子同居一宫，享受同等礼遇。后因大臣上言，"以为太子、国王上下有序，礼秩宜异"（《孙和传》裴注引殷基《通语》），于是，孙权使二子分宫，各置僚属。

孙霸觊觎太子之位，便拉帮结党，发展势力。骠骑将军步骘、终南将军吕岱、大司马全琮、左将军吕据、中书令孙弘等阴附鲁王，潜毁太子。丞相陆逊、大将军诸葛恪、太常顾谭、骠骑将军朱据、会稽太守滕胤、大都督施绩、尚书丁密等奉礼而行，尊事太子。中朝外朝官僚将军大臣举国中分，形成拥嫡和拥庶两派。孙霸谋夺太子位的野心日益暴露，陆逊、顾谭及太子太傅吾粲等拥嫡派数陈嫡庶之义，理不可夺。而孙权听信拥庶派全寄、杨竺的谗言，流放顾谭，诛杀吾粲。

残杀忠良，国势衰微 由于皇太子之位的斗争愈演愈烈，孙权看到"子弟不睦，臣下分部，将有袁氏之败"，十分担心。赤乌九年（公元246

年），孙权不分是非曲直，幽闭太子孙和。拥嫡派朱据、屈晃、陈正、陈象等人上书固谏不止，孙权大怒，"族诛正、象、据，晃牵入殿，杖一百"（《孙和传》）。陆逊因数次上书陈述嫡庶之分，孙权也派宦官去指责，致使陆逊忧愤成疾而死。赤乌十三年（公元250年），孙权废除太子孙和，群臣纷纷劝谏。孙权又诛杀或流放进谏的朝臣大将数十人，"众咸冤之"。同时，他又下令孙霸自杀。并且以结党诬陷孙和的罪名，诛杀了拥庶的全寄、吴安、孙奇、杨竺等人。这一事件，使得吴国一大批文臣武将先后遭到贬官、流放或诛杀。从此，国势衰微，一蹶不振。

废除孙和后，孙权立少子孙亮为太子。不到两年，孙权就患病死了，享年七十一岁。孙亮即位，年仅十岁。

孙权的历史地位

评价孙权的历史地位，主要讨论两个问题，即如何看待他立国江东，以及他为什么不能统一华夏？历来认为孙权是一个"保江东，观存败"，满足于"限江自保"的偏安之主，是一个次等的英雄，这是不符历史实际的。三国鼎立，南北对峙的主线是魏吴而不是魏蜀。旧时史家，以及《三国演义》历史小说，受正统思想局限，突出魏蜀对峙，把吴国放在配角地位，把孙权放在刘备之后，这个案应按历史本来面目把它翻过来。

孙权从一个涉世未深的青年，十九岁就继承父兄之业，在艰难环境中成长为一名卓越而老练的政治家，杰出而能干的外交谋略家，在内政、外交、军事、经济各个方面都有卓越的建树，不仅是三国时期第一流的政治家，而且在中国历史发展的长河中，也是屈指可数有作为的帝王之一。推进三国鼎立，孙权是至关重要的人物，起了主要作

孙权夫人灵泽庙旧影

用。孙权聪明仁智，冠盖当世；举贤任能，胜于曹刘；雄略征伐，稍逊魏武；立国江南，功在千秋。孙权之所以不能统一天下，并非是"保江东，观成败"，而是"保江东，图王业"，但未达目的。诸葛亮就说，孙权不是一个"志望已满"、"利在鼎足"的人，而是"智力不侔，故限江自保"。又说："权之不能越江，犹魏贼之不能渡汉，非力有余而利不取也。"诸葛亮的分析是很有道理的，下面再做具体阐述。孙权不能统一天下，举其大端，有以下六个方面的原因。

其一，孙权所处天时、地利、人和均为劣势，不足以灭蜀并魏。所谓天时、地利、人和三个因素是相互影响的，三者又各包含两个方面。天时含政治凭借和事运机会；地利含形势险要与人物殷阜；人和含得贤才与人心归服。魏谋臣刘晔说，孙权虽有雄才，故汉骠骑将军南昌侯耳，官轻势卑。这就是说孙

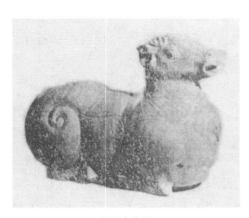
吴国青瓷羊

权政治凭借不厚，没有曹操挟天子以令诸侯之势，也没有刘备帝室之胄的正统之义，只能后发制人，在曹刘争相称帝的时候，把自己夺取天下的雄心深藏不露，以便充分利用曹刘敌对的空隙，朝秦暮楚，讨取便宜。东吴地利有长江之险，此为一长；但地处低下而仰对蜀魏，又是一短。中国传统文化在中原，人众物盛，而又居高临下，所以历代南北对峙，基本上是北方战胜南方。孙权虽得江东才俊，而山越屡叛，人和也只得了一半。等到孙权镇抚了山越，挥兵西进之时，曹操已南下，使得他未能在北方多务之时竟长江所有，从而丧失了机运。所以陈寿说："孙权不遑外御，卑辞魏氏。"

其二，东吴名将过早凋零。东吴开国的文臣武将，约四十人全部在孙权生前早早谢世。周瑜、鲁

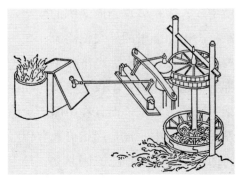
吴国冶炼鼓风水排复原模型

肃、吕蒙三位大将，文武兼备，他们制定了东吴政权的立国方针，偏偏很早辞世。东吴十二员虎将程普、黄盖、韩当、蒋钦、周泰、陈武、董袭、甘宁、凌统、徐盛、潘璋、丁奉，有十人凋落在孙权称帝之前。孙策的突然早夭，几乎使孙氏集团瓦解。孙权的大批谋臣骁将的过早谢世，使得东吴争雄天下的实力大大衰落。曹魏地广，人才众多，一辈辈成长。吴蜀地狭，贤才非唯本土所产，因汉末乱世分之于四方，因此，大批凋零后，人才难继。可以说，这是蜀与吴相继灭亡于北的重要原因之一。

其三，争夺荆州，吴虽得实利，但也削弱了同盟，增强了曹魏，从逐鹿中原角度看，可以说是战略失策。曹魏占天下三分之二，吴蜀合力相抗，尚且不敌，而又自相残杀，大大削弱了抗衡力量。假如关羽得志荆襄之时，孙刘合力前进，刘备率益州之众出秦川，孙权率江东之众全力指向合肥、徐州，东西万里全线出击，彼此呼应，趁锐助势，蚕食魏境，中原震动，人心思变，前途不可预料。孙权忌惮关羽，战略转向，虽一时得志，却成就了曹氏篡汉，三国鼎立遂成不易之局。夷陵之战后，魏强、蜀弱、吴孤。此后吴蜀虽重新结好，也频频东西相应出击曹魏，终于因力弱而又各存异心，都希望对方替自己火中取栗，所以吴蜀的北伐以失败而告终。

其四，孙权短于临阵突敌，战功不著，直接影响他争天下的进程。孙权亲临战阵所指挥的战役，多次失败，有的是在绝对优势情况下失败，说明应变将略不是他的长处，这也是帝业不成的一个重要原因。纵观中国历史，凡是在乱世活动中的开国之主，无不善驭戎机。孙权虽也胆气豪壮，可惜所遇对手道高一尺，孙权无所施其巧，在决机两阵之间把不住时机，因而建功不著，大业难就。

其五，孙权称帝骄逸，晚年昏聩。大凡帝王都好大喜功，且

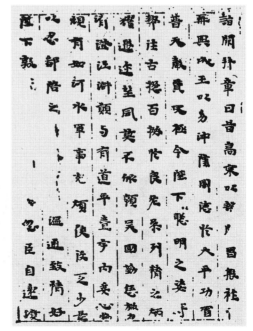

《三国志》书影（东晋写本吴书残卷）

多疑忌，晚年尤甚。公元229年，孙权四十八岁称尊，即帝位。从此，东吴政权从顶峰走向衰败，孙权从明智走向昏聩，甚至暴虐。

孙权称帝建都武昌，是一种前进的姿态；称帝后建都建业，实际意味着限江自保。晚年的孙权更是忠奸不分，逼死陆逊，杀害吾粲、朱据等股肱大臣，使吴国政治出现了空前的危机，朝臣人人自危，边将外叛，种下了亡国之祸，何谈统一。

其六，曹魏重点防吴，孙权无隙可乘，不能建立奇功。魏文帝曹丕三次大举伐吴，两次临江，虽无功而还，其战略计划先吴后蜀，十分明显。公元234年，吴蜀联合北伐，魏明帝西守东进，他亲自出征孙权，孙权闻风而退。在曹魏严密设防下，无论孙权，还是陆逊，出师皆无功，更不用说其他诸将。

综上所述，孙权不能统一天下，因受历史条件局限，有着多种原因，并非志存偏安。曹操、刘备、孙权都没能完成统一大业，而是各自创立了鼎足三分的国家。汉末群雄纷争，只有他们三人建成了功业，说明他们三人都是那个时代的一流英雄。如将三人做比较，恰如他们建国的区域大小一样，孙权应是居于第二位的人物，他的功绩逊于曹操，大于刘备。

孙权墓（南京）

孙权个人小档案

姓名：孙权	出生：汉灵帝光和五年（公元182年）
属相：犬	卒年：吴太元二年（公元252年）
享年：七十一岁	谥号：大皇帝
庙号：史未载	陵寝：蒋陵
父亲：孙坚	母亲：吴氏
初婚：谢夫人	配偶：七人，皇后步氏
子女：七子，二女	继位人：孙亮
最得意：少年得志，坐镇江东	最失意：十万大军惨败合肥，差点被俘
最不幸：诸子争储，赐死第四子鲁王孙霸	最痛心：太子孙登早夭
最擅长：平衡外交	

第十章　孙吴三嗣主

孙吴三嗣主为会稽王孙亮、景帝孙休、末帝孙皓。三嗣主维持孙吴政权二十九年，实乃天幸。孙权晚年昏聩，朝臣分裂，内部统治集团矛盾已极其尖锐。三嗣主，孙亮年少不经事，孙休年寿不永，孙皓酷虐无比，均无政绩可述。由于北方司马氏篡魏，灭蜀之后无暇伐吴，加之吴国尚有前朝良将如陆抗等在世，吴国才得以苟延残喘近三十年。

会稽王孙亮

孙亮嗣位　孙亮字子明，是孙权的第七子，也是孙权最小的儿子。孙亮生于赤乌六年（公元243年），当时孙权已六十一岁。晚年添子，疼爱有加。

孙和、孙霸争立太子，导致吴国政局动荡，孙权心力交瘁。孙和太子被废，与孙权长女全公主鲁班有牵连。全公主党附孙霸，在孙权耳边说孙和及其母亲王夫人的坏话。有一次孙权病了，孙和到祖庙祷告，请祖宗保佑孙权。孙和夫人张氏的叔父住在宗庙的附近。孙和趁便去拜访。全公主抓住机会到孙权耳边打小报告，说孙和不是真心到祖庙祭祀，是借机到老婆娘家去

孙亮画像

密谋。又说孙和母亲王夫人见皇上有病,面露喜色,高兴得不得了。孙权患病,心情本来就烦躁,听了女儿的这番话,勃然大怒,责备王夫人,疏远孙和。王夫人胆战心惊,忧愁病死,孙和更加孤单。全公主鲁班又发动夫家的人,全寄、杨竺等人为鲁王孙霸的党羽,在外朝发动攻势,一时流言四起,孙权耳边听到的尽是孙和的坏话。孙和的师傅、大臣陆逊、吾粲、顾谭等出面劝谏孙权,不可废嫡立庶,乱了宗法制度。无难督陈正、五营督陈象、骠骑将军朱据、尚书仆射屈晃等也上书,说春秋时晋献公杀太子申生,立庶子奚齐,导致晋国扰乱。孙权哪里听得进,反而是忠言逆耳,火上浇油,诛灭了陈正、陈象,在殿上杖责朱据、屈晃,斥责陆逊等,陆逊忧死。数十位大臣被流放。赤乌十三年(公元250年),孙和被废,流放到故障。太元元年(公元251年),孙亮被立为太子,他的生母潘夫人立为皇后。太元二年(公元252年),孙权病危,封废太子孙和为南阳王。不久孙权病死,孙亮即位,诸葛恪、孙峻等人受遗诏辅政。这时孙亮年仅十岁。

诸葛恪用兵淮南 诸葛恪,字符逊,琅琊阳都(今山东沂南县)人。他是吴国大将军诸葛瑾的儿子,蜀国丞相诸葛亮的侄儿,算是出身名门。诸葛恪从小聪颖过人,深得孙权器重,弱冠就被拜为骑都尉,后又从中庶子升为左辅都尉。孙权曾经以十分赞许的口气对诸葛瑾说:"你儿子真是如蓝田所生的玉,名不虚传啊!"

吴国的山越时服时叛,很难治理。吴嘉禾三年(公元234年),诸葛恪毛遂自荐,愿到山越最集中的丹阳去治理,保证三年可得甲

诸葛亮画像

士四万。朝中大臣都表示怀疑,但孙权极为信任,于是任命诸葛恪为抚越将军,领丹阳太守,率领三百骑兵赴任。三年后,丹阳有十万山越人出降,得精兵四万余人。诸葛恪的名声大振。

赤乌九年(公元246年)诸葛恪接替谢世的陆逊为大将军,假节钺,屯驻武昌,领荆州事务,这是最高职的军事长官。太元二年(公元252年)

孙权病情加重，而太子年少，于是安排后事，召重臣诸葛恪、孙弘、滕胤、吕据、孙峻到病榻前接受遗命。孙权托孤，诸葛恪为首辅。孙权对诸葛恪说："我病得很重，恐怕再也不能见面，一切事都托付给你了！"并说道："诏有司诸事一统于恪，惟生杀大事然后以闻。"诸葛恪成为顾命大臣的第二天，孙权就谢世了。

诸葛恪以大将军领太子太傅，总领军国大政。当时朝廷上下都注目诸葛恪。但中书令孙弘素来与诸葛恪不和，害怕受制于诸葛恪，于是在孙权死后秘不发丧，妄图矫诏杀掉诸葛恪。侍中孙峻得知此事暗通消息，诸葛恪先下手请孙弘议事，在座中杀了孙弘。诸葛恪这才稳固了地位，发布了一系列缓解矛盾，安定人心的措施，如裁撤监视文武百官的校事官，深得朝廷内外的拥护。他又豁免了百姓积欠政府的租赋债务，除去关津杂税，注意体恤民力，发展生产。这些惠政措施的执行，使得吴人对他印象非常之好，"恪每出入，百姓延颈思见其状"。

诸葛恪自视甚高，想建立盖世武功。太元二年孙权病逝，十月，诸葛恪就锐意修复巢湖东兴堤（在今安徽含山县），以提高巢湖水位，利于舟船进军合肥。又在濡须山筑东关城，隔濡须水与七宝山上的西关城相对，北控巢湖，南扼长江，护卫东兴堤。两关城，各留千人屯守。曹魏命大将胡遵、扬州牧诸葛诞率七万大军攻围两城，诸葛恪率四万众星夜驰救。时天寒大雪，魏军解甲饮酒，诸葛恪率众突然袭击，大获全胜，毙魏军数万，

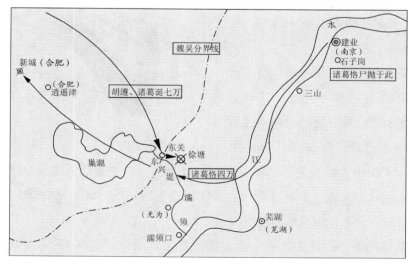

诸葛恪用兵淮南：东兴大捷与新城之败

缴获军资如山积。十二月，诸葛恪班师还建业。

公元253年，诸葛恪大举北伐，倾全国之力，集兵二十万众，为吴国用兵史上前所未有。吴国文武大臣联名反对，认为连年动众，兵民已困，不宜轻率北伐。诸葛恪模仿诸葛亮《出师表》著论压众，说什么"天无二日，士无二王，吴国不可依靠长江天险传世，而要趁曹魏还未强大之时北伐，统一天下"。诸葛恪认为，过数十年曹魏人口兵众将增长一倍，而吴国功臣宿将反凋零一半，更不利北伐。还说刘表端坐荆州，没有远虑，给子孙留下后患。诸葛恪善于雄辩，他不顾国力，违众进兵。

诸葛恪没有直取寿春，他犯了兵家大忌，置众兵于坚城之下，围困合肥新城。合肥守将张特与将军乐方只有兵三千人，依靠城坚粮足坚守，诸葛恪攻围百余日不能下。诸葛恪五月入淮南，正值暑热，士卒疲劳，病者大半，死亡甚众。八月，魏救兵入淮南，诸葛恪退兵，伤亡大半。此役吴兵未经大战而遭惨败，完全是诸葛恪不体恤士卒造成的。他回到建业，被孙峻所杀。

诸葛恪淮南惨败，吴国大受损伤，此后无力北上。曹魏淮南守将毌丘俭与诸葛诞先后叛乱，也无暇南下。司马昭主政，调整战略，先灭蜀后灭吴，淮南征战逐渐沉寂下来，直到吴亡，没有大战役。

孙亮被废 孙峻杀害诸葛恪后，任大将军，大权独揽。他步诸葛恪的后尘，也用兵于淮南，加剧了吴国的衰亡。五凤二年（公元255年），魏镇东将军毌丘俭、扬州刺史文钦反于淮南。魏大将军司马师抱病东征。孙峻率众十万救援毌丘俭，攻魏寿春。司马师斩杀毌丘俭，文钦降吴，孙峻败还。

太平元年（公元256年）九月，孙峻病死，以从弟偏将军孙綝为侍中、武卫将军，领中外诸军事。骠骑将军吕据、征北将军文钦、前将军唐咨等上表孙亮，推荐卫将军滕胤为丞相，孙琳不听，以滕胤为大司马驻守武昌。当时魏镇东大将军诸葛诞据寿春反叛，吕据等率兵往救，据兵在外。吕据等既然不服孙琳，于是引兵还吴，打算讨伐孙琳。孙琳用皇帝孙亮诏书告谕文钦、唐咨，命令两人讨伐吕据。孙琳又派孙宪、丁奉、施宽等率领水兵阻击吕据，在江都新州抓获了吕据。孙琳又派将军刘丞率领步骑讨伐滕胤，滕胤兵败被杀，满门被诛。于是孙琳为大将军、假节，封永宁侯，执掌大权。孙宪与将军王惇计划谋杀孙琳，计谋败露，王惇被杀，孙宪自杀。

吴国统治集团上层又陷入了一场动乱。

太平二年（公元557年），孙亮十五岁，四月临正殿，大赦天下，表示亲政。孙琳奏事，孙亮总是发出质问。孙亮又挑选了十五岁到十八岁的官家子弟少年郎三千人组成一支禁卫军，在高官武将的儿子中，挑选人才出众、好勇有力的人担任将帅。孙亮说："我组建这支新军，与我一起成长。"每天在皇家公园中训练。孙亮此举，不禁让人想起康熙皇帝在皇宫花园训谏童子军相扑，设计擒鳌拜的故事，大约康熙皇帝就是从孙亮那里学来的吧。

小皇帝孙亮又极其机敏，很有判断力。有一天他让黄门郎到中藏库去取蜂蜜。黄门郎曾经向管库的藏吏索要过东西，藏吏没有给，黄门郎怀恨，借机报仇，他把老鼠屎撒在蜜里陷害藏吏失职。带鼠粪的蜜进献给皇帝是大不敬罪。孙亮召问藏吏，藏吏叩头，说不是他干的。孙亮问："黄门郎找你要过东西吗？"藏吏说："要过，臣不敢把公家的东西私自给他。"孙亮问黄门郎，黄门郎矢口否认。侍中刁玄、张邠向孙亮请示，把两人逮捕交给司法机关廷尉审问。孙亮说，不须审问，很容易查出真相。孙亮让人把蜜中的鼠粪剖开，外湿内干，说明是刚把鼠粪撒进蜜中的，是黄门郎干的。在事实面前，黄门郎只好认罪。在场的人十分佩服小皇上的智慧。

小皇上聪明能干，朝中大臣个个高兴，可是权臣孙琳坐不住了，他与同党密谋除掉孙亮。孙亮到底涉世不深，锋芒过于外露，对孙琳警惕不够。孙亮与太常全尚、将军刘丞谋诛孙琳，孙琳觉察，先下手为强，逮捕了全尚，杀了刘丞，立即召集大臣在宫门集会，废孙亮为会稽王，这年孙亮才十六岁。

孙亮废为会稽王，两年后有传言孙亮要回京做天子，景帝孙休下诏，再贬为候官侯。孙亮在被遣送的路上自杀，享年仅十八岁，本来可以成为一代英主的孙亮，就这样湮没了。

景帝孙休

孙休，字子烈，是孙权的第六子，孙亮的六哥，长孙亮九岁。孙亮被废，孙琳奉孙休即位，是为景帝，时年二十五岁。

孙亮时，孙休为琅邪王，建王府于丹杨郡。丹杨太守李衡多次借故找孙休的岔子，假借法律凌辱孙休。孙休上书朝廷请求迁移他郡，孙亮下诏迁移到会稽郡。孙休即皇帝位，李衡害怕，自己投案司法部门请罪。孙休下诏说："丹杨太守李衡，过去对朕有嫌隙，现在自首请罪。春秋时，管仲侍奉公子纠，曾经用箭射中了齐桓公的衣带钩，晋国宦官披奉晋献公之命去抓捕重耳，重耳翻墙逃走，宦官割下了重耳的衣袖。管仲、宦官披当时都是各为其主，理当如此。释放李衡回到原任做官，不要自疑。"孙休还提拔李衡做了威远将军。

孙琳专权自恣，孙休不动声色地把他铲除。孙休即位伊始，下恩诏，特别表彰孙琳拥戴的功劳，在大将军之上加官丞相、荆州牧，增食邑五县。接着孙休又下诏给孙琳之弟孙恩加官侍中，便于出入宫禁。孙琳一门五侯，本人为永宁侯，其弟孙恩、孙据、孙干、孙闿均封侯。孙休一边尊贵孙琳，一边暗中与左将军张布谋划诛杀奸臣孙琳。永安元年（公元259年）十二月腊日，百官朝贺，孙休借机下诏

孙休画像

张布讨贼，捉拿奸贼，逮捕了孙琳，当天正法。孙休十月即位，至此不到三个月就把权奸孙琳打倒了。

孙休还颁布了一系列缓和社会矛盾，有利于正风气，发展生产，减轻民力的措施。他即位的第二个月，永安元年十一月二十一日便下诏说："现今专门充当官府杂役的人家，五丁抽三男同时服役，父亲和哥哥在京都，儿子和弟弟在地方郡县服役，他们既要交纳租粮，军队出征还要服劳役，以至于家中的事没人照管，朕非常怜悯他们。朕现在决定，这种家庭中有五个男丁就有三人在服劳役的，任随他们父亲还是哥哥选择一人服役，一人留在家中，这个人免交租粮，军队出征也不从征去当劳工。"孙休又下诏振兴教育，把建立官方学校放在政务的首位，优待老师，奖励学生。文武官员的子弟，爱好学习的到学校学习。学生一年考试一次，区分高下，然后提升职位，或给予物质奖励，让看到的人为他们而高兴，风闻的人为他

的声誉而羡慕，用此来使社会的风气振兴。

孙休又下诏治文休武，发展生产。诏书说："朕日夜战战兢兢处理政事，忘记了睡觉和进餐。现今朕要停止使用武力，大力振兴文教，以推广王朝的教化。要达到这一目的，首先要让全国的军民富裕起来，这就必须要发展农业生产。近年来各个州郡的官员百姓，包括各地军营的士兵，大多背井离乡，乘船在长江上游下游跑来跑去，忙着做生意。大量良田荒芜，国库粮食减少，这种状况，怎能让社会安定。究其原因，是赋税过重，农民种田无利才这样啊。朕决定，要九卿和尚书，共同商量，务必拿出有利于减轻农民负担，公平承担赋税的措施，使得公私两利，家家富足。今年农桑季节已到，不能延误农时，办法决定了，就要立即施行。"

孙休十分爱好学习，他把诸子百家的典籍都读完了，处理政事时也手不释卷。孙休喜欢到野外打猎，射野鸡。春夏之交，他经常早出晚归打猎，只有这时他才放下书本。

孙吴有孙休这样一位英年奋发有为的君主，是国家和人民的福祉。可惜，他寿命不长，只当了六年皇帝就死了，享年三十一岁。谥为景皇帝，葬定陵。

末帝孙皓

孙皓历经危难，了解下情，侥幸即位，却不图兴国治民，自暴自弃，成了亡国之君，史称末帝。

侥幸登基，初立称治 孙皓字符宗，又名彭祖，字皓宗。他是孙权的孙子，废太子孙和的儿子。孙休立为皇帝，封孙皓为乌程侯。乌程靠近西湖，西湖附近一个叫景养的人，善于看相。景养见了孙皓，说他命中注定大富大贵。孙皓暗自高兴，不敢泄露，韬晦养身，盼望出头之日。

孙休去世，当时蜀国灭亡，交阯郡发生反叛，内忧外患交至，满朝文武都希望立一个年长的君主。孙休临终，口不能言，他把丞相濮阳兴召到床前，令长子孙𩅦出拜。孙休一手拉着濮阳兴，一手指着孙𩅦，示意把儿子交给濮阳兴了，希望他辅佐儿子登位。但满朝舆情，濮阳兴不敢违背，集朝臣议立君长。左典军万彧曾经做过乌程令，与孙皓交好，就大力称赞孙皓才能，说他有胆识，是孙策一流的人物，又十分爱好学习。万彧又多次向濮阳兴和左将军张布游说。濮阳兴、张布就进宫征求孙休皇后朱氏的意见，表达欲迎立孙皓为孙休的继嗣。朱皇后是骠骑将军朱据的女儿。朱皇后十分通达，她说："我是一个寡妇，哪里懂得考虑天下大事，只要吴国不受损害，宗庙祭祀有依靠就可以了。"于是濮阳兴等顺利迎立孙皓为皇帝。当时孙皓二十三岁。

孙皓初立，为争取民心，表现了一番年少有为的样子。他颁布恩德诏书，体恤士民，打开仓廪，振济贫困，释放宫女回家嫁夫，把皇家禁苑圈养的野兽也放归大自然。举国上下称庆，喜得明君。

原形毕露，枉杀大臣太后 孙皓曾被贬为侯，接触下情，初立时发布善政诏书，表明他懂得时势民心。也许孙皓的坎坷产生了负面影响，扭曲了他的心理。很快孙皓就

孙皓画像

原形毕露，性情粗鲁凶暴，骄傲自满，非常迷信，有很多忌讳，好酒好色，大小官员都感到失望。丞相濮阳兴、左将军张布暗自后悔。有人向孙皓打了小报告。元兴元年十月，孙皓杀了濮阳兴和张布。孙皓八月即位，前后只有两个多月，就做出了诛杀大臣的暴行。

孙休朱皇后接纳孙皓为嗣，应当是有恩的。孙皓即位，尊朱皇后为皇太后。过了才一个月，就贬朱太后为景皇后，居住在安定宫。孙皓把自己的生父孙和追谥为文皇帝，尊母亲何氏为太后。元兴元年十月，孙皓封孙休的太子孙𩅦为豫章王，次子孙𩃬为汝南王，第三子孙壾为梁王，第四子孙㷟为陈王。第二年，甘露元年七月，孙皓逼杀了景皇后朱氏，死后遗体不停放在宫中正殿，而停放在后花园一间小屋里办丧事。众人都知道景皇后死于非命，无不为之感到哀痛悲切。随后孙皓又把孙休的四个儿子送到吴县城软禁，紧接着派人去追杀了四个兄弟中的大哥孙𩅦、二哥孙𩃬。

孙皓好饮酒，每次会集群臣宴会，他都要大家喝到沉醉不醒。孙皓又布置黄门郎十人，不让他们喝酒，专门在宴会上侍立两旁，充当观察在座官员过失的举报官。宴会结束之后，各自报告所观察到的群臣过失。正眼

看了皇上，说话有错，以及其他各种莫须有的毛病，当场处罚，过大的处死，过小的也要治罪。

孙皓好色，后宫充斥了几千个宫女，还要年年选美。宫女有不合心意的，就杀死丢到河里冲走。有时还要挖人的眼睛，剥脸上的皮。

孙皓听信谗言，不问是非，酷虐嗜杀。孙皓有一个爱妾，她时常派人到集市上抢夺老百姓的财物。管理市场的中郎将陈声，素来是孙皓的宠臣，他仗恃孙皓的宠信，把孙皓爱妾派到集市上的人绳之以法。爱妾向孙皓哭诉，孙皓大怒，找了一个借口，用烧红的锯齿切断陈声的头颅，把尸首丢到四望山下。

奸臣岑昏为人阴险阿谀，曲从孙皓，位列九卿。他喜欢各种工程，替孙皓大修宫殿，民众为此很痛苦，由是吴国上下离心离德，没有人愿意为孙皓尽力。各地都爆发出民众起兵的事件。

妄作天子，轻启边衅　孙皓妄自尊大，奸佞臣工便投其所好，妄作祥瑞妖言。丹杨人刁玄奉命使蜀，据说，得到司马徽与刘备讨论天命的历书，刁玄大增其文，欺诳吴人说："黄旗紫色车盖出现在东南，最终得天下的人是荆扬的国君。"暗示孙皓得天下。又得到一个魏国的降兵，说寿春有童谣说："吴国天子当西上得国。"孙皓听了非常高兴，他说："这是天命啊！"他异想天开西上洛阳当中原天子。建衡三年（公元271年）春正月，孙皓下令百官随从西上洛阳，以顺天命。孙皓的母亲嫔妃，以及宫人、禁卫数千人，从华里（今南京西）出都，打算到牛渚采石（在今安徽当涂西北十公里长江边）渡江，由陆路西上。孙皓一行，才出华里，就遇大雪纷飞，道路陷坏，兵士披甲执仗，百姓拉车，许多士民冻死。兵士民夫都忍受不了，发出怨言，说："要是碰上魏国敌人，我们就倒戈。"丞相万彧与右大司马丁奉、将军留平等密谋说："主上若到华里真的不回，国家事重，我们不得不还。"此语泄露了出去，传到孙皓耳里。东观令华窍等又坚决劝阻，孙皓这才转回皇宫。孙皓置酒宴请群臣，命人送毒酒给万彧、留平，送酒人减了分量，万彧、留平没有被毒死。宴会后万彧自杀，留平忧惧，不到一个月也死了。

孙皓不顾国力，还轻启边衅。宝鼎元年（公元266年）正月，孙皓派大鸿胪张俨、五官中郎将丁忠前往晋国吊唁晋文帝司马昭。在返回路上，张俨病死，丁忠回京向孙皓报告说："北方现在疏于防守，弋阳郡很容易攻取。"镇西大将军陆凯说:"军队是到万不得已才动用,不要轻启战争。晋国吞并了巴蜀,国力正盛,想侥幸取胜,危险之道。"车骑将军刘纂说:"北方既然有防守上的漏洞,机不可失。可以先派人再侦察一下情况。"孙皓采纳了刘纂的意见,暗中派人侦察,没发现什么可乘之机,这才罢手,孙皓虽然没有发动战争,却从此断绝了与晋朝的关系。

凤凰元年(公元272年),孙皓征召西陵督步阐进京,步阐恐惧反叛,据守西陵投降晋国。幸亏乐乡督陆逊之子陆抗率兵征讨,平息了叛乱,步阐和同谋者数十人被夷灭三族。

天纪元年(公元277年)夏,夏口督孙慎出兵进攻晋国江夏郡和汝南郡,烧杀掳掠晋国居民。

自毁长城,金陵王气黯然收 吴国江防千里,兵力本来就不够用。孙皓给宗室王配兵,每王三千人。天纪二年(公元278年)孙皓立成纪、宣威等十一王,每王配兵三千,分散兵力三万多人。这时已经离西晋伐吴为期不远,边将告急,孙皓充耳不闻。

早在凤凰三年(公元274年),镇守荆州的大司马陆抗病危,上疏孙皓,提出加强长江上流西陵、建平两地的防务,要求朝廷增兵三万,裁撤宗室王的防卫兵。孙皓置之不理。吴国上流荆州防务,兵力严重不足。公元278年,西晋首创伐吴大计的名将镇南大将军羊祜病卒,临终举荐杜预继任。杜预接替羊祜坐镇襄阳,一上任就以迅雷不及掩耳之势,派遣精兵出其不意,进攻西陵。东吴名将张政猝不及防,吃了败

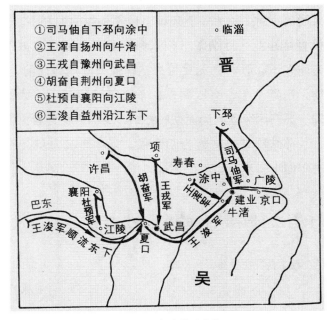

西晋灭吴六路进兵路线

仗，一大批将士被俘。张政怕受到吴主孙皓严责，不敢把败绩如实上报。杜预却特地派人把俘虏押送到建业归还，孙皓对张政隐瞒军情一事大发雷霆，将张政调离西陵，另派了一个能力不强的留宪来镇守西陵，这正中了杜预的离间之计，为灭吴搬掉了第一块拦路石。在大军压境的前夕，孙皓误换边将，表现了他的昏庸，所以杜预深感伐吴的时机已经成熟，他求战心切，主张坚定，旬月之内，连上两表，终于坚定了晋武帝伐吴的决心。

晋武帝咸宁五年（公元 279 年）十一月，部署六路兵马，全线出击，大举攻吴。命镇军将军司马伷出涂中（即由滁州向真州），安东将军王浑出江西，建威将军王戎出武昌，平南将军胡奋出夏口，镇南将军杜预出江陵，龙骧将军王浚、广武将军唐彬率巴蜀之众，作为奇兵，顺江而下，声势浩大的灭吴统一战争，从此全面展开。

太康元年（公元 280 年）杜预出兵江陵，一路上战无不胜，攻无不克，旬日之间，累克城邑，大获全胜。这时王浚的水军也连战连胜，先打下了东吴军事重镇西陵，杀了都督留宪，接着又下荆门夷道，一路顺风地直逼东乡、江陵，与杜预会合。杜王合军攻克江陵、武昌后，杜预又分兵给王浚，以壮大他东下的实力。杜预鼓励王浚说："将军已经攻破了东吴西边的防守，应当顺流而下，直接向建业进军，去征伐几辈子的叛逆，去拯救吴人脱离火坑。将来得胜还朝，也是一生的大好事。"王浚于是麾师东下，举帆直奔建业。孙皓派丞相张悌率兵三万迎敌，被王浚军打败，张悌战死。王浚东下，孙皓已无兵可战，在强大的攻势面前，吴主孙皓不得不肉袒面缚，衔璧牵羊，衰服舆榇，率兄弟子侄二十一人，出门拜降。至此，魏、蜀、吴三国分立的局面彻底终结，吴国灭亡，晋王朝的全国统一胜利实现。

孙皓降晋，被封为归命侯。当年十二月就死在洛阳，葬在河南县界，时年四十二岁。

孙亮、孙休、孙皓个人小档案

姓名：孙亮、孙休、孙皓

属相：猪（孙亮）、虎（孙休）、犬（孙皓）

出生：公元 243 年（孙亮）、公元 234 年（孙休）、公元 242 年（孙皓）

卒年：公元 260（孙亮）、公元 264 年（孙休）、公元 280 年（孙皓）

享年：十八岁（孙亮）、三十一岁　　　谥号：景皇帝（孙休）
　　　（孙休）、四十二岁（孙皓）
庙号：均未入庙　　　　　　　　　　　葬地：葬赖乡（孙亮）、定陵（孙休）、
　　　　　　　　　　　　　　　　　　　　　葬河南县（孙皓）
父亲：孙权（孙亮、孙休）、　　　　　母亲：孙权潘夫人（孙亮）、孙权王夫人
　　　孙和（孙皓）　　　　　　　　　　　　（孙休）、孙和张夫人（孙皓）
子女：孙休四子、孙皓十二子　　　　　配偶：孙亮原配全尚之女全夫人、孙休娶朱
　　　　　　　　　　　　　　　　　　　　　据之女朱夫人、孙皓娶滕胤之女滕夫人
最得意：三人均意外得继大统　　　　　最痛心：孙亮中废，孙休矩命，孙皓亡国
最不幸：孙休朱皇后及其长子次子，
　　　　为孙皓所害

附录一　三国十二帝帝系表

魏帝系表

①曹操──②文帝曹丕──③明帝曹叡──④齐王曹芳
　　　　　　　　　　　　　　　　　　　（239—254）
　　　　　　　　　　　└─曹霖──⑤高贵乡公曹髦

　　　└──曹宇────────────⑥陈留王曹奂
　　　　　　　　　　　　　　　　　（260—266）

蜀帝系表

①昭烈帝刘备──②后主刘禅
（221—223）　　（223—263）

吴帝系表

①大帝孙权──────②废帝孙亮
（229—252）　　　　（252—258）
　　　　　├──③景帝孙休
　　　　　　　　（258—264）
　　　　　└─孙和──④乌程侯孙皓
　　　　　　　　　　　（264—280）

附录二　三国大事年表

（一）第一阶段（公元190—公元207年）：群雄并起，中原十年大混战，曹操统一北方

汉献帝初平元年（公元190年）

正月：关东诸侯起兵讨董卓。后将军袁术、长沙太守孙坚、冀州牧韩馥、豫州刺史孔伷、兖州刺史刘岱、河内太守王匡、渤海太守袁绍、陈留太守张邈、东郡太守桥瑁、山阳太守袁遗、济北相鲍信，十一路诸侯同时起兵讨董卓，共推袁绍为盟主。曹操亦起兵，行奋武将军。

初，灵帝中平六年（公元189年）四月，灵帝崩，皇子刘辩即位，年十七岁，史称少帝，母何太后临朝。八月，大将军何进与司隶校尉袁绍谋诛宦官，何太后不从，何进召并州牧董卓带兵入洛，胁迫何太后。董卓未至，谋泄，宦官先下手杀何进，袁绍尽诛宦官。董卓入京，专擅朝政，九月甲戌朔，废少帝，立陈留王刘协为帝，年九岁，是为献帝。袁绍、袁术、曹操等逃出京师，至此，联络诸侯，起兵讨董卓。二月：董卓胁迫献帝迁都长安，自留洛阳抗击关东军。三月：献帝入长安。

初平二年（公元191年）

二月：孙坚兵逼洛阳。董卓挖掘诸帝陵，火烧洛阳西走，公元200年帝京成了一片废墟。

四月：董卓入长安。

七月：（1）袁绍胁迫韩馥让出冀州，袁绍自为冀州牧，拉开了军阀大

混战的序幕。主要割据者如下：

公孙度据辽东（今辽宁）。

刘虞、公孙瓒据幽州（今河北北部）。

袁绍据冀州（今河北南部）。

张杨据河内（今河南省黄河北岸地区）。

袁术据南阳（今河南南部）。

刘表据荆州（今两湖地区）。

陶谦据徐州（今江苏北部）。

刘焉据益州（今四川及云贵地区）。

张鲁据汉中（今陕南汉中盆地）。

马腾、韩遂据凉州（今甘肃）。

董卓及凉州将据关中。

（2）袁绍表曹操为东郡太守，治东武阳。

（3）袁术表孙坚为豫州刺史。

（4）刘备依附公孙瓒为别部司马。

初平三年（公元192年）

正月：（1）袁术遣孙坚击刘表。孙坚攻襄阳，与刘表将黄祖交战，中流矢死。

（2）袁绍大破公孙瓒于界桥。

四月：（1）司徒王允与吕布共杀董卓。卓将李傕、郭汜杀王允，专朝政。吕布逃依袁绍。

（2）曹操大破兖州黄巾军，受降卒三十余万，男女百余万口，收其精锐，号为青州兵。曹操自领兖州牧。

初平四年（公元193年）

三月：袁术进兵陈留攻曹操，袁绍助曹操击败袁术。袁术被赶出南阳，东走九江，杀扬州刺史陈温，据有淮南。

按：袁绍与袁术兄弟不睦。袁术联结公孙瓒以击袁绍，袁绍南联刘表击袁术。袁绍与曹操连和，袁绍在河北，曹操在河南，两人背向各自发展，互为犄角之援而无后顾之忧，于是所向无敌。

九月：（1）曹操东征陶谦，下十余城，陶谦守城不敢出。

（2）公孙瓒派刘备率兵救陶谦。

是岁：公孙瓒与袁绍展开大战。公孙瓒署田楷为青州刺史，袁绍派臧洪入青州，征战二年，青州落入袁绍之手。

兴平元年（公元 194 年）

四月：曹操第二次东征陶谦，拔五城，皆屠之。陈留太守张邈与谋士陈宫迎吕布，反击曹操。兖州郡县蜂起响应，只有荀彧、程昱所守鄄城、范县、东阿县三城未下。

按：吕布依袁绍，作战有功而骄狂，袁绍欲杀之，吕布往投河内张杨。至是，张邈迎吕布袭夺曹操兖州。十二月：陶谦病卒，临终以州牧让刘备。刘备第一次得徐州。

是岁：（1）刘焉病卒，子刘璋继任益州牧。

（2）孙坚长子孙策，年二十岁，向袁术求得孙坚旧部将士千余人渡江，数年间遂有江东。

兴平二年（公元 195 年）

二月：凉州将李傕与郭汜相攻，大战长安城中。李傕劫持天子，郭汜劫持公卿。

七月：兴义将军杨奉与安集将军董承护驾东归。

八月：吕布兵败，东投徐州牧刘备，驻屯小沛。张邈弟张超困守雍丘。张邈往淮南求救于袁术，在半道为部下所杀。

十二月：（1）曹操攻破雍丘，杀张超，夷三族，全部收复兖州。

（2）袁绍所署东郡太守臧洪，与张超有旧。臧洪向袁绍请兵救张超，袁绍不许，臧洪叛袁绍，袁绍攻围一年，杀臧洪。

建安元年（公元 196 年）

七月：献帝经河内东还入洛阳，幸故中常侍赵忠宅。是时，宫室烧尽，百官无府衙，依废墟墙壁而居。粮食匮乏，官吏士卒多有饿死者。

九月：（1）曹操迎献帝都许县，改元建安。

（2）曹操采纳枣祗建言，在许下试行屯田。当年得谷百余万斛。于是州郡列置田官，所在积谷。

（3）曹操表荐刘备为镇东将军，封宜城亭侯，以制袁术。袁术兴兵犯徐州，刘备东讨，与袁术军相持于淮上。吕布趁虚袭夺下邳，自称徐州刺史。

（4）刘备向吕布求和，驻屯小沛。

建安二年（公元 197 年）

正月：（1）袁术在淮南自称天子。

（2）曹操南征张绣，兵败淯水，丧其长子曹昂及侄儿曹安民。

三月：曹操让大将军位与袁绍。

建安三年（公元 198 年）

三月：曹操再次南征张绣于穰。五月，刘表救张绣。袁绍议欲袭许，许下惊惶，七月曹操退还。

四月：中郎将段煨讨灭李傕，夷三族。

九月：吕布破刘备于小沛，刘备往依曹操。曹操表荐刘备为豫州刺史、左将军，拜关羽为中郎将。

十月：曹操东征吕布。吕布连战皆败，困守下邳。吕布向河内张杨、淮南袁术求救，张、袁二人鞭长莫及，只能遥为声援。

十二月：曹操破下邳，擒杀吕布。

建安四年（公元 199 年）

二月：曹操策动张杨部将杨丑杀张杨，张杨另一部将睦固杀杨丑，投归袁绍。

四月：（1）曹操进兵河内，杀睦固，侵入袁绍领属区，建立河北前进基地。曹操声言北上助袁绍讨公孙瓒，暗中计划偷袭邺城。

（2）袁绍击灭公孙瓒，兼有河北幽、冀、青、并四州，班师还邺，曹操退还许昌。袁曹矛盾公开化。

六月：曹操派刘备东出徐州，截击北上的袁术，不让二袁结合。袁术受阻，呕血病死，淮南归入曹操领区。这样，曹操占有河南司、豫、兖、徐四州及扬州北部广大地区，以河为界，与袁绍相峙，势均力敌。

八月：（1）袁绍选精兵十万，骑万匹，声言南下清君侧，诛讨曹操。

（2）曹操派琅邪相臧霸引精兵入青州，牵制袁绍，捍卫东方。

（3）曹操自领兵进据黄河北岸重镇黎阳。留于禁屯守河南重要渡口延津，刘延守白马。

（4）九月：曹操分兵守官渡。

十一月：袁曹双方展开外交战，袁绍使者四出无获，曹操挟天子以令诸侯，安集四方。张绣听贾诩建言，率众投效曹操。钟繇、卫觊出镇关中，关中诸将附从。曹操消除了与袁绍决战的后顾之忧。

十二月：曹操亲临官渡布防。

建安五年（公元200年）

正月：（1）袁绍正式发布讨伐曹操的檄文，但按兵未动。

（2）刘备宣布衣带诏声讨曹操，夺占徐州，分兵略地。

按：刘备在许都时，献帝舅车骑将军董承奉衣带密诏诛曹操。董承与刘备、长水校尉种辑、将军吴子兰、王子服等五人同谋。事未发，刘备东出。至是，刘备宣布衣带诏，董承等伏诛，被夷三族。

（3）曹操从官渡亲率重兵东击刘备，刘备败走，北依袁绍。袁绍出邺城二百里郊迎刘备。

二月：袁绍进军黎阳，曹操收缩河南。袁绍令刘备助颜良为先锋，渡河围白马。

四月至六月：曹操北上解白马之围，关羽阵斩颜良。曹军在收缩撤退中杀文丑。颜良、文丑为河北名将。袁绍在序战中连折二将，绍军夺气。

七月至九月：（1）袁曹两军相持于官渡。

（2）关羽辞曹归刘备。

（3）刘备以开辟第二战线为由，脱离袁绍，率众到汝南，聚众数千。

十月：曹操劫粮乌巢，败袁绍于官渡，斩杀活埋袁绍军八万余人。

十一月：曹操南击刘备。刘备败投刘表，驻屯新野。是岁：四月，孙策治军，阴欲袭许昌迎献帝。部署诸将，未发，被故吴郡太守许贡宾客刺杀。孙策临终，呼孙权授以印绶。

建安七年（公元202年）

五月：袁绍病死，少子袁尚领冀州牧，长子袁谭为青州刺史，中子袁熙为幽州刺史，甥高干为并州刺史。袁绍欲令诸儿各据一州，以观其能。

建安八年（公元 203 年）

是岁：袁谭与袁尚争冀州，兄弟相攻，袁谭战败，向曹操求救。

建安九年（公元 204 年）

八月：曹操大破袁尚，平冀州，自领冀州收。曹操发布《蠲河北租赋令》、《收田租令》。

建安十年（公元 205 年）

正月：（1）曹操破袁谭于青州南皮，斩谭，诛其妻子。

（2）袁熙、袁尚为其部将焦触、张南所攻，逃奔辽西乌桓。焦触自号幽州刺史，以州降曹操。

九月：曹操发布《整齐风俗令》。

建安十一年（公元 206 年）

三月：操破并州，擒斩高干。

建安十二年（公元 207 年）

八月：曹操远征，大破三郡乌桓于柳城，斩其大豪蹋顿单于。袁熙、袁尚逃奔辽东。曹操班师。辽东公孙康斩袁熙、袁尚，传首京师，河北悉平。幽、冀、青、并四州，尽为曹操所有，北方基本统一。

十一月：刘备三顾茅庐。诸葛亮发表"隆中对"，建言刘备取荆、益，联孙抗曹。

（二）第二阶段（公元 208—公元 229 年）：孙刘结盟抗曹，形成三国鼎立

建安十三年（公元 208 年）

正月：曹操在邺城玄武湖训练水师，备战南下江南。孙权建行营于柴桑，抢先发动荆州之战，一举灭黄祖。

六月：曹操罢三公官，置丞相、御史大夫。曹操自领丞相。

七月：曹操动员三十万众，发布南征荆州令。

八月：（1）刘表卒，次子刘琮为荆州牧。

（2）八月二十九日壬子，曹操杀太中大夫孔融，夷其族。

（3）曹操正式出师，大军指向宛、叶，曹操自领五千轻骑从径道奇袭荆州。

九月：（1）荆州牧刘琮，不战而降曹操。

（2）曹操追击打败刘备于长坂，进兵江陵。

（3）孙权使者鲁肃见刘备、诸葛亮于长坂，说服刘备与孙权结盟。

十月：曹操遗书孙权，发动赤壁之战。

诸葛亮使吴，订立鼎足之形的双边同盟。

孙刘联军赤壁大捷，曹操北还。

按：赤壁之战推动孙刘结盟，曹操败北。

十二月：（1）孙权趁赤壁大捷，自将围合肥，攻围四月，败还。

（2）张昭攻九江当涂，不克。

（3）周瑜进兵江陵，攻曹仁岁余，曹仁弃城逃走。周瑜得江陵，被孙权任命为南郡太守。

（4）刘备进兵江南，取荆州南四郡：武陵、长沙、桂阳、零陵。

建安十四年（公元 209 年）

刘备屯公安，表孙权为徐州牧；孙权表刘备为荆州牧，以妹妻刘备，加固同盟。

建安十五年（公元 210 年）

十二月：刘备到京口见孙权，求借荆州南郡江陵。周瑜、吕范上疏孙权留备。孙权以曹操在北，疆场未靖，不从。周瑜整众欲西取益州，不幸病卒于巴丘。

鲁肃代瑜领兵，劝孙权借荆州与刘备，"多操之敌，而自为树党，计之上也"，权从之。曹操闻孙权以土地业备，"方作书，落笔于地"。

按：鲁肃主荆州事，孙刘结盟进入蜜月期。

建安十六年（公元 211 年）

正月：孙权复遣孙瑜率水军驻夏口，欲与刘备共取蜀。刘备欲自图蜀，托言与刘璋为宗室，不接受孙权的建议，孙权召孙瑜还。

八月：曹操西征，破马超、韩遂。

十二月：益州牧刘璋迎备入蜀北讨张鲁。孙权迎妹归吴，孙夫人携刘备子刘禅还吴。张飞、赵云勒兵截江，乃得刘禅还。

按：孙刘暗中斗争。

建安十七年（公元 212 年）

九月：（1）孙权建都秣陵，改名建业。

（2）孙权用吕蒙计，夹濡须水口立坞，经营江北防线。

十月：曹操东征孙权。

十二月：刘备从葭萌关还军攻刘璋。

建安十八年（公元 213 年）

正月：（1）曹操率步骑四十万进军濡须口，孙权率七万众御之。

（2）曹操攻破孙权江西营，而受阻于濡须，相持月余引军还。

四月：曹操征令淮南民内移，民转相惊，庐江、九江、蕲春、广陵户十余万皆东渡江，江西遂虚，合肥以南唯有皖城。

五月：曹操晋爵为魏公。

七月：魏始立社稷、宗庙。

建安十九年（公元 214 年）

四月：刘备攻雒城，军师庞统中流矢死。诸葛亮留关羽守荆州，与张飞、赵云将兵溯流入益州，与刘备会师围成都。

五月：孙权征皖城，克之，俘获庐江太守朱光及参军董和。

六月：刘备取益州。孙权闻之曰："猾虏乃敢挟诈如此。"

七月：曹操举十万之众再征孙权，无功还。

按：孙刘并力，刘备得益州；孙权克皖城，筑起了江北防线。

建安二十年（公元 215 年）

五月：孙权使诸葛瑾向刘备索求荆州南三郡，刘备不许曰："吾方图凉州，凉州定，乃尽以荆州相与耳。"权曰："此假而不反，乃欲以虚辞引岁也。"遂置长沙、零陵、桂阳三郡长吏，关羽尽逐之。权大怒，遣吕蒙督兵两万取南三郡。

刘备率军五万后东出，屯公安与孙权争江南三郡。

七月：（1）曹操乘孙刘交恶，自将破张鲁，取汉中。主簿司马懿、刘晔说操进兵取蜀，操不从，徙汉中民八万余口实关中、洛、邺。

（2）刘备惧失益州，与孙权求和，以湘水为界中分荆州：长沙、江夏、桂阳东属孙权；南郡、零陵、武陵西属刘备。

八月：孙权率十万之兵围合肥，被张辽、李典七千之众击败，退还。

十一月：刘备遣将军黄权与曹将张郃争三巴。张飞击破张郃，郃走还汉中，刘备还成都。

> 按：廖立曰："昔先帝不取汉中，走与吴人争南三郡，卒以三郡与吴人，既亡汉中，几丧一州。"

建安二十一年（公元216年）

五月：曹操晋爵魏王。

十月：曹操治军，备战再征孙权。

建安二十二年（公元217年）

二月：曹操征孙权，进军濡须，三月引军还。孙权遣徐详诣曹操请降，曹操回报修好。

四月：曹操设天子旌旗，出入称警跸。

十月：鲁肃卒，吕蒙代肃领兵镇陆口。

> 按：刘备争荆州南三郡，失信于吴，孙权改变策略，靠拢曹操，又派吕蒙镇荆州，吕蒙为疏刘派，力主擒杀关羽，全据长江。

建安二十四年（公元219年）

正月：刘备进兵汉中，击斩夏侯渊。

三月：（1）曹操亲与刘备争汉中，败还，移武都氐人五万余落出居扶风、天水界。

（2）刘备遣宜都太守孟达从秭归北攻房陵，又遣养子刘封自汉中乘沔水下，统孟达军。

> 按：孟达，蜀上将，守宜都可为荆州之援。刘备调孟达北攻房陵，抽空荆州后援，又用人不专，令刘封统孟达军，遗患无穷。

七月：刘备自称汉中王。

八月：（1）孙权攻合肥，无功。

（2）关羽攻曹仁于樊，擒于禁，威震荆襄。

> 按：东线孙权不敌曹军，进无咫尺之功；西线刘备节节取胜，关羽得志，孙权不安，联盟危机。

十月：孙权致信曹操，乞讨关羽自效。曹操令曹仁以弩射权书示羽，羽犹豫不能去。

十二月：（1）吕蒙偷袭荆州，杀关羽。

（2）曹操表孙权为骠骑将军，领荆州牧，封南昌侯。

（3）孙权遣使入贡，又遣朱光等归，上书称臣于曹操，陈说天命劝进。

建安二十五年（公元 220 年）

正月：曹操薨。曹丕嗣为魏王。

七月：（1）孙权遣使奉献。

（2）孟达与刘封不协，孟达以上庸降魏；刘封还成都，赐死。

十月：二十八日庚午，曹丕篡汉即皇帝位，改元黄初。追尊曹操谥号为"武帝"。

十一月：癸酉朔，废汉献帝为山阳公。

按：关羽骄矜失荆州。曹丕趁吴蜀交恶代汉。

魏黄初二年、蜀章武元年（公元 221 年）

四月：刘备称帝，建元章武。

孙权移都鄂，改名武昌。

七月：刘备自将八万东征，孙权遣使求和，刘备不许。

八月：孙权遣使称臣于魏，卑辞奉章，送于禁等还。

十一月：（1）魏使邢贞抵鄂，拜孙权为大将军，封吴王，加九锡。随员浩周带曹丕口信与权，征质子。

（2）孙权遣都尉赵咨使魏致谢。曹丕求贡雀头香、大贝、明珠、象牙、犀角、玳瑁、孔雀、翡翠、斗鸭、长鸣鸡，孙权皆俱与之。

十二月：曹丕封权子孙登为万户侯，征以为质。孙权遣西曹掾沈珩入谢，并献方物。孙权以登年幼，上书辞封，以登为王太子。

按：刘备复仇东伐，孙权委曲求全于魏以避免两线作战。曹丕征质，孙权虚与委蛇。

魏黄初三年、蜀章武二年、吴黄武元年（公元 222 年）

正月：吴将陆逊统兵五万拒刘备于夷陵。

闰六月：陆逊大破刘备于夷陵。

八月：陆逊回军布防于江。

九月：（1）魏遣侍中辛毗、尚书桓阶使吴，与权盟誓，并征质子，吴王孙权辞让不受。

（2）曹魏三路大军征吴，孙权临江拒守。

十月：（1）孙权卑辞上书，求自改厉。曹丕报曰："登身朝到，夕召兵还。"

（2）孙权改元黄武。

十二月：曹军临江，无功退还。

吴使太中大夫郑泉聘于蜀，蜀太中大夫宗玮报吴，吴蜀复通。

按：魏吴为时一年多的质子之争，以兵戎相见结束；吴蜀重又通好。

魏黄初四年、蜀章武三年、吴黄武二年（公元223年）

四月：汉主刘备崩殂于永安，诸葛亮与李严受遗命辅后主，改元建兴。

八月：邓芝使吴，说孙权绝魏，专与汉连和。

魏黄初五年、蜀建兴二年、吴黄武三年（公元224年）

五月：吴王孙权使张温聘于汉，汉再使邓芝回报，自是吴蜀信使往来不绝。

魏黄初六年，蜀建兴三年、吴黄武四年（公元225年）

正月：诸葛亮率众南征，其秋悉平。军资所出，国以富饶。

魏黄初七年、蜀建兴四年、吴黄武五年（公元226年）

六月：魏文帝曹丕崩殂。子曹叡即位，是为明帝。

七月：孙权征江夏，围石阳，不克而还。

魏太和元年、蜀建兴五年、吴黄武六年（公元227年）

诸葛亮上《出师表》，率诸军北驻汉中，备战北伐。

魏太和二年、蜀建兴六年、吴黄武七年（公元228年）

正月：诸葛亮率诸军攻魏祁山。魏南安、天水、安定三郡叛魏应亮，关中响震。马谡违亮节度，丢失街亭，汉诸军败还。

八月：吴将陆逊大破魏扬州牧曹休于石亭。

十二月：诸葛亮第二次出师，北出散关，围陈仓。魏将郝昭据城坚守，诸葛亮粮尽退还，斩魏追将王双。

魏太和三年、蜀建兴七年、吴黄龙元年（公元229年）

正月：（1）诸葛亮第三次出师，派将军陈式西出阳平关，攻取魏武都、阴平二郡。

（2）孙权趁陆逊夹石之胜的声威，扬声出江北而僭袭西阳，魏将满宠早为之备，权退还。

四月：孙权称帝，改元黄龙，还都建业。

诸葛亮遣卫尉陈震使吴，贺权称尊号。吴蜀订立中分天下盟约，以豫、青、徐、幽属吴；兖、冀、并、凉属汉，司州之土，以函谷关为界。

    按：刘备死，诸葛亮主政，奉行灵活外交，与吴通好，形成吴蜀与魏南北对峙的鼎立局面。

（三）第三阶段（公元230—公元280年）：三国南北对峙，并走向统一

魏太和四年、蜀建兴八年、吴黄龙二年（公元230年）

五月：诸葛亮第四次出师，再次指向祁山，与魏将司马懿相持于上洛，蜀军运粮不继，退还汉中。魏将张郃追击，在木门中伏毙命。

魏太和七年、蜀建兴十一年、吴嘉禾二年（公元233年）

二月：魏改元青龙。

是岁：孙权再围合肥新城，遣将军全琮征六安，皆不克还。

魏青龙二年、蜀建兴十二年、吴嘉禾三年（公元234年）

二月：（1）诸葛亮第五次出师，率十余万由斜谷大入，直指眉、雍，约吴同攻。四月，蜀军至眉，军于渭水南原。诸葛亮"分兵屯田，为久驻之基"。

（2）魏将司马懿坚壁不出，与蜀军相持。

五月：孙权大举伐魏，东西相应。吴兵三路北进。西路陆逊、诸葛瑾向襄阳，东路孙韶、张承向广陵、淮阳，孙权自率大军出中路围合肥。魏明帝曹叡亲征，未至寿春，权退还。

八月：诸葛亮病逝五丈原，蜀军退还。诸葛亮出师北伐曹魏的战争，于此结束。

    按：三国相持，曹魏避免两线作战而取防守战略，南镇襄阳，东守合肥，西固祁山，以逸待劳，疲弊吴蜀之兵，以待经济恢复，等待有利时机，大举伐吴灭蜀。由于曹魏有备，吴蜀

北伐，屡出无功。

魏景初三年、蜀延熙二年、吴赤乌二年（公元239年）

二月：初二日丁亥，魏明帝曹叡崩殂。齐王曹芳即位，年八岁，司马懿与曹爽，共受明帝遗诏辅政。明年，改元正始。

魏正始二年、蜀延熙四年、吴赤乌四年（公元241年）

四月：孙权四路北伐。卫将军全琮侵淮南，威北将军诸葛恪攻六安，车骑将军朱然围樊，大将军诸葛瑾取柤中。此役，为孙权在位最后一次大举北上，诸路皆无功还。

五月：吴太子孙登病卒。

魏正始三年、蜀延熙五年、吴赤乌五年（公元242年）

正月：孙权立孙和为太子。

八月：孙权立子孙霸为鲁王。

> 按：鲁王母谢姬，有宠于孙权，故孙霸恃宠骄侈，服饰器用与太子孙和无别。既而孙霸谋夺太子位，兄弟不睦，朝中大臣各有彼此，举国中分，导致吴国政治危机。

魏正始十年，改元嘉平元年、蜀延熙十二年、吴赤乌十二年（公元249年）

正月：太傅司马懿诛除曹爽集团，大权独揽。

魏嘉平二年、蜀延熙十三年、吴赤乌十三年（公元250年）

是岁：孙权废太子和，赐死鲁王孙霸，立少子孙亮为太子。

魏嘉平三年、蜀延熙十四年、吴赤乌十四年，改元太元元年（公元251年）

八月：太傅司马懿病逝。子司马师为抚军大将军，录尚书事。

魏嘉平四年、蜀延熙十五年、吴太元二年（公元252年）

四月：（1）孙权病殂，谥曰大皇帝。

（2）孙亮即位，改元建兴。孙亮年十岁，大将军诸葛恪拜太傅，受遗诏辅政。

十月：诸葛恪筑东兴堤以提高巢湖水位，利于舟船进军合肥。

十二月：魏使将军诸葛诞、胡遵等率步骑七万围东兴。诸葛恪率军四万驰援，大败魏师。

魏嘉平五年、蜀延熙十六年、吴太元二年（公元252年）

正月：蜀丞相费祎被刺，卫将军姜维主政。

三月：吴大将军诸葛恪违众大发兵二十万伐魏，围合肥新城，八月败还，兵卒疫死者大半。

四月：蜀大将军姜维第四次北伐，率众围南安，不克而还

按：蜀诸葛亮死后，后继者蒋琬、费祎常裁制姜维，与其兵不过万人。公元247年姜维第一次伐魏，小胜；公元249年、公元250年，两次伐魏皆无功。至是，姜维大举。十月：吴武卫将军孙峻杀诸葛恪，专擅朝政。

魏嘉平六年，改元正元元年、蜀延熙十七年、吴五凤元年（公元254年）

九月：魏大将军司马师废齐王曹芳。

十月：立高贵乡公曹髦为帝，年十四岁。

是岁：蜀姜维第五次伐魏，出陇西，魏狄道长李简举城降，进围襄武破徐质军，乘胜"拔河关、狄道、临洮三县民还"。

魏正元二年、蜀延熙十八年、吴五凤二年（公元255年）

正月：魏镇东将军毌丘俭、扬州刺史文钦反于淮南。大将军司马师抱病东征。

闰正月：（1）司马师斩毌丘俭，文钦降吴。

（2）吴大将孙峻众十万攻魏寿春，败还。

二月：（1）司马师班师，病死于途中许昌。弟司马昭为大将军，录尚书事。

（2）蜀汉姜维第六次伐魏，复出陇西狄道，大破魏雍州刺史王经于洮西，"经众死者数万人"。

魏正元三年、蜀延熙十九年、吴五凤三年（公元256年）

正月：蜀汉以姜维为大将军，第七次伐魏，整军大举。七月，为魏将邓艾大破于段谷，蜀军"星散流离，死者甚众"。

魏甘露元年、蜀延熙二十年、吴太平二年（公元257年）

五月：魏镇东大将军诸葛诞反于淮南寿春。

七月：（1）吴使将军唐咨、全端等率军三万救援诸葛诞。

（2）司马昭亲率二十六万大军东征。

（3）姜维趁魏关中兵东调之机，第八次伐魏，率数万经出骆谷，魏将邓艾坚壁不出。诸葛诞兵败，姜维引还。

魏甘露三年、蜀景耀元年、吴太平三年（公元258年）

三月：司马昭破寿春，擒斩诸葛诞，淮南悉平。

九月：吴大将军孙琳废孙亮为会稽王，立孙权第六子孙休为帝，改元永安。

魏甘露五年，改元景元年、蜀景耀三年、吴永安三年（公元260年）

　　五月：魏高贵乡公曹髦不堪为傀儡，率左右侍从二百人攻司马昭，被弑，年二十岁。

　　六月：司马昭立陈留王曹奂为帝，年十五岁。

　　　　按：司马氏贪权立幼，便于控制，故曹芳、曹髦、曹奂三人皆少年即位，史称三少帝，又称三嗣主。

魏景元三年、蜀景耀五年、吴永安五年（公元263年）

　　八月：钟会伐蜀。

　　十月：邓艾从阴平穿行无人之地七百里，绕过剑阁，直达江油。蜀将马邈不战而降。邓艾长驱入成都，后主请降，蜀汉灭亡。

魏咸熙元二年、吴永安七年（公元265年）

　　七月：吴主孙休崩殂。孙皓即位，为吴末帝，改元元兴。

　　八月：魏相国晋王司马昭薨。子司马炎嗣位为晋王。

　　十二月：十三日壬戌，司马炎篡魏，受禅即皇帝位，建立晋朝，建元泰始。

晋咸宁五年、吴天纪三年（公元279年）

　　十一月：西晋兵分六路，大举伐吴。

晋咸宁六年、吴天纪四年（公元280年）

　　三月：晋师破建业，孙皓出降，吴亡。

　　四月：三国归一统，晋武帝改元太康。